暨南大学高水平大学建设经费资助丛书

暨南史学丛书

近代中国
历史与文化的探索

曾光光　著

中国社会科学出版社

图书在版编目 (CIP) 数据

近代中国历史与文化的探索／曾光光著 . —北京：中国社会科学出版社，2017.11

ISBN 978 - 7 - 5203 - 0928 - 8

Ⅰ.①近… Ⅱ.①曾… Ⅲ.①中国历史—近代史—文集

Ⅳ.①K250.7 - 53

中国版本图书馆 CIP 数据核字（2017）第 219946 号

出 版 人　赵剑英
责任编辑　刘　芳
责任校对　季　静
责任印制　李寡寡

出　　版　中国社会科学出版社
社　　址　北京鼓楼西大街甲 158 号
邮　　编　100720
网　　址　http：//www.csspw.cn
发 行 部　010 - 84083685
门 市 部　010 - 84029450
经　　销　新华书店及其他书店

印　　刷　北京明恒达印务有限公司
装　　订　廊坊市广阳区广增装订厂
版　　次　2017 年 11 月第 1 版
印　　次　2017 年 11 月第 1 次印刷

开　　本　710×1000　1/16
印　　张　17.25
插　　页　2
字　　数　268 千字
定　　价　69.00 元

自　序

近代以来，中国这个古老的国度发生了翻天覆地的变化，其变化囊括了中国社会的各个领域。这种变化的复杂性与深刻性正是吸引我这些年致力于中国近代历史与文化研究的重要缘由。对这个变化的研究，既要去探析历史变化中的种种细节、关联及过程，还要力图去发现这种变化中所潜藏的流变趋势。对历史发展变化轨迹的梳理不仅体现出研究者对历史本身的理解，也会在这种梳理中或明或暗地展现出研究者对历史发展走向的理解。历史中包含未来的因子，不管是研究者还是阅读者，都可以在历史的研究或阅读中体味到过去、现在与将来的种种关联，这也正是历史研究或阅读的魅力所在。

我并不试图在自己的文章中去展示历史发展的趋势或规律，只是借这次结集出版的机会，在梳理自己旧作的过程中，发现自己写过的文章也有阶段性的特征。先是注重历史人物与学派的研究，近年来则开始注重社会思潮与学术文化的研究，想必思想与文化会成为我未来研究的一个内容。近代以来的有识之士多将思想文化层面视为中国社会嬗变的关键所在，我近来对这个问题的重视无非是在近代先贤构想好的路途上勉力前行。

本书是本人多年来所发表的学术论文的结集。由于选入的论文多以近代中国历史与文化研究为主题或与之相关，故将书稿定为现名。其中《康熙〈东莞县志〉中的"祥异"与"忠烈"》一文虽以康熙年间的《东莞县志》为研究对象，但在写作时也涉及宣统年间的《东莞县志》，故一并纳入到本书中。

从选入的论文看，我自从事历史学研究以来，研究的具体领域主要集中在桐城派研究、吴汝纶研究及近代中国文化演变研究。我于桐城派研究、吴汝纶研究已分别有专著出版，其研究也算暂时告了一个段落。于近代中国文化演变的研究成果还不是很多，也不成系统，希望在以后的研究中能出更多的成果。

2017 年 2 月 20 日于暨南大学

目　　录

戴名世与桐城派关系辨析

戴名世（1653—1713），安徽桐城人，字田有，一字褐夫，又称南山先生，清代学者为讳其名，又称他为"宋潜虚先生"。因其著作《南山集》"语多狂悖"①，而遭文字狱之祸，康熙五十二年（1713）被处死，时年61岁。

由于戴名世生前曾与桐城派开创者方苞来往甚密，故戴名世是否属于桐城派就成为研究者关注的一个问题。本文将在回顾戴名世与方苞的关系及其研究现状的基础上提出自己的看法。

一 关于"戴名世与桐城派"研究的学术回顾

在论及"戴名世与桐城派"之间的关系这个问题时，学界目前有两种相反的观点：

一部分学者认为戴名世是桐城派的先驱，如王树民在《戴名世集序》中认为："戴氏年长于望溪，与之同执文坛牛耳，后因《南山集》案发，导致身败名裂，书亦遭毁禁，然其在文学方面之影响，则久而弥固，故以戴氏为桐城派之先驱，绝非过分之言。"② 陈平原也认为应该将方、戴并称，他认为："戴也是桐城人，长方苞十五岁，也以能文著称，谈桐城派，本该戴、方并称才是。"③

而有的学者则以为戴名世仅是桐城人而已，与桐城派无涉。如王

---

① 苏惇元：《方望溪先生年谱》，《方望溪全集》，黄山书社1990年版，第442页。

② 王树民编校：《戴名世集》，中华书局1986年版，第5页。以下《戴名世集》不再标编校者。

③ 陈平原：《文派、文选与讲学——姚鼐的为人与为学》，《学术界》2003年第5期。

献永认为："戴名世只能是桐城人的戴名世，而非桐城派的戴名世。"他提出的理由有二：一是桐城派的形成是在戴名世死后；二是戴名世具有强烈的反清意识，与桐城派成为鲜明对比。① 这种观点与笔者所持观点基本一致，但作者未展开论述，甚为遗憾。

法国学者戴廷杰则完全不认可戴名世与桐城派有关或戴名世是桐城派先祖这样的观点。由于戴廷杰集十数年之功编撰了近千页的《戴名世年谱》，故他的观点很值得注意。戴廷杰认为："如果只是从各学者所依据的文学理论而论，戴名世是否属于桐城派是很难证明的。其实是无法证明的：怎可能证明一个作家属于他所生活的年代还不存在的一个流派呢？这并不是说提出这种问题毫无意义，我只是觉得从历史学家的眼光看，这几乎是年代记述的误差。最后我要补充一点：提出这种问题，还是慎重为妙。"② 戴廷杰认为桐城派的产生是在戴名世去世后很多年的事情了，故戴名世是否属于桐城派这个问题就没有存在的可能性。戴廷杰的观点在一定程度上揭示出问题的本质，但他回避了戴名世与方苞曾有密切往来这一关键问题，故其回答缺乏说服力。

笔者认为：因戴名世生前与桐城派创始人方苞交往密切，故许多研究者将戴名世视为桐城派的开创者，自然也就在情理之中。但客观而论，戴名世与桐城派的创建并无关涉，戴名世不是桐城派的开创者。戴名世只是一位与桐城派创始人方苞有着密切往来，并持有相近文学、学术观点的桐城籍学者。为了全面说明问题，有必要先对戴名世与方苞之间的关系作必要的回顾。

二 戴名世与方苞的关系回顾

"戴名世与桐城派之间的关系"这个问题的产生，其实与方苞有着密切关系。方苞通常被视为桐城派的创始人，由于戴名世生前与方苞关系密切，两人常以古文相唱和，这种特殊关系容易使人将戴名世

① 以上见王献永《桐城文派》，中华书局1992年版，第26—33页。
② 高黛英：《法国汉学家戴廷杰访谈录》，《文学遗产》2005年第4期。

与桐城派联系起来。故对"戴名世与方苞之间的关系"这个问题的回顾对于诠释"戴名世与桐城派之间的关系"这个问题具有举足轻重的意义。

对于戴名世与方苞关系的回顾，须从《南山集》案谈起。

康熙五十年（1711），左都御史赵申乔上疏，参劾戴名世"妄窃文名，恃才放荡。前为诸生时，私刻文集，肆口游谈，倒置是非，语多狂悖……今名世身膺异数，叨列巍科，犹不追悔前非，焚削书版。似此狂诞之徒，岂容滥厕清华！"① 赵申乔上疏引发了当时震惊全国的《南山集》狱案，被诛戮者甚多。桐城贡士方苞因为《南山集》作序亦被牵连。客观而论，戴名世并无反清之意，只是他在《南山集》中提出清朝应从康熙元年算起，触犯了时忌。戴名世最终因《南山集》案被处斩，方苞则躲过一劫。康熙五十二年（1713），他蒙赦出狱，以白衣入值南书房，为文学侍从。历康、雍、乾隆三朝，曾充武英殿修书总裁，任翰林院侍讲、内阁学士兼礼部侍郎等职。

方苞所以被《南山集》所牵连，源于他与戴名世的关系。两人于康熙三十年（1691）在京师同贡于太学相识，其后近二十年，两人交往甚密，在颠沛的生涯中，互为知音，于古文创作相与切磋亦相互推崇，并盛名于时。

方苞与戴名世相识时，戴名世39岁，方苞24岁。两人之间十五岁的年龄差异，往往会使人产生一种错觉：即年长的戴名世与方苞之间可能存在着一种师生关系。其实，学问高低与年龄长幼并无必然联系。仔细考察，方苞与戴名世之间应该是"学友""同学"之间的关系而非"师生"之间的关系，其理由如下：

其一，两人最初相识是在京师太学，其最初关系当是一种"同乡"兼"同学"关系。

戴名世称自己在"丙寅、丁卯之间"即贡于太学，丙寅年为康熙二十五年（1686），丁卯年为康熙二十六年（1687）。方苞则于康熙三十年八月至北京，肄业太学。关于两人的认识过程，戴名世在《徐诒孙遗稿序》中曾有记载："当丙寅、丁卯之间，余与诒孙（即徐念

---

① 王树民编校：《戴名世集》，中华书局1986年版，第483页。

祖——笔者注）先后贡于太学，太学诸生与余最善者莫如言洁（即刘齐——笔者注），诒孙则仅识面而已。而诒孙最善方灵皋，灵皋与余同县，最亲爱者也，诒孙介灵皋以交于余。而灵皋介余以交于言洁。此数人者……务以古人相砥砺，一时太学诸生皆号此数人为'狂士'。"① 从戴名世的这段叙述，可见他与方苞是在同贡于太学时认识的。由于方苞是康熙三十年才入京师太学，故方苞与戴名世的认识时间不会在康熙二十五年或二十六年，而应在康熙三十年左右，方苞就曾具体指明了他与戴名世认识的时间是在"辛未秋"，辛未年即康熙三十年。②

从戴名世所用的"最亲爱者"一词，可见他与方苞的关系确实非同寻常。既同为贡生，两人之间也就是"同学"的关系，方苞为戴名世《南山集偶抄》所作序言的落款就为"同学方苞书"。

戴、方二人一见如故，方苞在初到北京的日子里几乎只有戴名世一个朋友。当戴名世于康熙三十年十一月因祖父病逝离京返家后，方苞郁郁寡欢，他在《送宋潜虚南归序》中这样描述自己当时的感觉："（戴名世）以其大父之忧，卒卒而东。然则余向之所乐于京师者，渐以无有，知余志者益希，余岂能郁郁于风沙粪壤中，与时俗之人务为浮薄哉？开口而笑，则人以为笑，举足而步，则人以为迂，余亦何乐乎此哉？"③

其二，两人相识后在学问上"互相师资"，其关系逐渐从"同学"关系深化成"学友"关系。

戴、方二人所以能成为知己，当然不是仅源于"同乡""同学"关系那样简单。学识上的意趣相投，对古文的喜好，当是两人友谊不断延伸的重要因素。两人相识后时以古文相切磋，戴氏曾说："盖灵皋自与余往复讨论，面相质正者且十年。每一篇成，辄举以示余，余为之点定评论，其稍有不惬于余心，灵皋即自毁其稿。而灵皋尤爱慕余文，时时循环讽颂，尝举余之所谓妙远不测者，仿佛想象其意

① 戴名世：《徐诒孙遗稿序》，《戴名世集》，中华书局1986年版，第55页。
② 王树民等编校：《戴名世遗文集》，中华书局2002年版，第166页。
③ 方苞：《送宋潜虚南归序》，《方望溪遗集》，黄山书社1990年版，第81页。

境。"① 戴名世还称自己与方苞未见面时即"遥相应和",见面后"互相师资,荒江墟市,寂寞相对"②。方苞在为戴名世的《南山集偶抄》作序时,称戴名世为"吾友",在戴氏去世后,方苞又称戴名世为"亡友"③,显然视其为朋友。

其三,《南山集》案发前,方苞就以古文名动一时,其文名甚至上达于康熙皇帝。戴名世《南山集》请方苞作序之举,更足以说明方苞在当时古文界的影响甚至在戴名世之上。

方苞在《南山集》案后,所以能得到赦免,很大程度上就缘于他在古文界的广泛影响。据《清史稿》载:"桐城贡士方苞坐戴名世狱论死,上偶言及侍郎汪霖卒后,谁能作古文者,光地曰:'惟戴名世案内方苞能。'(康熙五十二年二月——笔者加注,下同)苞得释,(隶汉军旗,以白衣)召入南书房。其扶植善类如此。"④ 从李光地回答康熙帝的话可看出方苞当时在古文领域已具有无人可以企及的地位。另一条史料也可以佐证,《清史稿》的相关记载,康熙五十二年三月二十三日朱批有如下记载:"戴名世案内方苞学问,天下莫不闻。下武英殿总管和素。"足见方苞在戴名世案发前即已名动文坛。正是借助于这种文学地位与成就才使方苞摆脱了血光之灾,意外地踏上了一条青云直上的坦途。

笔者于此反复强调年轻时代的方苞在古文领域的成就与地位,其意还是在说明方、戴二人之间虽有年龄长幼之别,却无学问高低之分。既然戴名世与方苞之间是一种同学、学友关系,且方苞在当时文坛的影响之大无人出其右,自然也就不存在方苞的古文之学"师承"于戴名世的问题。

《南山集》案将方苞与戴名世两人的关系以一种特殊的方式固定下来。正是由于方苞与戴名世的特殊关系,加之两人在学术、文学观点等方面的一致性,故一些学者在视方苞为桐城派创始者的同时,又

---

① 戴名世:《方灵皋稿序》,《戴名世集》,中华书局 1986 年版,第 54 页。

② 同上书,第 53、54 页。

③ 方苞:《书先君子家传后》,《方望溪全集》,中国书店出版社 1991 年版,第 313 页。参见魏际昌《桐城古文学派小史》,河北教育出版社 1988 年版,第 38 页。

④ 赵尔巽等撰:《清史稿》第 33 册,中华书局 1977 年版,第 9899 页。

视戴名世为桐城派的"先驱者"或"先行者"①。梁启超的观点就很有代表性，他认为戴名世"本是一位古文家，桐城派古文，实推他为开山之祖"②。从学派传承的角度看，如果戴名世是桐城派的开山之祖，方苞就当是戴名世的弟子了，从上面笔者的分析，这个结论似乎不能成立。

三　衡量一个学派先驱者的标准

衡量一个学者是否为一个学派的开创人，当具备以下条件：其一，是否在某一领域具备系统的、自成一家的学说。其二，是否通过师承等学术传播交流方式逐渐形成一个有一定规模的、持相近学术观点的知识群体。其三，这个开创者的学术观点与学派的开创地位是否得到这个知识群体的普遍认可。

方苞作为桐城派的创始人，显然符合这个标准的三个条件。按此三个标准衡量，戴名世只能算是一个著名的学者，与桐城派的开创者并没有干系。

其一，方苞的"义法"说为桐城派奠定了最初的理论基础，方苞"义法"说的提出与成熟是戴名世去世以后的事情。

方苞于桐城派开创的最大贡献就是"义法"说，"义法"说是桐城派文论的理论核心。"义法"说包含三个层面：一是"义"，"义"即文章的思想意蕴，它应以儒家的伦理道德特别是孔子的《春秋》之义为根底。二是"法"，"法"即文章的外在法则，它讲求体要规制，虚实详略，须体现《春秋》的褒贬笔法之意。三是"义"与"法"的关系，"义法"即是"根据义理去判断、取舍内容而如何将其表达于文字的方法"③。

---

① 参见周中明《桐城派研究》，辽宁大学出版社1999年版，第85页。魏际昌在《桐城古文学派小史》中则将戴名世称为桐城派的"先行者"（魏际昌：《桐城古文学派小史》，河北教育出版社1988年版，第2页）。

② 梁启超：《中国近三百年学术史》，《饮冰室合集》专集之75，中华书局1989年影印本，第175页。

③ ［日］青木正儿：《清代文学评论史》，杨铁婴译，中国社会科学出版社1988年版，第168页。

方苞作为古文家，十分强调文章之"法"，他曾说："此虽小术（作文之法——笔者注），失其传者七百年，吾哀甚矣。"① 与当时学者普遍对文章家轻视的看法相反，方苞对古文家予以了很高的评价："艺术莫难于古文。自周以来，各自名家者，仅十数人，则其艰可知矣！苟无其材，虽务学不可强而能也；苟无其学，虽有材不能骤而达也；有其材有其学而非其人，犹不能以有立焉。"② 对作文之"法"的强调，其实也就是对文章家地位的肯定。方苞的"义法"说，就是要树立古文以及古文家的独立地位，以期古文家能与当时独霸学坛的宋学家、汉学家鼎足而立。

方苞虽早年与戴名世交往密切，于学问上互有浸染，但方苞"义法"说的提出与成熟却是在戴名世去世的若干年后了。《南山集》案发在康熙五十年，方苞提出"义法"说则大致在康熙末年，③ 其古文理论的最终成熟是雍正年间的事情了。雍正十一年（1733），方苞编成示范"义法"的古文读本《古文约选》。《古文约选》的颁行，对于桐城派的创立具有重大意义：首先，"义法"作为方苞为古文一派奠下的理论基石，为桐城派代代相传，影响深远。同时，作为方苞一家之言的"义法"说，随着官选文本《古文约选》的颁行，获取了某种官方权威文化的身份，广为传播。其次，方苞通过编选《古文约选》，试图以古文旁通于时文，此举对于桐城派意义甚大，"正是通过士子之学的渠道，方苞的义法说及桐城派的古文理论，才获得相当的知名度和广阔的植被地带"④。

文集、文选是中国传统学派创始人的思想得以不断传承、扩展的一个重要媒介。方苞所选编的《古文约选》是八旗子弟教本，《四书文选》则是奉旨所编。这两本文选的广为印行，使桐城"义法"得以广为传播。与方苞所编文集相比，戴名世《南山集》的命运就是

① 方苞：《答程夔洲书》，《方望溪全集》，中国书店出版社1991年版，第82页。
② 方苞：《答申谦居书》，《方望溪全集》，第81页。
③ 参见许福吉《义法与经世——方苞及其文学研究》，学林出版社2001年版，第269页。
④ 关爱和：《古典主义的终结：桐城派与"五四"新文学》，上海文艺出版社1998年版，第172页。

天壤之别了，《南山集》在近一百年的时间里受到政府的严密追查销毁，使戴名世的文风、思想都不可能在当时产生影响，而这一百年正好是桐城派发展的巅峰时期。

《南山集》案是清代的一大文字狱。是案发生后，戴名世不仅被斩，他的文集也被收缴销毁。清政府对《南山集》进行过两次大规模的清剿。第一次是在《南山集》案发生后的大规模收缴。康熙五十年十二月十三日，《两江总督噶礼奏报拿获〈南山集〉序作者及其刻版等事折》云："窃查戴名世案，撰拟南山集序之进士方苞，原系巡抚张伯行至交……顷由刑部言：行文令江宁、安徽二巡抚，查拿方苞等及其所刻《南山集》版……方苞隐藏《南山集》刻版，刷印买者甚多……至于所刻《南山集》版，奴才交付由部所遣之人带回。"①第二次是《四库全书》编撰时期对民间残存《南山集》及戴名世所编文集的清剿。乾隆三十九年（1774），乾隆谕旨各省督抚，"将可备采择之书，开单送馆"，这是清政府对学术著作的一次大规模清点，凡是有诋毁清朝之嫌的书籍被统统收缴销毁，戴名世的《南山集》也不例外。法国学者戴廷杰在其编纂的《戴名世年谱》中详细收集了这一时期各地收缴《南山集》的情况。现据《戴名世年谱》将当时各地收缴戴名世文集的情况汇集如下：

乾隆三十九年五月二十日，两江总督进呈《戴田有文集》二十三部，《戴田有全集》板一副。八月廿二日，两江总督进呈《南山集》一部、《戴田有全集》七十七部。

乾隆四十三年，湖广总督进呈《戴田有时文》十一部。十月初四日湖广总督进呈《南山集》一部、《戴田有时文》十六部。十二月，江西巡抚进呈戴名世《园文集》。

乾隆四十四年，江西巡抚进呈戴名世所撰《忧庵集偶抄》，四月八日，江苏巡抚进呈《南山集偶抄》两部。四月二十日，山东巡抚进呈《戴田有四书文》三本。七月初九日，两江总督进呈《戴田有集》一部、《孑遗录》一部。九月初六日，闽浙总督进呈《戴名世时

---

① 《两江总督噶礼奏报拿获〈南山集〉序作者及其刻版等事折》，中国第一历史档案馆编《康熙朝满文朱批奏折全译》，中国社会科学出版社1996年版，第759页。

文》四部。十一月，湖广总督进呈《南山集》。十一月初一日，湖广总督进呈《戴田有时文》十部。

乾隆四十六年，江西巡抚进呈《戴田有时文》十七部。五月，浙江巡抚进呈《南山集》。六月十五日，直隶总督进呈《戴田有文稿》八部。九月廿八日，云南巡抚进《戴田有时文》一部。

乾隆四十七年正月初四日，贵州巡抚进呈《戴名世时文》六本。二月三十日，闽浙总督进呈《南山集》一部、《戴田有文稿》二十八部。八月廿八日，闽浙总督进呈《忧患集》二部、《孑遗录》一部、《戴田有文稿》四部。十月，浙江巡抚进呈《南山集》。

乾隆五十四年十月，浙江巡抚奏缴《戴名世时文》二十四本。

乾隆五十五年五月初七日（1790），浙江巡抚奏缴《戴田有时文》四十本。

由上可见，从康熙五十年（1711）"《南山集》案"案发，直到乾隆五十五年（1790），事隔已近80年，清政府还在追缴戴名世的各种文集，笔者所以不厌其烦地罗列戴名世文集被收缴的情况，就意在说明，起码在1711年以后的近一百年里，戴名世是一个被压制、被遗忘的人物。恰如其邑人戴兴在《潜虚先生墓表》中所云："先生殁，同游诸君子以其获罪，当时遂无复敢道先生为人行事，浸寻日久，渐就湮没。故先生名在四方，而其著述行为，家世里居，鲜能言其详者，再经数十年，将遂泯灭无闻。"[①]

其二，方苞的许多弟子不仅是古文大家，还多有功名。这种成员构成的学术梯队对于一个处于初创时期学派有着相当重要的意义，既可以使古文理论继续深化成熟，又可以不断扩大古文理论影响。

方苞培养的弟子以刘大櫆的文学成就最高，刘大櫆29岁时入京，以文拜见同乡方苞，从此"师事方苞，受古文法"[②]，成为方苞的得意弟子。刘大櫆对方苞的理论有所继承、吸收，更有创新、发展。刘大櫆在方苞"义法"说的基础上提出"神气""音节""字句"的文

---

① 戴兴：《潜虚先生墓表》，转引自戴廷杰《戴名世年谱》，中华书局2004年版，第1191页。

② 刘声木撰：《桐城文学撰述渊源考》，黄山书社1989年版，第137页。

章要素论，使桐城派古文理论更为完善成熟。正是刘大櫆于古文理论的独特贡献，故他又被视为桐城三祖之一。桐城派的另一个重要人物姚鼐在12岁时即拜刘大櫆为师，学习古文。① 方苞、刘大櫆、姚鼐这三位前后相继的大师是桐城派得以最终创立的关键人物。如果没有刘大櫆、姚鼐等人的努力，桐城派也难成气候。

方苞其他的出色弟子还有雷鋐（1697—1760）、沈彤（1688—1752）、王又朴（1681—1760）、沈庭芳（1712—1772）、王兆符（1681—1723）等人。这些人多有功名与官职，其中雷鋐是雍正癸丑进士，官都察院左副都御史；王又朴为雍正癸卯进士，官庐州府同知；沈庭芳曾官山东按察使；王兆符为康熙辛丑进士。政治地位对于中国传统社会中的学术派别扩大影响具有异常重要的意义，这些具有功名的弟子围绕在方苞周围，在文坛上形成一股不可忽视的势力，扩大了古文义法在文坛的影响。

戴名世因《南山集》案被杀后，其门生或流放边陲或入籍为奴，其文集被查抄焚毁，学者们都不敢轻提其名，而以"宋潜虚先生"代称，唯恐触忌。在清代严密的文网下，哪个学者还敢传承戴名世的思想，更谈不上什么文派、学派会推戴名世为先驱了。戴名世及其《南山集》随着戴名世的被杀从此成为清代历史上一个文化遗迹，他的思想没有通过师承等方式进一步传播、传承，故戴名世不在桐城派自方苞到刘大櫆、姚鼐一线的学术传承链条上。从清代康熙、乾隆两朝酷烈的文字狱及戴名世文集几被追缴殆尽的文化背景看，戴名世不可能是清代兴盛一时的桐城派先驱。

桐城派后人无人视戴名世为其文派的开创者，都视方苞为文派的开创者。姚鼐的《刘海峰先生八十寿序》是宣告桐城派成"派"的奠基性文章，在这篇文章中，姚鼐就只字不提戴名世，而是直接从方苞写起。自称"尝亲炙侍郎"的沈日富也说："康熙中叶，海内治安，士皆诵习经子，研精性理，望溪方氏出而文章一轨于中正，自是

---

① 姚鼐在《刘海峰先生八十寿序》中较为详细地说明了自己拜师刘大櫆的过程（参见刘季高校《惜抱轩诗文集》，上海古籍出版社1992年版，第114—115页）。

以后，学者翕然有向。"① 方苞的门人苏惇元在《方望溪先生年谱》中甚至提出方苞的《〈南山集〉序》"实非先生作也"②，极力否认桐城派与戴名世的关系。

其三，戴名世的学术思想、文章风格均与方苞有所区别。这种区别足以使戴名世与桐城派之间存在着天然的界限。

首先，戴名世与方苞的学术取向不同。戴名世重史学，方苞重经学。徐宗亮在评价戴名世时曾说："夫先生夙以班、马自命，有志明史，卒之以此得祸，然当时固有称其文得太史公逸气者。"③ 国学保存会的邓实亦说：戴名世之文"往往好表彰节义，不遗旧闻，慨然以作史自任"④。马其昶也说："先生（戴名世）之所欲自奋斗于不朽，以颉颃太史公之所为。"⑤ 与戴氏重史学不一样，方苞所重在经学。他的人生祈向就是"学行在程朱之后，文章在韩欧之间"，方苞及其所开创的桐城派几乎就是有清一朝理学的官方代言人。

其次，戴名世与方苞的文章风格不同，方苞的文章平和畅达，而戴名世的文章则有落拓不羁之气。晚期桐城派大家马其昶曾对戴、方二人不同风格进行了对比："侍郎笃于经学，风检严峻，文肖其行。先生则负逸才，生际鼎革，读太史公书而慕之，网罗放佚，将欲成一家言……其迈往不屑之气，睥睨一切，诸公贵人畏其口，尤忌嫉之。"⑥ 戴名世行文"放笔直书……起伏抗坠，不稍揆古之所云"的风格，⑦ 显然与方苞古文清正雅洁、温文尔雅的风格大相径庭。

对于两人之间的种种的区别，戴名世本人也有很清晰的认识："灵皋之孤行侧出者，固自成其为灵皋一家之文也。灵皋于《易》《春秋》训诂不依傍前人，辄时有独得……而余多有幽忧之疾，颓然自放，论古人成败得失，往往悲涕不能自已。盖用是无意于科举，而

---

① 沈日富：《〈国朝文录〉序》，《受恒受渐斋文集》卷2，光绪丁亥苏州刊本。

② 苏惇元：《方望溪先生年谱》，《方望溪全集》，中国书店出版社1991年版，第442页。

③ 徐宗亮：《南山集后序》，《善思斋文续钞》卷1，光绪刻本。

④ 转引自戴廷杰《戴名世年谱》，中华书局2004年版，第1107页。

⑤ 马其昶：《南山集序》，《抱润轩文集》卷4，宣统元年安徽官纸印刷局石印本。

⑥ 同上。

⑦ 徐宗亮：《南山集后序》，《善思斋文续钞》卷1，光绪刻本。

唾弃制义更甚。乃灵皋叹时俗之波靡，伤文章之委靡，颇思有所维挽救正于其间。"① 戴名世这段文字，不仅提及他与方苞在文学、学术上的不同，还写到两人在性格、人生观、价值观上的区别。其实朋友抑或学友之间的思想差异是很正常的事情，也许正是这种差异才使双方具有了思想上的互补性，使得双方在思想上的吸引力更大。

结　语

综合以上分析，可以对戴名世与桐城派的关系作一定位：戴名世虽与方苞的关系密切，但他与桐城派的创建并无太大关涉。客观而论，戴名世只是一位与桐城派创始人方苞持有相近学术观点、文学观点，并曾与方苞往来密切，有过文章相互应和的桐城籍学者。其实持"戴名世是桐城派先驱者或开创者之一"的学者在无意中转换了话题，即把"戴名世与方苞的关系"转换成"戴名世与桐城派关系"这个问题了，不能因为戴名世与桐城派初创人方苞之间的关系密切，就直接得出戴名世是桐城派创始人的结论。

晚清桐城派领袖吴汝纶早在一百年前就说出了这样的观点："入国朝，望溪方氏以文章鸣于时，刘、姚继之，于是天下言古文者，必推桐城。而戴南山先生，当康熙时与望溪才誉相次，长老至今往往言方、戴遗事。南山被文字之祸，抵法禁，而乡人乐道之，盖文章之传，不以黜陟异也。"② 吴汝纶这段文字包含了两层含义：一是方、刘、姚三人是桐城派的三大家；二是戴名世与方苞才誉相当，只是惨遭文祸，命运与方苞迥异。吴汝纶不去论及戴名世是否与桐城派有关，而只言方苞、戴名世的关系。这是一种客观、明智的态度。

原载《安徽史学》2008 年第 5 期。

① 戴名世：《方灵皋稿序》，《戴名世集》，中华书局 1986 年版，第 54 页。
② 吴汝纶：《戴氏族谱序》，《吴汝纶全集》（一），黄山书社 2002 年版，第 281 页。

晚清桐城派嬗变的文化轨迹

桐城派是清代一个以学习唐宋古文相号召的文学流派，因为这个流派的主要代表人物，即方苞、刘大櫆、姚鼐都是安徽桐城人，故时人名之曰桐城派。桐城派作为清代影响最大的一个文学派别，前后延续达二百多年，几乎与清朝相始终。本文所以将研究时限界定在晚清，① 主要原因在于晚清一段的桐城派具有文化研究上的独特意义。晚清以前的桐城派在相对稳定的社会、文化环境下，主要致力对桐城派古文理论的建设，呈现出一派平和渊穆的气象。晚清一段的桐城派则处于社会变化、文化转型的大变革时期，作为文学派别的桐城派前所未有地被卷入到时代变化、文化转型的浪潮中，知识分子素有的经世致用精神使晚清桐城派在一定程度上也曾一度积极汇入时代浪潮中，在一段时期内呈现出开放的文化特征。随着时代的推进，桐城派由于与"旧政体""旧学界"的天然联系，使其不可能在中国近代社会与文化即将发生质变的时刻"焕然一新"，跟上时代更迭的步伐。当桐城派尴尬地意识到自身逐渐成为新知识分子所批判的对象时，其固有的保守性的一面就自然凸显出来，这种微妙的变化决定了桐城派最终的结局。

桐城派作为一个影响深远的文学派别，其发展变化不仅仅与文学有关，还与众多的具体文化因素有关，故在研究方法上，本文不局限于纯文学的角度，而是试图从狭义文化的角度揭示晚清桐城派嬗变的文化轨迹。作为与抽象的广义文化理论相对应的狭义文化，主要是指

---

① 本文沿用目前史学界通用的时限划分法，将晚清定位在 1840 年鸦片战争至 1911 年清朝灭亡这一时段。

文学、教育、学术思想、社会思潮、社会习俗等具体的文化领域。笔者在论述时，即选取与晚清桐城派相关的具体文化领域进行论述。

一

梁启超曾说："今日之中国，过渡时代之中国也。""过渡时代"的总特点就是国人欲抛弃旧有的"专制之政""考据词章庸恶陋劣之学"，又未能找到"新政体""新学界"以代之，于是，"全国民族，亦遂不得不经营惨淡，跋涉辛苦，相率而就于过渡之道"①。"过渡时代"一词不仅较准确地概括出晚清社会的特点，也较准确地反映了晚清文化在社会思潮、学术思想、教育、文学艺术、宗教、社会风俗等具体文化领域由传统向现代过渡、转型的特点。在这个颇长的"过渡时代"中，一方面是"旧政体""旧学界"的继续存在，一方面是全民族对建设"新政体""新学界"的不懈追求。梁启超在这篇文章中，特别用了"全国民族"一词，这表明，在民族危亡的时刻，刻意保守或者阻碍时代进步者毕竟不多。即便是在"旧政体""旧学界"中，也不乏追随新思潮、求变革者。桐城派作为"旧学界"的代表，在清王朝最后的几十年时光中，虽然背负着沉重的桐城派"义法"家规，也曾一度积极汇入到时代潮流中，与国人一道加入了"过渡时代"艰苦跋涉的旅程。

支撑桐城派理论体系的两大核心一是程朱义理，二是文言古文，此即桐城派所恪守的桐城"义法"。程朱义理是清朝的官方哲学，早为新知识分子所诟病；文言古文则与晚清兴起的"新文体"运动针锋相对。作为一个传统文学派别的"正宗"代表，晚清桐城派自然要竭力维护自己的"古文正宗"地位，并扮演着卫道翼道者的角色。从这个角度分析，他们确实是"旧政体""旧学界"的守护者。但晚清内忧外患的困境，西学东渐的浪潮，中国知识分子素有的强烈经世精神，种种因素都促使晚清桐城派的众多成员不再局限于"义法"

规范，而是把目光转向现实与新学。他们一方面谨守着方苞、刘大櫆、姚鼐等桐城派始祖所定下的古文法则，一方面又在对桐城派先辈理论的谨守中求变革，求发展，"因时而变"是晚清桐城派在道咸时期的一个重要文化特征。

作为一个成员众多、影响面很大的文学派别，晚清桐城派与晚清社会思潮、教育、学术、文学艺术等具体文化领域有着千丝万缕的关系，故晚清桐城派的"因时而变"，不仅仅局限于文学领域。在晚清社会思潮的演进，传统教育制度、学术思想、文学艺术的近代化转型过程中，晚清桐城派的代表人物在传统文化可以容忍的范围内，在不影响桐城派存在的前提下，求新求变，不断调整、变革古文理论中不合时宜的因素，不仅在一些具体文化领域跟上了时代步伐，某些时候还引领时代风气之先。

从社会思潮的角度考察，至少在鸦片战争至维新变法时期的近半个世纪中，晚清桐城派为跟上时代步伐，迎合新的社会思潮，能不断变革、调整桐城派古文规范，说明晚清桐城派的主流并不完全保守、顽固。这一时期桐城派的主要代表往往也是当时新思潮的代表或积极参与者。在鸦片战争前后兴起的经世致用思潮中，"姚门弟子"中的姚莹就是与魏源、龚自珍等同站在经世思潮前列的倡导者与开创者。他不仅在文学创作上提出"文章之事，莫大乎因时"的主张，① 还写出了经世巨著《康輶纪行》。姚莹不仅有经世之论，还有经世之功。鸦片战争时，他正值台湾道任内，他团结军民，关注夷情，指挥得当，使英军"五犯台湾，不得一利"。在洋务思潮中，桐城派更是引领时代风骚。此时的桐城派领袖曾国藩即是洋务运动的倡导者，桐城派古文到了曾氏手中，体现出强烈的"中体西用"的洋务色彩，不仅成为宣扬"义理"、卫道护教的工具，也成了宣传"经济"、学习西学的手段。其时追随曾国藩的诸人如郭嵩焘、吴汝纶、黎庶昌、张裕钊、薛福成等不仅在桐城派古文上各有建树，还多为名重一时的洋务派官僚。郭嵩焘与薛福成由于其思想的敏锐性及出使西国的经历，较早窥出洋务思想的弊端。他们赞赏西方的政治制度，是早期维新思

---

① 梅曾亮：《答朱丹木书》，《柏枧山房文集》卷2，咸丰六年刊本。

潮的代表人物。

从教育史的角度考察，桐城派的传承、扩展与传统教育制度，尤其是与传统书院密切相关。据统计，桐城派中人士在书院中讲学者达83人。① 众多桐城派人士在书院中讲学，对于桐城派的代代传承具有重要意义。虽然书院对桐城派而言具有关乎存亡的重大意义，但当教育制度近代化的浪潮掀起时，活跃于书院的晚清桐城派诸人并未抱残守缺，他们中的大部分人士也开始了对书院制度近代化的思考与实践，其中尤以吴汝纶、王先谦为代表。吴汝纶在任保定莲池书院山长时，就力图将西学引入书院教学中，他不仅为书院购置西书，还在书院中开设西文课，试图引导学生去探求西方文化的内核。王先谦曾于1894年至1904年任岳麓书院山长。在维新变法初期，他对政治的新变化抱有很热忱的态度，并力图在书院教学中引导学生去关注现实政治。1896年，他特地为岳麓书院十二斋订购《时务报》六份，供学生阅读，他在给诸生的手谕中特别强调《时务报》的文章为"忧时君子发愤而作"②。当然，随着维新运动的深入发展，王先谦逐渐意识到维新派不仅是"忧时君子"，还"志在谋逆"时。③ 他对书院制度的近代化变革也就烟消云散了。

从学术思想史的角度考察，嘉道时期的理学复兴浪潮使作为理学代言人的桐城派获得了新的发展机会。鸦片战争前后，汉学作为乾嘉时期的学术主流在社会危机前的一筹莫展。社会的危机，社会道德的普遍沦落，士林风气的败坏，使汉学成为经世派学者抨击的中心。当时汉学所遭到的抨击主要集中在两方面：一是汉学无关经世；二是汉学使世风沦落。在汉学走向衰落的同时，宋学开始走向复兴。作为理学代言人的晚清桐城派不仅在经世致用与道德重建上赋予理学新的时代特色，还大力倡导学术兼收，使理学也使自身获得了新的活力。④"姚门四杰"在经世致用思潮中的努力以及曾国藩、吴汝纶等人在洋

① 参见拙文《桐城派的传承与传统教育体制》，《清史研究》2005年第3期。
② 王先谦：《购〈时务报〉发给诸生公阅手谕》，《时务报》第18册（光绪二十三年正月二十一日）。
③ 王先谦：《葵园四种》，岳麓书社1986年版，第744页。
④ 参见拙文《桐城派与清代学术的变迁》，《福建论坛》2005年第1期。

务运动中的贡献，其实就是理学经世理想的一种具体体现。

从文学史的角度考察，晚清桐城派也并非一味泥古。其实，在促进近代文学的语言变革及介绍西方文学上，晚清桐城派客观上都为中国传统文学向现代文学的过渡做出了一定的贡献，对新文学运动的产生起到了一定的铺垫作用。周作人就曾评价："今次文学运动的开端，实际还是被桐城派中的人物引起来的。"① 文学语言形态的变革，是近代文体改革的主要目标，近代文学的语言形态变革包含着通俗化、大众化，大量引入日本、欧美的新名词两大方面。晚清桐城派虽然在语言的通俗化、大众化这一目标上完全与时代背道而驰，但他们并未完全与时代脱节。早在洋务运动时期，黎庶昌、郭嵩焘、薛福成等人就开始致力于以古文为载体介绍西方文化，黎庶昌的《西洋杂志》、郭嵩焘的《伦敦与巴黎日记》、薛福成的《出使英法意比四国日记》是较早系统介绍西方社会文化的书籍。他们的作品虽坚持桐城派古文笔法，但处处可见的西方文化新名词、新事物，不仅使桐城派古文的语言呈现出新的色彩，还为国人展现出一幅幅国人闻所未闻的西方文化画卷。从这个意义上讲，晚清桐城派对于近代文体语言的变革还是有一定的贡献。晚清桐城派还对西方作品介绍做出了相当贡献，其中尤以吴汝纶、林纾的贡献最为引人注目。吴汝纶虽然一生没有涉足翻译，但他应严复之邀所作的《〈天演论〉序》，对《天演论》作了高度评价。吴汝纶是继曾国藩之后的桐城派领袖，在当时的旧知识分子中影响很大。他的推介对于扩大《天演论》的影响有着不可低估的作用。林纾自称"吾非桐城弟子为师门捍卫者"②。精于古文而对外文一窍不通的林纾依靠别人的口述意译，竟然翻译了 163 种外国作品。郑振铎曾这样评价："中国近二十年译作小说之多，差不多可以说大都是受林先生的感化与影响的。"③ 可见林纾的努力在相当程度上促进了外国小说在我国近代的翻译与传播。

---

① 周作人：《中国新文学的源流》，华东师范大学出版社 1995 年版，第 48 页。

② 林纾：《〈慎宜轩文集〉序》，《畏庐文集·诗存·论文》（二），沈云龙主编《中国近代史料丛刊》第 94 辑，文海出版社 1974 年版，第 628 页。

③ 郑振铎：《林琴南先生》，《郑振铎全集》第 5 卷，花山文艺出版社 1998 年版，第 370—371 页。

桐城派毕竟属于"旧学界"，这决定了它只能在一定的限度内迈开求新的步伐。当近代中国文化转型临近质变的时刻，桐城派求新的步伐也就停了下来，甚至日趋保守起来。

二

　　晚清文化转型是一个逐渐加速的过程。大致以中日甲午战争为界，鸦片战争至甲午战争时期，晚清文化的转型处于量变阶段，在西学东渐浪潮的影响下，传统文化的各个具体领域虽渐次向近代转型，但从总体上并未突破传统文化的框架。甲午战争以后，西学的大量涌入，维新思潮、革命民主思潮的相继涌现；新式学堂的大量建立；"文界革命"的兴起，白话文运动的展开，使社会思潮、教育、学术、文学艺术等各个具体文化领域开始发生质的变化，中国近代文化的转型进入快速发展的轨道。晚清文化的转型终于演变到桐城派所不能容忍与接纳的程度，时代的发展已经到了要突破"旧政体""旧学界"的时刻。晚清桐城派作为旧文化体系中的一分子，自然也就成为新文化要清除与革新的对象。在这种文化背景下，晚清桐城派逐渐失去了变革的勇气，他们顽固、保守的一面渐渐凸显出来，曾经一度紧跟时代发展的步伐也迟缓下来，与时代发展之间的距离越来越远。

　　在社会思潮领域，甲午之战后，维新变法思潮的持续高涨使桐城派文论的核心——"义法"说面临着威胁。维新派要求变革封建专制政治的主张，充满"魔力"的"新文体"，使惯于载道的桐城派古文渐渐失去了魅力。吴汝纶作为这一时期的桐城派领袖，为了避开新思潮的冲击，对桐城派古文理论作了稍许变通。他首先削弱了桐城派古文的政治色彩，在文章内容上回避程朱义理，明确表示不宜将"义理之说施之文章"①，但在文章形式上仍然强调古文语言的"醇厚"②。他同时主张以古文译介包括社会学在内的各种西学著作，使桐城派古

---

　　① 吴汝纶：《答姚叔节》，《吴汝纶全集》（三），黄山书社 2002 年版，第 138 页。
　　② 吴汝纶：《与杨伯衡论方刘二集书》，《吴汝纶全集》（一），黄山书社 2002 年版，第 359 页。

文在绍介西学的浪潮中仍能占有一席之地。吴汝纶的努力使晚清桐城派在维新变法思潮中还有所作为，使其勉强承受住了维新思潮的冲击。戊戌维新运动失败后，革命民主主义思潮走向高涨，资产阶级革命派主张推翻清王朝，建立近代民主政治制度，提倡民权平等，反对封建伦理纲常。革命派还大量创办白话报刊，以通俗的白话文宣传革命。桐城派所坚守的程朱"义理"成为革命派猛烈抨击的对象，文言文受到"俗语文体"、文学革命更猛烈的冲击。革命派与"旧政体""旧学界"判然两立的姿态，使晚清桐城派不可能在革命民主思潮中有所作为。当社会思潮的发展危及到桐城派存在的时候，桐城派末流失去了变革的勇气，他们关上晚清桐城派"因时而变"的大门，表现出强化古文文体与程朱"义理"的倾向，使晚清桐城派改造桐城派古文文体，以及为迎合新思潮的不懈努力付诸东流。桐城派末流由于对桐城派文统、道统的重新强化而与时代失拍，逐渐走向新思潮的对立面。

在教育领域，中国传统教育体制在清末发生的巨大变革使桐城派失去了传承学派、宣讲学说的重要场所。中国传统教育制度在清末发生的一项重大变革就是书院制度的近代化及新式学堂的建立。光绪二十七年（1901）八月，清政府颁布谕旨："著将各省所有书院，于省城均改设大学堂，各府及直隶州均改为中学堂，各州县均改设小学堂，并多设蒙养学堂。其教法当以四书五经纲常大义为主，以历代史鉴及中外艺学为辅。"① 在这道谕旨的推动下，各省随即开始了改书院为学堂的高潮。光绪二十八年（1902）、二十九年（1903），清政府又先后颁布《钦定学堂章程》与《奏定学堂章程》，从学制上为近代学堂的建立铺平了道路。光绪三十一年（1905），清政府下令废除科举制度。科举制度的废除，更加速了书院衰亡。科举制度废除不过二三年，作为其附庸的传统书院终于走到了尽头，至清朝灭亡前夕，残存的书院已经寥寥无几。传统书院的迅速萎缩直接危及到桐城派的生存。在传统书院中，桐城派文人可以从容不迫地论文讲道，他们对时文的娴熟更令学子趋之若鹜。但在新式学堂中，中国传统文学、经

---

① 转引自白新良《中国古代书院发展史》，天津大学出版社1995年版，第267页。

学的魅力已被日新月异的西学所取代。科举制度的废除，新文体、白话文的流行，不仅让时文成为时代的弃履，而且使桐城派古文在新学子的眼中也渐成古董。桐城派学人在传统书院中享有崇高的地位，他们中的许多人担任着书院的院长或主讲的讲席，但在近代新式学堂中，西学课程的普遍开设，使他们在学堂中失去了原有独尊的地位。在中国近代这个对西学狂热渴求的特定时期，桐城派文人注定要沦为新式学堂中可有可无的配角。尚须强调的一点是：在近代中国，新式学堂不仅是传播西学的中心，也是衍生民主、维新、革命思想的重要场所，新式学堂培养的年轻学生是中国近代新知识群的重要组成部分，他们是近代每一次重大政治风暴的有生力量。① 长沙时务学堂在维新变法时期就被湖南保守绅士指斥为"革命造反之巢窟"②。因此，从政治角度观察，晚清桐城派与近代学堂分别属于不同的政治阵营，近代学堂没有为桐城派留有生存的空间。

在学术文化领域，晚清桐城派与现代学术转型最终失之交臂。其实，早在洋务运动时期，曾门弟子如黎庶昌、吴汝纶、张裕钊、薛福成诸人，不仅倡导洋务、学习西学，如吴汝纶还主张以古文译介西方各类著作，应该说已经在慢慢地逼近现代学术的大门，但他们始终抓住程朱理学的道德规范不放，这使得他们囿于理学的束缚终不能在学术上有大的突破。甲午战争的失败，宣告了以理学经世、中体西用为理论基础的洋务运动的破产，理学主导中国社会的作用受到极大的怀疑。众多知识分子出于振兴中华的强烈愿望，开始大规模引介西学，西学的大规模传入促使中国学术由传统经学向现代学术转型。在现代学术逐渐成为学术主流的时代，对传统经学的抱残守缺，使晚清桐城派在近代学术转型的学术潮流中显得黯然失色。事实上，晚清桐城派的部分人士已经意识到了这一点，向以保守著称的王先谦就曾说："中国学人往往因私成蔽，言辞章者谓考据害性灵，讲训诂者轻文人

---

① 参见桑兵《清末新知识界的社团与活动》，生活·读书·新知三联书店 1995 年版，第 277 页。

② 丁文江、赵丰田：《梁启超年谱长编》，上海人民出版社 1983 年版，第 88 页。

为浅陋，理学兴则朱陆争，朴学兴则汉宋争，地球通则中学与西学又争。"① 这说明他不仅意识到传统学术向现代学术转型问题，还意识到了传统经学之争将为中西学相争取代的学术趋势。"五四"时期，由于林纾等桐城派遗老对程朱理学道德规范的固守，使桐城派不仅成为新道德建设的障碍，也成为以科学精神为内核的现代学术的批判对象。与传统经学的密切联系一度使桐城派获得了不容辩驳的学术地位，也使他们最终为此付出了代价，失去了在近代学术转型中的发言权。

在文学艺术领域，晚清桐城派虽在古文语言的变革，以古文译介西方小说等方面为中国近代文学的转型做出了一定的贡献，但它终究属于"旧文界"而非"新文界"。作为一个传统文学派别，桐城派先辈所奠定的古文理论，仍是晚清桐城派弟子们应对时变的基本理论资源与武器，雅洁的桐城派古文是桐城派所以为派的重要标志。吴汝纶可以不提程朱义理而主张宣传西方社会学说，但他却从未放弃"雅驯"的文言文，坚持认为桐城派古文是中国传统文化的精华，并视文言文为沟通中西文化的桥梁。林纾虽以桐城派古文译介西方小说，突破了桐城派"古文体忌小说"的传统，但他与吴汝纶一样，也视文言文为传统文化的精华。林纾为白话文的风行，古文的衰败而痛心疾首："欧风东渐，然尚不为吾文之累，敝在俗士以古文为朽败，后生争袭其语，遂轻蔑左、马、韩、欧之作，谓之陈秽，文始转移，日趋于敝，遂使中华数千年文字之光，一旦黯然而逝，斯则事之至可悲者也。"② 晚清桐城派对文言古文形式的固守显然与中国近代文学发展的主导潮流背道而驰。

晚清桐城派从开新到保守的文化演变轨迹表明：即便是大家公认的学术保守派别，也曾力图跟随上近代文化变革的步伐。但旧文化与新文化在质上的根本区别，使作为旧文化代表的桐城派最终落伍于文化嬗变的时代步伐，中国近代文化发展的轨迹决定了桐城派不可能真

---

① 王先谦：《岳麓书院院长王先谦月课改章手谕》，《湘学新报》第 9 册（光绪二十三年六月十一日）。

② 林纾：《送文科毕业诸学士序》，《畏庐文集·诗存·论文》（二），沈云龙主编《中国近代史料丛刊》第 94 辑，文海出版社 1974 年版，第 514 页。

正融入到新文化的阵营中。桐城派的衰亡于其学派本身来看是场悲剧，但从文化演进的趋向与规律看，却在情理之中，桐城派的最后结局不过是近代中国旧与新更迭嬗变的一个小插曲。

原载《江淮论坛》2006 年第 1 期。

桐城派与晚清社会思潮

桐城派由于其遗老林纾、马其昶等人在新文化运动中被斥为"桐城谬种"①，而在世人眼中几乎等同于落后、反动的代名词。人们斥责它坚守桐城古文而成为新文学革命的障碍，更唾弃它凭借桐城"家法"维护宗法专制的道统、治统的政治立场。近20年来，出现了一些为桐城派翻案的著作、文章，但大都是对其在文学发展史上的作用、地位或多或少的肯定，鲜有学者从社会思潮的角度来考察桐城派的中兴、发展及衰败。本文拟从社会思潮角度，探讨桐城派与晚清社会思潮流变的关系，回答桐城派末流何以最终被时代抛弃，力求给桐城派一个公允、客观的评价。

社会思潮是指某些个人、集团、阶层、阶级在特定历史条件下，围绕社会重大问题抒发并产生较大影响的思想主张、观点、意愿的总和。当国家、民族、社会面临重大危机时，不同层面的人们往往超越集团、学派、阶层、阶级的局限，围绕迫在眉睫的社会问题进行思考并形成共识，成为主宰一定时代的思想潮流。正如梁启超所言："其国民于一时期中，因环境之变迁，与夫心理之感召，不期而思想之进路同趋于一方向，于是相与呼应洶涌，如潮然。"② 由于遭受列强侵略及西方文化的冲击，晚清社会面临前所未有的危机与文化挑战。救亡图存、振兴中华、学习西方、迎接挑战成为当时整个社会亟待解决的中心问题，志士仁人围绕这一中心问题不断提出解决方案，各种社

---

① 钱玄同：《致陈独秀信》，《新青年》第2卷第6号（1917年）。
② 梁启超：《清代学术概论》，《饮冰室合集》专集之34，中华书局1989年影印本，第1页。

会思潮不断涌现。从整体观察，晚清社会思潮明显呈现出这样一条主线：从经世致用思潮到洋务思潮，再从早期维新思潮到维新变法思潮、革命民主主义思潮，最终演变为"五四"时期的新文化思潮，反映出先进的中国人在物质器用文化层面、制度文化层面、思想文化层面对救亡图存道路不断深入探索的艰辛历程。

桐城派自康熙年间方苞创立后，逐渐走强，左右了有清一代散文的发展，如果不是鸦片战争爆发，桐城派可能只会作为一个重要散文派别载于中国文学史。但鸦片战争的爆发，使任何文派都自觉或不自觉地卷入救亡图存、振兴中华的浪潮中，不可能不对国人共同关注的紧迫问题做出积极或消极的回答。桐城派的活动贯穿晚清，与晚清社会思潮的流变相始终。在晚清纷呈迭现的社会思潮中，均可看到桐城派的踪影。虽然桐城派在戊戌维新失败后逐渐消沉，最终在"五四"新文化思潮中走向没落，但在晚清时期，桐城派却能顺应时代思潮，其在晚清各期的主要代表往往也是当时新思潮的代表或积极参与者，如经世致用思潮中的"姚门四子"，洋务思潮中的曾国藩及其门生、幕僚，早期变法维新思潮中的郭嵩焘、薛福成，维新变法思潮中的吴汝纶等。由此可以看出晚清桐城派既有迎合清王朝的一面，也有适应新的社会思潮发展、与时俱进的一面，不能因桐城派最终落后于时代而予以全面否定，更不能因此把桐城派等同于文学上保守、政治上反动的代名词。

一 桐城派与经世致用思潮

经世致用是儒学内部的一种思潮，其涌现与社会危机、国运衰败紧紧相连，其特点是以遵守儒学基本信条为前提，致力于对现实问题的解决。

桐城派具有经世致用的传统。从表面看，康熙年间方苞倡导以程朱"义理"为核心的桐城文，与康熙对程朱理学的提倡息息相关。但从思想史的角度考察，康熙年间，王学末流之弊已为士林所厌，思想界趋于求实，由于程朱学派在空谈性理这一弊端上较陆王学派稍轻而受到思想界的推崇，加之"康熙挽之以程朱，遂使放诞转为严谨，空疏变为实学，士大夫之风丕变"①。因此，程朱之学的复兴与当时整个社会思潮趋于求实不无关系，是对王学末流空疏的反动，体现出务实经世的倾向。方苞当时在文坛上以程朱"义理"相号召，顺应了当时整个社会思潮趋于求实的潮流。从文学史角度考察，桐城派主张效法韩愈、欧阳修，也表现出关注现实、远离文章浮华的思想倾向。韩愈所以倡导"古文运动"，目的就在以长短不拘、抒写自由、便于表述社会现实的先秦散文来抗衡只追求形式主义、远离现实的骈体文。欧阳修的诗文主张与韩愈一脉相承，他在北宋的诗文革新运动中力倡文章与现实联系，主张以平实朴素的文风取代当时险怪奇涩的文风。作为桐城派前期奠基者的方苞、姚鼐直承韩、欧，尽力发挥程朱理学中的"事功"因素，写出了不少具有现实意义的作品。嘉道以降，中国出现了千古未有的社会变局。内忧外患的困境唤醒了一部分先觉士大夫的经世意识。他们纷纷把眼光投向政治、经济、现实，经世致用成为鸦片战争前后整个社会的主导思潮。晚清经世思潮兴起时，桐城派活跃于文坛的有姚莹、方东树、管同、梅曾亮，世称"姚门四杰"。细查"姚门四杰"的思想与文论，会发现他们在鸦片战争前后并非一味"鼓吹休明""清真雅正"，而是发扬了桐城经世传统，在社会大变局中转向应变求新、经世致用的探索，顺应了经世致用的时代思潮。

"姚门四杰"的经世致用思想体现在以下几个方面：其一，注重经世，其中尤以姚莹突出。姚莹是与龚自珍、魏源、徐继畬等同站在晚清经世致用思潮前列的著名经世思想家。"经济世务"是姚莹论文的一大特点，他在《复杨君论诗文书》中提出作文要端在"义理、经济、文章、多闻"，此较其乃师姚鼐标榜的"义理、考据、辞章"，在经世思想上有了质的飞跃。在文风上，他突破了桐城派清真雅正的家法，在其经世巨著《康輶纪行》中，他提出："文章妙法，全在沉、郁、顿、挫四字"②，直承杜甫的现实主义风格。这种文风的定

① 杨向奎：《清儒学案新编》（一），齐鲁书社 1991 年版，第 692 页。
② 姚莹：《康輶纪行·文贵沉郁顿挫》，《康輶纪行、东槎纪略》，黄山书社 1990 年版，第 411 页。

格，折射出历史大变局时期的有志之士重视经世致用、关心社会现实的共同特征。姚莹不仅有经世之论，还有经世之功。鸦片战争时，姚莹正值台湾道任内。他团结军民，关注夷情，指挥得当，结果"夷五犯台湾，不得一利"，在我国近代史上写下了反侵略的光辉篇章。梅曾亮也有强烈的经世致用思想，他认为经世致用之学有补于世，高于"性命之学"，"考证性命之学"徒使"学者日靡刃于离析破碎之域，而忘其为兴亡治乱之要最"①。于文学理论方面，他注重文学与现实的关系，"以为文章之事，莫大乎因时"，文章应"通时合变，不随俗为陈言"②。方东树虽以顽固卫道闻名，但他在《辩道论》一文中，也认为儒家之道应立足于"救时""救世"，以究兴衰成败之理。其二，关注夷情。关注夷情是晚清经世思潮的又一大特点，是传统经世思想在新的历史条件下的发展。在鸦片战争时期关注夷情的经世思想家中，姚莹是与魏源、林则徐等同站在时代前列的佼佼者。他自称早在嘉庆年间就开始了解海外"夷情"③。在《外夷留心中国文字》一文中他曾言："余于外夷之事，不敢惮烦，今老矣，愿有志君子，为中国一雪此言也。"④ 方东树对夷情也非常关注，他在晚年读到《海国图志》时，即致信该书作者魏源，表示自己对该书"五体投地，拍案倾倒，以为此真良才济时用事要著，坐而行可起而行可，非迂儒影响耳食空谈也"。

"姚门四杰"相继去世后，晚清桐城派有趋于衰敝之势。但到洋务运动前夕，倾慕桐城古文，又与晚清桐城派声气相求的曾国藩"出而振之"，使晚清桐城派走出了困境。

二　桐城派与洋务思潮

洋务思潮是经世致用思潮在新的时代背景下的直接延续。求实、

---

① 梅曾亮：《复姚春木》，《柏枧山房文集》卷2，咸丰六年刻本。
② 梅曾亮：《答朱丹木书》，《柏枧山房文集》卷2，咸丰六年刻本。
③ 姚莹：《康輶纪行·自序》，《康輶纪行、东槎纪略》，黄山书社1990年版，第1页。
④ 姚莹：《康輶纪行·外夷留心中国文字》，《康輶纪行、东槎纪略》，黄山书社1990年版，第358页。

务实的经世精神推动着经世思想家将"师夷长技以制夷"的思想付诸实践，使晚清学习西方的思潮走向深入。在"桐城中兴"主将曾国藩的身上就体现出经世致用思想向洋务思想过渡的明显轨迹。

曾国藩作为早期洋务领袖，在洋务运动前夕位添桐城派，使其重新兴盛，决非一味泥桐城之古，而是"曲折以求合桐城之辙"①，意在借桐城兴洋务，力图将洋务思想的新鲜血液注入晚清桐城派已趋衰弱不堪的体内。为使晚清桐城派能承担起宣传洋务的重担，曾国藩围绕洋务运动的需要，从维护"义理"的角度为晚清桐城派打开了从传统经世之学通向学习西学的门径。洋务运动的一个中心内容是学习西学之"技艺""术数"，为此，曾氏在姚鼐所说的"义理、考据、辞章"作文三要端外另加一"经济"。作为洋务倡导者的曾国藩所言的"经济"不仅指传统儒学的经世内容，更多的指向学习外洋器场②，他显然已将学习、宣扬西学纳入了桐城的学问之事。不过，崇奉程朱理学的曾氏是在"以义理为先"的前提下强调"经济"之学的。他在论及"经济"与"义理"的关系时强调："经济之学即在义理之中。"即"义理"为体，"经济"为用，"经济"与"义理"不可分，"经济"之学是涉及政事、经世济事、维护"义理"的大问题。③ 这就昭示桐城文人：西学的"技艺""术数"与中国传统的经世之学一道组成的"经济"旨在充实、强化"义理"，维护道统。桐城文章到了曾氏手中，体现出强烈的"中体西用"的洋务色彩，不仅成为宣传"义理"、卫道护教的工具，也成了一面宣传"经济"、学习西学的旗帜。此极大调动起对传统伦理秩序及文化恋恋不舍又冀学西学以自强的传统知识分子的积极性。众多士子聚集到他的麾下，形成了一个以"曾门四子"（黎庶昌、吴汝纶、张裕钊、薛福成），及郭嵩焘、方宗诚、王先谦等为代表的

① 曾国藩：《〈欧阳生文集〉序》，《曾国藩全集》14，岳麓书社 2011 年版，第205 页。

② 曾国藩：《复陈购买外洋船炮折》，《曾国藩全集》3，岳麓书社 2011 年版，第185 页。

③ 曾国藩：《劝学篇示直隶弟子》，《曾国藩全集》14，岳麓书社 2011 年版，第487 页。

具有浓厚政治色彩的文学派别，由于其组成人员主要为湘乡人士，所以又被称为桐城—湘乡派。

由于桐城—湘乡派中的多数主要成员在洋务时期担当要员，所以可以说它是一个文学派别与政治团体的组合体。作为洋务思想的主要宣传者与实践者，桐城—湘乡派在文学思想上具有双重性，一方面，他们主张严守桐城"义法"，维护桐城正统地位。薛福成在《寄龛文存序》中就认为："桐城诸老所讲义法，虽百世不能移。"①对桐城"义法"的坚守，使他们既不失桐城传统，又与洋务思潮"中体西用"的文化特色相协调。另一方面，他们又主张文章"因时适变"②，强调顺应洋务思潮，使桐城文章能承载西学的广泛内容。纵观洋务时期桐城—湘乡派的文章，其内容涉及西学的众多方面，举凡"化学、重学、声学、植物学、测量学，所包者广"③，薛福成、郭嵩焘所写的旅欧日记更是给中国文学开辟了记述西洋风土人情的新天地，他们对西方政治制度的初步介绍，折射出早期维新思想的色彩。

三　桐城派与维新变法思潮

甲午战争的失败，宣告了洋务运动的破产，维新变法思潮渐成时代强音，作为洋务思潮宣传者、实践者的晚清桐城派此时陷入诸多困境中：首先，维新变法思潮在一定程度上要求变革宗法专制政治的主张动摇了程朱"义理"，使惯于载道的桐城文章面临无道可载的危险。其次，在维新变法思潮中产生的新文体使桐城文章之"法"失去了魅力，新文体的代表梁启超就对桐城派古文不屑一顾。最后，甲午战争后，"曾门四子"仅有吴汝纶尚在，桐城派有绝弦之危。

---

① 薛福成：《寄龛文存序》，丁凤麟编《薛福成选集》，上海人民出版社1987年版，第239页。

② 黎庶昌：《续古文辞类纂序》，《拙尊园丛稿》卷2，光绪十九年上海醉六堂刻本。

③ 薛福成：《出使英法意比四国日记》，丁凤麟编《薛福成选集》，上海人民出版社1987年版，第615页。

在此危难之际，吴汝纶起而改造桐城理论，以迎合维新变法思潮，保存晚清桐城派。他对桐城派理论的具体改造有三：其一，吴氏在为《孔叙仲文集》作序时称"汝纶切自维念，幸生桐城，自少读姚氏书"①，只字不提曾国藩，说明吴汝纶在桐城传序上，跳开曾国藩，直承姚鼐，从而使桐城文与洋务派剥离，使晚清桐城派不因洋务思潮的破灭成为时代弃履。其二，回避桐城"义理"，减弱桐城文的政治色彩，使晚清桐城派免于成为新思潮的批判目标。吴氏虽然自称承接姚鼐，但他对姚鼐"义理、考据、辞章"之说却不以为然，认为文章不宜谈论义理，"但必欲以义理之说施之文章，则其事至难，不善为之，但堕理障。程朱之文尚不能尽餍众心，况余人乎！方侍郎学行程朱，文章韩欧，此两事也，欲并入文章之一途，志虽高而力不易赴"②。吴氏在这里表现出来的思想与方苞的"义以为经"的古文义法说，姚鼐的义理、考据、辞章三合一说，曾国藩的义理、考据、辞章、经济四合一说已大异其趣。其三，强调桐城文章的艺术形式，提倡"醇厚"之文以与维新派的新文体相抗衡。吴氏所言的"醇厚"，指学问、思想深厚的学者在文章中体现出来的深静之气与老成之才，即"气静才敛""绚烂之后，归于老确"③，具体到写作上就是重剪裁、求雅洁。④ 这其实只是对桐城诸老所言文章之"法"的重新强调。吴氏何以要坚守桐城文章之"法"？因为通俗易懂、热情奔放的新文体在文章形式上与桐城文章针锋相对，吴氏不可能去追随新文体，否则，桐城文就不成其为桐城文了。桐城文章之"法"是吴氏坚守的最后阵地。吴氏在《与薛南溟》中就公开指斥梁启超的新文体是："欲改经史为白话，是谓化雅为俗，中

---

　　① 吴汝纶：《〈孔叙仲文集〉序》，《吴汝纶全集》（一），黄山书社 2002 年版，第56 页。

　　② 吴汝纶：《答姚叔节》，《吴汝纶全集》（三），黄山书社 2002 年版，第 138—139 页。

　　③ 吴汝纶：《与扬伯衡论方刘二集书》，《吴汝纶全集》（一），黄山书社 2002 年版，第 360 页。

　　④ 吴汝纶：《答严几道》，《吴汝纶全集》（三），黄山书社 2002 年版，第 235—236 页。

文何由通哉！"① 然而在宣传西学，倡导维新上，他与维新派并无多少冲突。吴氏甚至认为，西方政治学说只要以桐城"雅驯"之文译出，即可"骎骎与晚周诸子相上下"②。吴汝纶还为严复所译《天演论》作序，力荐此书，促进了维新思想的传播。

戊戌维新运动失败后，局势的变化与新思潮的涌现又开始动摇晚清桐城派最后的防线，对宗法专制持坚决批判态度的民主主义革命思潮的高涨使桐城派必须对"义理"做出明确的选择，同时，桐城古文受到"俗语文体"、文学革命更猛烈的冲击。在这种情况下，晚清桐城派末期代表人物如姚永概、马其昶等人干脆关起桐城大门，抵制一切变革，姚永概更是否定晚清桐城前辈改造桐城文的努力，重提桐城文统、道统，他在《与陈伯严书》中说："六经之训，程朱之书，韩欧之文章，忠臣孝子悌弟节妇，至性之固结，文耀如日星，淳浩如江海，由是则治，不由是则乱，虽百千新学，奇幻雄怪而终莫之夺也。"③ 至此，晚清桐城派勇于求新、紧跟时代思潮的锐气丧失殆尽，反成为排斥"百千新学"，固守道统的工具，使晚清桐城派各期代表改造桐城，迎合新思潮的不懈努力付诸东流。纷繁复杂的现实生活，一切有生命的学问都必须定格在既定条框中，桐城派已失去制造新鲜血液的机能，也许是意识到了这点，马其昶曾无可奈何地自我解嘲："乃抱陈朽之业，互蔚寂寥，招笑取辱而不知止也。"④ 桐城派末流在五四新文化运动中竟被招笑取辱为"谬种"，历史印证了马氏的自嘲。

但是，不能因桐城末流被斥为"谬种"而全面否定晚清桐城派。通过综合分析，可以看到：晚清桐城派在近代中国学习西方、求新求变的进步思潮中，其主流是积极进步、与时俱进的。他们为跟上时代步伐，迎合新的社会思潮，能不断否定一个又一个的桐城家规，说明晚清桐城派并不保守、顽固甚或反动，而是一个开放、能容纳新思想

---

① 吴汝纶：《与薛南溟》，《吴汝纶全集》（三），黄山书社 2002 年版，第 369 页。

② 吴汝纶：《〈天演论〉序》，《吴汝纶全集》（一），黄山书社 2002 年版，第 149 页。

③ 姚永概：《与陈伯严书》，贾文昭编《中国近代文论类编》，黄山书社 1991 年版，第 65 页。

④ 马其昶：《陶庐文集序》，《抱润轩文集》卷 4，1923 年京师刻本。

的学派。尤其是吴汝纶为迎合维新变法思想而回避、偏离了桐城理论的"义理"核心,其勇气实属难得,我们不能苛求晚清桐城派自己来完成对自己的否定。

原载《江海学刊》2001 年第 6 期,收入本书时稍作修改,部分注释根据新版文集进行了调整。

桐城派的传承与传统教育

桐城派是清代最著名的一个散文流派。因其开创阶段的三位主要代表：方苞、刘大櫆、姚鼐都是安徽桐城人，故而得名。桐城派所以能蔚然成派，所以能在有清一代延绵传承两百余年，相当程度上就得益于中国传统教育。书院讲学、家学传授、私人授徒等传统教育方式使桐城派在人员构成上迅速扩展，成为一个超地域关系的文学派别；师事、私淑这两种主要类型的师生关系使一代代桐城派成员之间产生了错综复杂的紧密联系。

因教育而产生种种关系往往是维系中国学术派别、传承学术思想的重要纽带。事实上，现当代中国的学术派别，抑或学术群体的形成、发展也清晰地凸显出教育的影响，若隐若现的师生关系也往往是其中的重要联系纽带。故研究桐城派的传承与传统教育的关系，其目的不仅在于从个案的角度研究传统学术派别的传承与教育之间的关系，也为理解当今学术派别的形成提供了一个历史的蓝本。

一　书院讲学与桐城派传承

书院是我国古代学者研究学问、探讨思想的相对自由的场所。书院的创办者或为官府，或为私人，由于多有名儒讲学其间，众多弟子随其求学问道，故书院往往成为区域文化的中心与学术思想派别的发源地。古代书院以自由讲学、自由研究、自主办学为主要特征，但至清代，由于政府控制加强，书院日趋官学化，日益成为科举制度的附庸。坚守程朱理学，善"以古文为时文"的桐城派恰好与书院的这种变化相协调，书院成为适宜于桐城派讲学传道、传承学术的场所。

桐城派文士通过书院讲学培育起众多弟子，迅速扩大了桐城派的影响。

（一）姚鼐书院讲学与桐城派之立派

学术界一般认为，桐城派之立派始于姚鼐。如果说方苞、刘大櫆主要是从理论上为桐城古文立派打下了基础，那么姚鼐的贡献主要在于他通过书院讲学在队伍建设上为桐城派的立派准备了条件。

乾隆三十九年（1774），姚鼐从四库全书馆辞官以后，即到江南四处云游讲学。在乾隆四十一年（1776）至嘉庆二十年（1815）间，姚鼐先后在扬州梅花书院、安庆敬敷书院、歙县紫阳书院、江宁钟山书院等处主讲，培养了众多弟子。著名的"姚门四子"都是姚鼐书院讲学时所栽培。姚鼐一生在书院讲学达四十年之久，培养生徒众多，名徒辈出。姚鼐四十年的书院讲学生涯对桐城派的最终立派具有重要意义。

"维盛清治迈逾前古千百，独士能为古文者未广。昔有方侍郎，今有刘先生，天下文章，其出于桐城乎？"① 姚鼐在《刘海峰先生八十寿序》中的这句话，通常被研究者视为桐城派立派的宣言。这句话当从纵、横两个方面来理解：从纵向来看，道出了方苞、刘大櫆和包括姚鼐本人三大古文家均为桐城人的事实，以婉转方式打出了桐城文派的招牌。从横向上看，反映出古文队伍在姚鼐所在时代已具有相当规模，如果身边没有一批脱颖而出的高足弟子，姚鼐岂敢底气十足地"发布"桐城派立派的宣言。

在桐城派前期，于书院讲学中功绩卓著的桐城派人士还有黄贤宝、朱仕绣等人。

朱仕绣，字斐瞻，号梅崖。建宁人，乾隆戊辰进士（1748）。朱氏历主灉川、鳌峰等书院，"从游之士恒及千人，教授之盛几与姚鼐等相埒"。朱氏单在鳌峰书院的讲学时间就长达十一年，教授弟子甚多，"其成就弟子，在建宁则朱雍、黄凤举、金荣镐、金仕翱、何□

① 姚鼐：《刘海峰先生八十寿序》，《惜抱轩诗文集》，上海古籍出版社1992年版，第114页。

诰、陈绩、李天炎等最有声，凡闽人治古文者，不问知为仕绣弟子，否则亦闻之于仕绣弟子者，盖古文之道绝续之交，得仕绣而开通之"①。

黄贤宝，字介卿，号心泉，长沙人，乾隆癸卯举人（1783）。黄氏是方苞的再传弟子，他在主讲环溪、仰高书院时，"四方执经受业者尝百十辈"②。

（二）桐城派的传承扩展与书院讲学

为了有一个直观、全面的认识，现根据刘声木编撰的《桐城文学撰述渊源考》把清朝活动于全国各书院的桐城派人士列举如下。③

前期桐城派活动于书院的人士有（大致在乾隆年间）：姚鼐、朱仕绣、黄贤宝、官献瑶、沈廷芳、陈浩、成城、王昶、韩梦周、廖游章、张甄陶、张廷镐、周桐圃、刘大櫆、姚范、王灼、张敏求、方泽、秦濂、朱仕玠、金荣镐、鲁兰枝。

后期桐城派活动于书院的人士有（大致年限在嘉道年间至宣统辛亥年间）：吴贤湘、吕璜、邓显鹤、蔡复午、高澍然、曾莲炬、徐敩、光聪谐、徐熊飞、钱仪吉、钱泰吉、姚莹、单为偬、刘开、宗稷辰、温葆琛、苏源生、徐子苓、赵绍祖、蒋湘南、姚椿、梅曾亮、吴嘉宾、陈溥、陈学受、杨彝珍、孙衣言、阎正衡、杨士达、方东树、文汉光、戴钧衡、张裕钊、邓瑶、邓琭、王柏心、郭嵩焘、吴昆田、何则贤、刘存仁、秦赓彤、顾广誉、凌泗、何如璋、王棻、龙继栋、吴汝纶、孙葆田、范当世、王先谦、王先慎、黄长森、杨澄鉴、贺涛、赵衡、马其昶、姚永朴、李谐韺、齐令辰、崔柄炎、陶绍学、罗正钧。

有清一代，一个文派在书院中讲学的人数有案可查的几达百人，由此也可看出桐城派的成员之多与影响。由上还可看出：桐城派各阶

---

① 刘声木：《桐城文学撰述渊源考》，黄山书社1989年版，第349页。
② 同上书，第129页。
③ 刘声木是清末民初的安徽学者。他所撰的《桐城文学渊源考》十三卷及其《补遗》十三卷、《桐城文学撰述考》四卷及其《补遗》四卷，是研究桐城派的重要著作。黄山书社于1989年已将以上著作合编为《桐城文学撰述渊源考》出版。

段的代表人物都与书院讲学有联系。姚鼐、刘大櫆自不待说，嘉道年间，姚鼐高足钱仪吉、姚莹、刘开、姚椿、梅曾亮、方东树均继承乃师衣钵，从事书院讲学；同治、光绪年间的桐城派代表吴汝纶、张裕钊及他们的著名弟子范当世、贺涛、马其昶、姚永朴等均在书院讲学。需注意的是，咸丰年间至同治初年，桐城派诸人在书院的活动处于低潮。一是此阶段有案可查的在书院讲学的桐城派人士仅有顾广誉、凌泗两人。二是此阶段的桐城派领袖曾国藩无缘书院讲学。究其原因，当与爆发于此间的太平天国起义有极大关系。太平天国活动的主要领域如江苏、安徽、江西、广西、湖南、湖北等省正好是桐城派的主要活动领域。曾国藩曾说："自洪、杨倡乱，东南荼毒。钟山石城，昔时姚先生撰杖都讲之所，今为犬羊窟宅，深固而不可拔。"① 在这种情形下，书院讲学显然已不可能。

桐城派人士曾经讲学的书院遍布各地，如广西的榕湖书院、秀峰书院，广东的韩山书院，浙江的杭州书院，福建的厦门书院、安澜书院，湖南的岳麓书院、城南书院，安徽的亳州书院、徽州书院等，河北的莲池书院，湖北的江汉书院等。书院讲学范围的扩展，显然有利于扩大桐城派的队伍。如桐城派在河北的扩展，就与张裕钊、吴汝纶主讲莲池书院息息相关。张裕钊、吴汝纶主讲莲池书院时，教授弟子甚多，影响很大，"自武昌张濂亭先生、桐城吴挚甫先生相继主讲于此，河北风气，因以大开，于是占伴揣摩之所，一变为储才研籍之地矣"②。桐城派在广西的扩展，就得益于吕璜在桂林秀峰书院的讲学，据载："当有清嘉道间，海内谈古文词者，多宗方姚，时月沧（吕璜）自浙东归桂林，讲学于秀峰十年，以古文词倡导后进，自谓得之于吴仲伦（德旋）……于是临桂龙翰臣（启瑞）、朱伯韩（琦）、马平王定甫（拯），平南彭子穆（昱尧）蔚然兴起。"③

---

① 曾国藩：《〈欧阳生文集〉序》，《曾国藩全集》14，岳麓书社 2011 年版，第 205 页。

② 濂山：《谈谈以往的莲池》，《河北月刊》5 卷第 2 期（1936 年 2 月 15 日）。

③ 周萧编撰：《广西通志稿·文化篇》，1949 年油印本。

二 家学传授与私人授徒

书院讲学是一种公开的、规模较大的教学方式，而家学传授与私人授徒则是小范围内的私人教育方式。

（一）私人授徒

所谓私人授徒，是指传统知识分子不借助官方抑或公开的教育机构而进行的一种个人性质的学术传承活动。关于私人授徒的具体教学形式，归纳起来主要有以下两种：

一是较正规的教学授徒方式。如管耘，"以文学教授乡里，远近从游者先后百数十人"[1]。这种教学方式一般以家庭为教学场所，如诸福坤，"即家延纳学徒教授，诸生就舍请业，随材指教，造就甚广"[2]。但这种有规模的私人教学授徒方式在桐城派中不是很普遍。

二是较随意的教学授徒方式。这种教学方式往往表现为老师对学生的随机指点，没有固定的场所、时间。有的学生晨夕请教；有的定期拜访求教；有的跟随老师左右，随时得到老师指点。如潘眉，"师事郭麟，居与相近，晨夕过从，学益大进"[3]。又如陈经，师事秦瀛，"无岁不过瀛，亲承古文义法"[4]。再如张美翊，"师事薛福成，受古文法，随使数年，得以从容亲承指授"[5]。教学内容无外乎"讲解经义"，"批评其文"[6]。当然，最重要教学内容还是"授以方、姚、梅、

---

① 管耘，字美中，如皋人，诸生，师事梅曾亮、管同，受古文法。刘声木：《桐城文学撰述渊源考》，黄山书社 1989 年版，第 259 页。

② 诸福坤，字元简，长洲人，诸生，私淑桐城文学。刘声木：《桐城文学撰述渊源考》，黄山书社 1989 年版，第 331 页。

③ 潘眉，字稚韩，吴江人，诸生。郭麟，字详伯，吴江人。刘声木：《桐城文学撰述渊源考》，黄山书社 1989 年版，第 192 页。

④ 陈经，字景辰，荆溪人，布衣。刘声木：《桐城文学撰述渊源考》，黄山书社 1989 年版，第 117 页。

⑤ 张美翊，字让三，鄞县人，官直隶候补知府。刘声木：《桐城文学撰述渊源考》，黄山书社 1989 年版，第 199 页。

⑥ 刘声木：《桐城文学撰述渊源考》，黄山书社 1989 年版，第 257 页。

曾相传古文义法"①。

书信有时也是桐城派大家授徒的重要形式。如王国栋,"师事吴德旋,最为笃信,书问往还几四十年。渊源最深"②。

私人授徒的时限或长或短,有的仅仅数日,有的长达数年。短者如林树海,林氏"从高澎然学古文,曾留其别业二十余日,细为指授,从容讲论"③。长达数年者如吴履敬,吴氏"师事张穆,受古文法二年,穆亲自督教,清业质疑,昕夕无间,偶有所作,辄蒙嘉许"④。

在私人授徒的教学方式中,师生关系的建立一般靠学生主动问学请教于桐城派名师,从而建立起生徒关系。如扬士达,"久居京师,偕四十二人联古文会,从梅曾亮往复讨论,讲求为文义法,其文亲承指授"⑤。需要注意的是,携文求师往往是桐城派文人拜师的重要途径之一。如范当世,"尝与朱铭盘携所为古文,求张裕钊为是否"⑥。范当世以此得张裕钊赏识。张裕钊曾撰文叙及此事:"余以今年三月,因通州张生謇,晤其同里范生当世邗江舟次。范生出所为文示余。余读之,其辞气诚盛昌不可御。深叹异,以为今之世所罕见也。洎七月,生偕泰兴朱生铭盘来金陵,复携所为文,求余为是正,且恳恳问为文法甚至。余既取其文,稍稍点定。"⑦此与薛福成携文拜师于曾国藩,刘大櫆携文拜师于方苞同出一辙。

---

① 刘声木:《桐城文学撰述渊源考》,黄山书社1989年版,第290页。

② 王国栋,字守敬,歙县人,监生。刘声木:《桐城文学撰述渊源考》,黄山书社1989年版,第228页。

③ 高澎然,字雨农,光泽人,其父授以从朱仕琇所受古文法,嘉庆辛酉举人,官内阁中书。林树海,字实夫,金门人,师事高澎然、周凯,官布政司经历。刘声木:《桐城文学撰述渊源考》,黄山书社1989年版,第362页。

④ 吴履敬,字敬之,青阳人。张穆,字诵风,平定人,道光辛卯优贡,官候选知县。刘声木:《桐城文学撰述渊源考》,黄山书社1989年版,第260页。

⑤ 扬士达,字希临,金溪人,道光乙未举人,官截取县知县。刘声木:《桐城文学撰述渊源考》,第259页。

⑥ 刘声木:《桐城文学撰述渊源考》,黄山书社1989年版,第289页。

⑦ 张裕钊:《赠范生当世序》,《濂亭文集》卷2,宣统元年五色古文山房刻本。

（二）家学传授

家学传授当为私人授徒的一种表现形式，本文为表述的清晰，特将家学传授单列出来予以研究。

所谓家学，一般指家传之学。① 家学具有在某一家族领域内代代相传的特性。具体到桐城派，不能将桐城派家学仅仅与桐城派始祖方苞的后辈联系起来。如姚鼐与方苞虽无血缘或亲属关系，但他师事刘大櫆"受古文法"，成为桐城派一员，其后辈如子、孙、侄、甥，包括兄弟等，若从姚鼐学习古文，就当是禀承桐城派家学了。

家庭教育是桐城派古文家学得以代代传承的重要方式之一，本文所论"家学"，侧重于论述桐城派家学传承的途径。其途径一般有以下几种：

一是通过父子、兄弟等直系血缘亲属关系传承，这是较为普遍的一种家学传承方式。其表现形式有：其一，父子传承。如姚莹子姚浚昌"幼承庭训，又习闻其乡老师宿学讲论，慨然以古作者自期"②；管同子管嗣复"禀承家学"③。其二，直系隔代相传。如方涛，为方东树孙。他"少承祖训，诗文具有家法"④。其三，兄弟相传。如薛福保，为薛福成之弟。他"尝随其兄福成习闻曾国藩论文之旨。其为文循沿途径，神蕴超迈，颇据古人藩篱"⑤。

二是通过各种亲属关系传承。其一，叔侄、舅甥相传。前者如姚通意，为姚鼐侄。他"师事从父姚鼐，从居钟山书院最久，得闻论诗文要旨"⑥；后者如阎正衡，"师事其舅杨彝珍"⑦。其二，同族兄弟相

① 《后汉书·孔昱传》曰："昱少习家学。"孔昱七世祖孔霸为汉经师孔安国孙，世习尚书，故孔昱自称家学（《后汉书》第11册《志一》，中华书局1979年版，第3213页）。
② 刘声木：《桐城文学撰述渊源考》，黄山书社1989年版，第167页。
③ 同上书，第163页。
④ 同上书，第273页。
⑤ 同上书，第184页。
⑥ 同上书，第188页。
⑦ 阎正衡，字季蓉，石门人，诸生，官候选训导；扬彝珍，字季涵，武进人，道光庚戌进士，官兵部主事，学文于梅曾亮。刘声木：《桐城文学撰述渊源考》，黄山书社1989年版，第255页。

传。如方宗诚，"师事从兄方东树十二年之久，受古文法"①。其三，同族隔代相传。如姚元之、姚柬之两人均"师事族祖姚鼐，受古文法"②。

三是通过联姻的方式传承，如端木百禄"师事宗稷辰，受古文法，稷辰妻以少女，承其家学"③。这种情况虽不多，但因其特殊，故作为一种类型单独枚举出来。

上面所举的几种家学传承途径有时会交织、连接起来，形成家学传承的复杂网络。

一种是家学代代相传情况。最典型的就是父传子，子再传子。如秦瀛、秦缃武、秦赓彤祖孙三代代代相传桐城古文。秦瀛师事姚鼐，其子秦缃武古文之"风格得之于父教"④。秦赓彤为秦瀛孙、秦缃武子。赓彤古文"深有得于家学"⑤。家学代代相传有时还表现为同族范围内的代代相传。如方东树的族弟方宗诚师事于方东树，方宗诚又将古文法传之于其子方守敦。⑥

另一种情况是以一人为核心的多指向家学传承方式。如吴德旋，为姚鼐著名弟子。其族弟吴瑞珍师事"族兄德旋，受古文法"⑦；族弟吴敬承"师事族兄吴德旋，德旋授以司马子长、韩退之之义法"⑧；其甥孙励"师事其舅吴德旋"；其外孙孙曾颐"深得德旋衣钵"⑨。

在传统社会中，家学传授与私人授徒对于文派的建立与稳固具有

---

① 刘声木：《桐城文学撰述渊源考》，黄山书社1989年版，第266页。

② 姚柬之，字幼揩，桐城人，道光壬午进士，官大定府知府；姚元之，字伯昂，嘉庆乙丑进士，官都察院左都御史。刘声木：《桐城文学撰述渊源考》，黄山书社1989年版，第167页。

③ 端木百禄，字叔总，青田人，官直隶州州判；宗稷辰，字迪甫，山阴人，道光癸巳进士，官山东运河道。刘声木：《桐城文学撰述渊源考》，黄山书社1989年版，第194页。

④ 秦瀛，字凌沧，乾隆甲午举人，官刑部右侍郎。秦缃武，监生，官彭泽知县。秦庚彤，咸丰丙辰进士，主讲东林书院十余年。刘声木：《桐城文学撰述渊源考》，黄山书社1989年版，第185页。

⑤ 刘声木：《桐城文学撰述渊源考》，黄山书社1989年版，第186页。

⑥ 方守敦，字常季，方宗诚子，"夙承家学"。刘声木：《桐城文学撰述渊源考》，黄山书社1989年版，第273页。

⑦ 刘声木：《桐城文学撰述渊源考》，黄山书社1989年版，第239页。

⑧ 同上书，第228页。

⑨ 同上书，第234页。

重要意义。它不仅在组织上不断为文派输送人员，还在文派成员之间建立起异常紧密的关系，形成牢固的关系网络。家学传授与私人授徒中所包含的师生、血缘与联姻关系，在桐城派走向终结的最后时刻显得尤为重要。末期桐城派的主要代表是贺涛、范当世、马其昶、姚永朴、姚永概、林纾等人，其中贺涛、马其昶、姚永朴、姚永概、范当世均出自吴汝纶、张裕钊门下。姚永朴、姚永概两人为兄弟（姚浚昌之子，姚莹之孙），范当世与马其昶分娶姚浚昌女儿（永朴、永概的两姊），被称为"姚门快婿"。在桐城派无人应和、后继乏人的时刻，师生、血缘、联姻的关系成为维系桐城派的重要因素，延缓了桐城派衰亡的步伐。

三　师事与私淑：两种不同类型的师生关系

上文探讨了不同类型的具体教育方式对桐城派传承的影响，在此还需对存在于桐城派成员之间的不同类型的师生关系作一简要的探讨。

具体的教育方式使桐城派成员之间建立起具体的师生关系。除此之外，在桐城派成员间还存在着一种特殊的师生关系：私淑。这种师生关系摆脱了具体教学传授的时空限制，故刘声木在《桐城文学撰述渊源考》中将存在于桐城派成员间的师生关系区分为"师事"与"私淑"两大类。

（一）师事关系

《左传·昭公七年》曰："故孟懿子与南宫魏叔师事仲尼。""师事"，在此指以师礼相待。刘声木"师事"来标明桐城派成员之间亲闻謦欬的师生关系，侧重指某人师从某人学习。[1] 从学生这一方看，学生与老师的关系是"师事"，而从老师这一方看，老师与学生的关

---

① 如张裕钊一条："张裕钊，字廉卿，号濂亭，武昌人，道光丙午举人，官内阁中书。师事曾国藩，受古文法，最为笃爱。"刘声木：《桐城文学撰述渊源考》，黄山书社1989年版，第285页。

系是"师授"。师事与师授相辅相成,构成一个完整的教学整体。桐城派弟子师事的老师不一定是唯一的,有的人一生可能师事几个老师,如贺涛,就先后师事于吴汝纶、张裕钊;又如马起升,初师世父马树华及戴钧衡,① 受古文法,继复师事方东树。

桐城派成员间师事关系的建立,主要就是靠上文论及的家学传授、书院教学、私人授徒等教学方式,此处不再赘述。

(二) 私淑关系

私淑与师事相比,则是另一种含义上的师生关系。《孟子·离娄下》曰:"予未得为孔子徒也,予私淑诸人也。"后之学者对自己所敬仰而不得从学的前辈,常自称"私淑弟子"②。说明私淑所建立的师生关系并无直接的教与学,这种师生关系建立在自愿接受他人学术思想的基础上。

桐城派"私淑"弟子可分为三种情形:

一种是无缘求学于桐城派前辈,但又心向往之,故诡称为某前辈弟子。如孔子第七十二代孙孔宪彝,道光丁酉举人,与梅曾亮、曾国藩熟识,"其于姚鼐文学既沉渐而癖好之,自诡出桐城门下"③;又如赵绍祖,"得姚鼐论文义法,闻风私淑其文"④。刘声木把这类人直接归属到桐城派各期代表人物的弟子行列中。刘声木在撰述《桐城文学撰述渊源考》时,每卷卷首特附加按语一句,现将相关卷的按语转录如下:卷二,专记师事及私淑方苞诸人;卷三,专记师事及私淑刘大櫆诸人;卷四,专记师事及私淑姚鼐诸人;卷六,专记师事及私淑吴德旋诸人;卷七,专记师事及私淑梅曾亮诸人;卷八,专记师事及私淑方东树诸人;卷十,专记师事及私淑张裕钊、吴汝纶诸人;卷十二,专记师事及私淑朱仕琇诸人;卷十三,

① 马起升,字慎甫,桐城人,诸生,官议叙同知。马树华,字公实,桐城人,嘉庆丁卯副榜,官汝南府通判。戴钧衡,字存庄,桐城人,道光己酉举人,师事方东树,受古文法。刘声木:《桐城文学撰述渊源考》,黄山书社1989年版,第168、265、267页。

② 参见《辞海》,上海辞书出版社1980年版,第1739页。

③ 刘声木:《桐城文学撰述渊源考》,黄山书社1989年版,第177页。

④ 赵绍祖,字绳伯,泾县人,诸生,道光辛巳孝廉方正,曾署理滁州州学学正。刘声木:《桐城文学撰述渊源考》,黄山书社1989年版,第189页。

专记师事及私淑鲁九皋诸人。可见，私淑弟子是桐城派成员的重要部分。

一种则不具体指称私淑某人，只称私淑于桐城派古文或桐城派，这部分人不便归属于某师的门下。故刘声木在《桐城文学撰述渊源考》中专辟一卷（第11卷），共收入110人，专门记载"私淑桐城文学诸人"。

另一种情况比较特殊，这类弟子最初称私淑于桐城派，后又得机会求教于桐城派前辈，然私淑于前，后人仍将他们视为桐城派私淑弟子。最典型者如江苏吴德旋，年轻时即仰慕姚鼐，直至四十岁才有机会亲承教诲，他曾说："余年二十余至京师，与武进张皋文同学为文，得桐城姚惜抱先生《古文辞类纂》读之，而知为文之不可不讲于法也……年几四十，始或亲谒惜抱先生而请益焉。"① 吴氏虽亲承过姚鼐指教，但还是被后人归入姚鼐的"私淑弟子"之列。

私淑作为传统教育体制中的一种特殊方式，对桐城派的扩展具有重要意义。私淑由于具有超时空的特性，摆脱了具体教学传授的时空限制，一个文派可以通过私淑为纽带，迅速扩展自己的影响面。从曾国藩所写的《〈欧阳生文集〉序》可以看出：姚鼐的私淑弟子遍布各地，江西有鲁仕骥、陈用光、陈学受、陈溥、吴嘉宾；江苏有吴德旋；广西有吕璜、朱琦、龙启瑞、王锡振；湖南有吴敏树、杨彝珍、孙鼎臣、郭嵩焘、舒焘。② 可见"桐城宗派，流衍至广西"、湖南、江西、江苏，与私淑弟子有莫大关系。私淑弟子不仅在横向地域上推动了桐城派组织的扩展，也在纵向上推动了桐城派的发展。许多私淑弟子在私淑桐城派后，讲学授徒，传承桐城派古文。其中最具有代表性的就是曾国藩，他在私淑姚鼐后，通过收受弟子的方式培养了大批弟子，"曾门四子"——张裕钊、黎庶昌、薛福诚、吴汝纶就是其中的佼佼者。

曾国藩在《〈欧阳生文集〉序》中将姚鼐的弟子分为"著籍"与

---

① 吴德旋：《七家文钞后序》，《初月楼文钞》卷5，光绪九年刻本。

② 曾国藩：《〈欧阳生文集〉序》，《曾国藩全集》14，岳麓书社2011年版，第204—205页。

"私淑"两种。① 所谓著籍者实则姚鼐亲授的嫡传高足，非一般请业问学者可比。② 私淑弟子就是"其不列弟子籍，同时服膺"者。这种区分法与刘声木的区分法基本一致，但曾氏显然侧重从生徒的角度进行划分。

将刘声木与曾国藩的区分法结合起来考察，可对桐城派的传承作这样的描述：以桐城创始人方苞为起点，历代成员在相邻两代之间基本上具有师承关系。下一代成员或"师事"于前一代成员，为桐城派的"著籍弟子"；或"私淑"于前代成员，为桐城派的"私淑弟子"。需要说明的是，"师事"由于是一种具体的教学关系，故成员之间代代相接，如梅曾亮师事于姚鼐，吴嘉宾师事于梅曾亮，体现出严格的时序性。而"私淑"是一种没有实际教学传授、超时空的师生关系，师生之间可能是前后辈，也可能相隔数代；③ 也可能是一种模糊的指向，只称私淑于桐城派，而不具体指称私淑于某人。

在嘉道以前，桐城派师徒传授的途径基本上呈现出单线流动的态势：刘大櫆师从于方苞，姚鼐师从于刘大櫆，姚莹、梅曾亮等人师从于姚鼐。方、刘、姚三人分别作为他们所属时代的文学巨匠与桐城派领袖，使一条明晰的师徒链接主线凸显出来：方苞——刘大櫆——姚鼐。姚鼐以后，这种单线的师承链接发生了改变，其主要因素有二：一是桐城派流布领域的进一步扩展，个别大师显然已无力单独担负学术传承的重担；二是大师级人物的缺乏，使得姚鼐的著名弟子们得以平分秋色，"各以所得，传授徒友，往往不绝"。不计私淑弟子，姚鼐的五大著籍弟子：姚莹、刘开、梅曾亮、管同、方东树的身边都围绕着不少求学者，其中尤以方东树、梅曾亮成绩卓著，两人弟子众多，故刘声木在《桐城文学撰述渊源考》中就单独列卷介绍师事、私淑于两人的弟子。但令人惋惜的是，姚莹、刘开、梅曾亮、管同、方东树等人虽弟子众多，却少有名世者，他们的弟子无力担当起传承桐城

① 曾国藩：《〈欧阳生文集〉序》，《曾国藩全集》14，岳麓书社 2011 年版，第204 页。

② 参见关爱和《古典主义的终结》，上海文艺出版社 1998 年版，第 45—48 页。

③ 如曾国藩，他论文私淑于方苞、姚鼐。然曾氏生于 1811 年，姚鼐卒于 1815 年，曾氏显然无缘求学于姚鼐门下，曾氏与方苞更是相隔数代。

派的重任。姚门弟子相继去世后，支撑桐城派门庭的倒是私淑于桐城派的曾国藩，他以其特有的政治地位拥有了极强的感召力。在 19 世纪 60 年代，曾氏引领桐城派大旗，众多弟子如众星拱月般追随其后，天下桐城派似乎尽出其门下。曾国藩去世后，其得意门生张裕钊、吴汝纶担当起传承桐城派古文的重任。贺涛、马其昶、姚永概、姚永朴等清末民初的桐城派主将基本上都出自二人门下。总体上看，曾国藩以后，桐城派从此没有涌现出大师级的人物。大师级人物的缺乏与风雨欲来的新文化浪潮的冲击，使桐城派不可避免地在 20 世纪初走向衰竭。

19 世纪末 20 世纪初，中国传统教育制度开始向近代转型。伴随着传统书院的瓦解、近代学堂的崛起，作为传统知识分子典型代表的桐城派文士失去了讲学传道的重要场所。加之科举制度的崩溃，使时文成为时代弃履，与时文紧紧关联的桐城古文也随之失去魅力，桐城派由此失去了吸引士子的法宝。桐城派的传承可谓与中国传统教育息息相关，当传统教育制度走向瓦解的时候，桐城派离瓦解也就不远了。

原载《清史研究》2005 年第 3 期，部分内容后收入笔者所著《桐城派与晚清文化》（黄山书社 2011 年版）一书。

桐城派与清代学术流变

桐城派是清代一个以学习唐宋古文相号召的文学流派。从表面看，桐城派以桐城冠名，具有强烈的区域文化特征。但就是这样一个具有区域性色彩的文学派别，却与清代学术流变息息相关。

清代学术的一个重要特征就是汉、宋学的对峙与逐渐兼容。桐城派由于与理学的密切关系，从开派之初就卷入了汉宋学的矛盾旋涡中。鸦片战争前后，汉学作为乾嘉时期的学术主流在社会危机前一筹莫展，理学因有强调经世的一面而走向复兴。作为理学忠实追随者的桐城派在理学复兴的学术潮流中不甘落后，他们一面与汉学家公开论争，一面倡导学术兼容；还试图从道德重建、经世致用两个方面将理学与时代需求结合起来，赋予理学以新的时代特色，使理学也使自身获得了新的活力。

理学中兴、桐城中兴只是一个短暂的历史文化现象，随着维新变法思潮、革命民主思潮的相继涌现，今文经学的异军突起，西学的大量传播，使中西学术之争逐渐取代了传统的经学之争。传统经学，不管是汉学抑或宋学，都在近代学术转型的潮流中显得黯然失色。中国学术由传统向现代转型的历史趋势，使依附于传统经学的桐城派无所凭借而逐渐销声匿迹。

一　桐城派与清代理学

程朱理学为清代官方意识形态，因其固有的空疏拘执之弊病，为众多学者所厌弃。至乾嘉时期，以考据为特点的汉学压倒理学，成为学术主流。嘉道年间，由于社会矛盾激化，清王朝试图重振理学以挽救社会危机，理学开始走向复兴。咸同年间及光绪初年，理学复兴达到高潮，理学成为清政府在意识形态领域重建社会道德、应对内外危机的重要依靠。光宣时期，维新变法思潮、革命民主主义思潮相继涌现，今文经学的异军突起，理学在中国传统社会逐渐走到尽头。持道统论的桐城派紧紧依附于程朱理学，故其兴衰起落与清代理学的发展轨迹具有惊人的相似性。

（一）桐城派正统地位的树立与理学的关系

大致在康熙末年，桐城派创始人方苞提出"义法"说。雍正十一年（1733），方苞编成示范"义法"说的古文读本《古文约选》，方苞关于古文文章纲领的理论至此定型。方苞之后，在刘大櫆、姚鼐的努力下，桐城派影响逐渐扩大，乾嘉时期，桐城派发展为当时影响最大的文学派别。

桐城派所以能在清代文坛异军突起，与理学在清代的特殊地位息息相关。理学虽不是清代的学术主流，但清朝推尊儒学，对程朱理学推尊备至，视程朱"道统"为维护"治统"的有力武器，故理学一直处于清代官方主流学术的地位，程朱义理成为清代维护道德规范与社会秩序的理论基础。方苞"学行继程、朱之后，文章在韩、欧之间"的行身祈向，不仅表明了自己文章家的身份，也表明了自己的学术选择。方苞对宋学的选择不仅将古文与宋学紧密联系起来，也使桐城派具有了维护社会道德、秩序的强烈色彩，桐城派在开派之初就树立起"必不可犯"的文坛正统地位。①

程朱理学有强调伦理道德的一面，也有重思辨的一面。前者使理学体现出强烈的道德色彩；后者属于思维层面。理学的学术特征与价值主要通过后者体现出来。在相当程度上，古文家就是试图以简洁生动的古文诠释理学，用充满温情的面孔向世人兜售程朱义理，以达到维护、重建道德规范的目的。姚鼐对此有清晰的阐释："夫古人之文，岂第文焉而已。明道义、维风俗以诏世者，君子之志；而辞足以尽其

---

① 曾国藩：《复吴南屏书》，《曾文正公全集·书札》，传忠书局光绪二年印本。

志者，君子之文也。"① 显然，作为文章家的桐城派主要是在道德层面上追随理学，通过"文以载道"的形式以卫道护道，故对理学"重思辨"的思维层面少有承继，在学术上少有发展。全祖望曾这样评价方苞："世称公之文章，万口无异辞，而于经术已不过皮相之。"② 在学术上少有发明，是清代桐城派与宋学派的共有特点。

宋学虽居于清代官方学术的特殊地位，但乾嘉时期的学术主流却是汉学。方苞、姚鼐等人追随程朱理学，对理学在乾嘉时期的延续与影响具有相当重要的作用。梁启超在谈及此点时说：乾嘉时期，汉学兴盛，"学风殆统于一。启蒙期之宋学残绪，亦莫能续。仅有所谓古文家者，假'因文见道'之名，欲承其祧，时与汉学为难。然志力两薄，不足以张其军"③。梁启超将乾嘉时期的理学传承之功仅归于古文家，有失偏颇，但也在一定程度上反映了历史的真实。

（二）桐城派与晚清理学经世思潮

嘉道年间，中国进入前所未有的大变局中。汉学家面对变局束手无策的窘况使知识分子纷纷调整学术路向，"对照现实的变局，汉学的无用性愈发明显，而宋学虽不一定是理想的选择，但当时复兴宋学的人还试着把学问与现实产生联系，而且发生过相当的效果"④。在这种时代背景下，理学开始走向复兴，并笼罩上强烈的经世致用的特点。

活动于嘉道时期的桐城派代表主要为姚莹、梅曾亮、刘开、方东树等姚门弟子。与前辈一样，他们对理学的哲理层面并无太大兴趣，他们的目标集中在道德建设与经世致用两个方面，体现出强烈的理学经世特点。

---

① 姚鼐：《复汪进士辉祖书》，《惜抱轩诗文集》，上海古籍出版社1992年版，第89页。

② 全祖望：《前侍郎桐城方公（苞）神道碑铭》，《方望溪遗集·附录二》，黄山书社1990年版。

③ 梁启超：《清代学术概论》，《饮冰室合集》专集之34，中华书局1989年影印本，第5页。

④ 王汎森：《中国近代思想与学术的系谱》，河北教育出版社2001年版，第24—25页。

程朱的伦理道德被姚门弟子视为重振乾坤的重要手段。在他们看来，以程朱理学为基础的道德信仰是社会须臾不可离的精神支柱，姚鼐的弟子孙鼎臣就认为："今夫天下之不可一日而离道，犹人之不可一日而离食。"① 他们认为汉学的流行使士人专注于训诂考证，宋学长期受到冷漠，直接导致了当时道德信仰的坍塌。刘开认为，汉学"详于名物度数而或略于义理之是非"，其末流"以博为能，以多为贵"，"躬修心得，屏而不论"，使天下士子"语以忠信廉节之事，则惊愕而不欲闻"②。

姚门弟子感叹风俗人心的沦落，还包含着争夺学术地位的意味。既然汉学导致道德败坏、天下失乱，那么支撑社会的精神支柱就应该是宋学，学术的主导地位应易位给宋学。桐城派作为程朱理学的崇奉者，竭力宣扬理学在兴起人心风俗方面的重要作用。刘开认为，程朱之学"其所严辨者，皆纲常名教之大，礼义廉耻之防，是非得失之介，可以激发心志品节性情，所系日用出处者甚切"，能够"扶植世道，纲纪人伦"③。方东树说得直截了当："必欲兴起人心风俗，莫如崇讲朱子之学为切。"④ 但他们在社会道德建设上并没有什么新主张，只是对程朱义理的老调重弹，新意不多。

姚门弟子还将理学与经世、治世联系起来，表现出强烈的理学经世思想。姚莹认为："夫志士立身有为成名，有为天下，惟孔孟之徒道能贯一。"⑤ 一生未仕的刘开也"负大志，区画世务，体明用达"⑥。他们不仅仅停留于口头上的宣扬，还在经世实践中取得了一定的成就，其中尤以抗英英雄姚莹为突出。

道德重建与经世致用在姚门弟子那里是有机联系的，道德重建本身就是经世治世的一个重要内容。桐城派文士认为一个有所作为的士人应以宋学为载体，承担起道德重建与经世致用的双重重任。方东树

---

① 朱克敬：《儒林琐记雨窗消意录》，岳麓书社1983年版，第56页。
② 刘开：《学论上》，《刘孟涂文集》卷2，扫叶山房1915年印本。
③ 同上。
④ 方东树：《重刻白鹿洞书院学规序》，《仪卫轩文集》卷5，同治七年刻本。
⑤ 姚莹：《复管异之书》，《中复堂全集·东溟文后集》卷6，同治六年刊本。
⑥ 姚莹：《祭刘明东文》，《中复堂全集·东溟文集》卷6，同治六年刊本。

表述得很清楚:"陈编万卷,浩如烟海,苟学不知要,敝耗精神,与之毕世,验之身心性命,试之国计民生,无些生益处……君子之学,崇德修慝辨诬,乘忿窒欲,迁善改过,修之于身,以齐家治国平天下,穷则独善,达则兼善,明体达用,以求至善之止而已。"①

姚门弟子虽认识到经世致用对重振理学的重要性,但他们相对低微的政治地位,在整体上难以引人注目的经世实践,并未使理学摆脱原有的窘境。理学最终是靠曾国藩的经世之功才走向复兴的。

梁启超认为,清代学人对理学轻蔑状况的根本改变是在曾氏"以书生犯大难成功名",即镇压太平天国起义后。②而曾国藩加盟桐城派则在洋务运动前夕,即1860年左右。③曾国藩的加盟使桐城派迅速走向中兴。众多士子聚集到他的麾下,形成了一个以吴汝纶、薛福成、郭嵩焘等为代表的具有浓厚政治色彩的文学派别。可见桐城派的中兴与理学的中兴基本是同步展开的,都与曾国藩有着密切关系。

关于曾国藩理学思想及中兴桐城的研究成果已经不少,结合本文主题,笔者于此强调两点:

其一,古文家与理学家的身份在曾国藩身上是合二为一的,两者并不冲突,曾氏的理学经世思想基本上都是以桐城古文来表述的。

曾国藩与桐城派的联系源于他对古文的喜爱,据载:道光十五年(是年曾氏25岁)"公寓长沙郡馆,会试不售,留京师读书,研穷经史,尤好昌黎韩氏之文,慨然思蹑而从之。治古文词自此始"④。对古文辞的喜爱,使他注目于桐城古文一派,他曾说:"闻此间有工为古文者,就而审之,乃桐城姚郎中萧之绪论,其言诚有可取。"⑤当时梅曾亮以古文名于京师,曾氏多次前往问学,以桐城正宗目之。曾、梅二人过往甚密,"昔日梅、曾诸老,声之冥合,箫管翕鸣,邈

① 方东树:《书林扬觯》,《书目类编》第92册,成文出版社1978年版,第41516—41517页。

② 梁启超:《清代学术变迁与政治的影响》,《饮冰室合集》专集之75,中华书局1989年影印本,第26页。

③ 参看拙文《桐城派与晚清社会思潮》,《江海学刊》2001年第6期。

④ 黎庶昌:《曾国藩年谱》,岳麓书社1986年版,第4页。

⑤ 曾国藩:《致刘蓉》,《曾文正公全集·书札》卷1,传忠书局光绪二年印本。

然不可复得"①。

曾国藩所以与桐城派"声之冥合",还在于两者的学术思想主张基本相合,此体现在三方面:一是共宗程朱理学。曾氏一生"肆力于宋学"②,这就与"学行继程朱之后"的桐城派取得了学术思想上的一致。二是共主汉宋调和。"义理、考据、辞章"三事合一是姚鼐的基本主张。曾氏也明确表示自己于"汉宋二家构讼之端,皆不能左祖以附一哄"③,并提出以"经济之学""治世之术",即他所言的"礼治"来"通汉宋两家之结"④。三是共主理学经世。桐城派一方面坚守程朱义理,一方面强调经世致用,曾氏一生坚守理学,着力发挥程朱理学中的"事功"因素,对洋务的提倡与实践就是其理学经世思想的具体化。

曾国藩在中兴桐城前,已经树立起理学经世派大师的地位,"名重于京师"⑤,加盟桐城派后,又成为古文派的文章领袖。桐城派古文成为曾氏阐述其学术思想的重要载体。《圣哲画像记》《〈欧阳生文集〉序》等文都是他阐述理学经世思想的古文名篇。作为理学经世大师的曾国藩以桐城派古文阐扬理学思想,对理学在咸同时期的重振起到相当的促进作用。

其二,姚门弟子只是意识到经世致用对重振理学的重要性,但在理论与实践上都基本无所建树。而曾氏不仅提出以"礼"为核心的理学经世思想,还有兴起洋务与镇压太平天国的"经世"之功。

曾国藩理学经世思想中的重要观点是有关"礼"的思想,他直接将"礼"称为"治世之术""经济之学"⑥。他试图用"礼"来沟通理学与经世,使理学具体落实到士大夫的日常生活中。

曾国藩把"礼"视为匡正人心、整治政事的灵丹妙药。"礼"似乎无所不能,不仅可以加强个人修养,还可治军治国。事实上,

① 王先谦:《〈续古文辞类纂〉序》,《葵园四种》,岳麓书社1986年版,第30页。
② 黎庶昌:《曾国藩年谱》,岳麓书社1986年版,第7页。
③ 曾国藩:《致刘蓉》,《曾文正公全集·书札》卷1,传忠书局光绪二年印本。
④ 曾国藩:《复夏弢甫书》,《曾文正公全集·书札》卷13,传忠书局光绪二年印本。
⑤ 黎庶昌:《曾太傅毅勇侯别传》,《拙尊园丛稿》卷3,光绪乙未金陵状元阁印本。
⑥ 黎庶昌:《曾国藩年谱》,岳麓书社1986年版,第12页。

"礼"几乎就等同于经世了。他曾说"盖古之学者，无所谓经世之术也，学礼焉而已"①，把"礼"直接等同于"经世之术"，其缘由在于"《周礼》一经，自体国经野，以至酒浆廛市，巫卜缮囊，妖鸟蛊虫，各有专官，察及纤悉"②。经世致用显然成为他判断学术价值的重要标准。

曾国藩还把"礼"，尤其是把人伦道德视为振奋民心、重建社会秩序的重要手段。在《讨粤匪檄》中，他以维护人伦道德相号召，激发民众抗击"粤匪"、重建社会秩序的血性。他认为，来自太平天国的最大威胁不在军事上，而是太平军"举中国数千年礼义人伦、诗书典则，一旦扫地荡尽"③，直接危及国人赖以安身立命的伦理道德。从"礼"的角度攻击太平天国，确实激发起传统士人，包括众多民众抵抗太平军的"热情"。作为一个经世家，曾氏特别关注理论的实践性。统领湘军时，他以朗朗上口的歌词来概括"礼"，以浅显的方式向农民出身的士兵灌输理学的人伦秩序、道德规则。使士兵在潜移默化中接受"礼"的规则，自觉接受将帅的指挥，为"卫道"而战。

为何曾氏要用"礼"来表述经世致用的思想呢？这表明了他作为理学家的立场。他有这样一段表述颇能说明问题："古之君子之所以尽其心、养其性者，不可得而见。其修身、齐家、治国、平天下，则一秉乎礼。自其内焉者言之，舍礼无所谓道德；自外焉者言之，舍礼无所谓政事。"④由此可以窥出曾氏以"礼"统摄内圣外王的用意了：于内而言，"礼"的修养，即正心诚意是为经世提供思想道德保证；于外而言，治国、平天下的终极目标就是维护与巩固"礼"制、传统伦理秩序。曾氏"中体西用"的洋务思想就是其"礼治"思想的进一步发展：在坚守传统伦理道德秩序的前提下，借发展洋枪洋炮而自强，解决内忧外患的迫切任务，就是维护"礼"制的最佳途径。

① 曾国藩：《孔芝房侍讲刍论序》，《曾国藩全集》14，岳麓书社 2011 年版，第206 页。

② 同上。

③ 曾国藩：《讨粤匪檄》，《曾国藩全集》14，岳麓书社 2011 年版，第 140 页。

④ 曾国藩：《笔记二十七则·礼》，《曾国藩全集》14，岳麓书社 2011 年版，第410 页。

理学经世思想既成就了桐城派在洋务运动中的成功，也为桐城派在甲午战争后渐为时代抛弃埋下了伏笔。甲午战争的失败宣告了洋务运动的破产，也意味着理学经世思潮走向末路。

（三）理学的衰落与桐城派的消亡

甲午战争后，变法维新思潮高涨，西方文化的传入范围更广、程度更深。理学与桐城派开始面临真正的挑战。"历史毕竟前进到非从根本上打破理学传统不可了"[①]。

历史发展表明，仅在器物文化层面上学习西学不可能真正解决近代中国的"自强"问题。甲午战争的失败，宣告了以理学经世、中体西用为理论基础的洋务运动的破产。理学主导中国社会的作用受到了极大怀疑，激进的知识分子开始寻找新的学术理论作为救国救民的理论指导。理学及其代言人桐城派不可避免地成为新知识分子的批判靶子，必将为时代所抛弃。

在时代思潮巨变的关头，桐城派末流代表如姚永概、马其昶等人却坚决排斥新学，认为程朱之道"淳浩如江海，由是则治，不由是则乱，虽百千新学，奇幻雄怪而终莫之夺也"[②]。选择对程朱理学的坚守，桐城派不仅会成为现代学术、政治的批判目标，还会因为理学的衰落而变得无所依靠。时代的发展见证了桐城派的终结。

二 桐城派与清代汉学

清代学术流变的一个重要特征就是汉、宋之争，故作为理学维护者的桐城派不可避免地卷入汉、宋学的纷争中。从表面看，桐城派与汉学家的矛盾似乎起于个人恩怨，但从本质分析，学术分歧才是两者交恶的根本原因。晚清以降，面对内忧外患的社会危机，汉宋学兼综会通成为当时学术的一个重要特征。桐城派出于现实的而非学术的原因，顺应了汉宋兼采的学术大势。

---

① 马积高：《清代学术思想的变迁与文学》，湖南出版社 1996 年版，第 89 页。
② 姚永概：《与陈伯严书》，《中国近代文论类编》，黄山书社 1991 年版，第 65 页。

（一）桐城派与汉学家的恩怨

桐城派与汉学家的矛盾由来已久。从表面看，桐城派与汉学家结怨似乎起于姚鼐与戴震之间的私人恩怨。

姚鼐于乾隆二十年在北京结识戴震，是年姚氏二十五岁，戴震三十二岁。是时汉学如日中天，戴震俨然如学界领袖。在学术界为汉学把持的情况下，年轻的姚鼐表现出向汉学家阵营靠近的倾向。从姚鼐自己所述来看，他当时对戴氏很是仰慕，两人的关系近乎师生关系。姚氏曾作有五言古体诗《赠戴东原》一首，其中写道，"未必蒲轮征晚至，即今名已动京华"①，颇有对戴氏的歆羡之意。但戴震似乎并不领会姚鼐的热情，抑或在他内心很轻视这位以理学为重的青年。当姚鼐郑重致信戴氏，欲拜其为师时，戴震回信婉拒，"昨辱简，自谦太过，称夫子，非所敢当之"②。姚鼐对戴震的拒绝感到异常难堪。姚鼐以后对拜师一事不再提及，在《惜抱轩诗文集》中也未录入该信。姚鼐，包括姚鼐的弟子们，后来都视戴震为仇敌，与此事不无关系。

乾隆三十八年，《四库全书》馆开，姚鼐被荐入馆任纂修官。在这个汉学家的大本营里，姚鼐品味到的只有孤独。关于姚鼐当时的处境，姚莹曾有如下记载："纂修者竞尚新奇，厌薄宋元以来儒者，以为空疏，掊击讪笑之不遗余力。公往复辩论，诸公虽无以难而莫难从也。"③ 理学背景使姚鼐在四库馆中孤掌难鸣，备受"掊击讪笑"。在这样的情形下，姚鼐于次年被迫辞职离开四库馆。他将自己托疾辞官，归乡讲学的缘由归结为"从容进退，庶免耻辱之大咎已尔"④。

种种不堪的经历使姚鼐对汉学产生了很深的隔膜。在其后半生的作品中，不难看到他对汉学的严词抨击，他甚至诅咒戴震等人"生平不能为程、朱之行，而其意乃欲与程、朱争名，安得不为天之所恶，故毛大可、李刚主、程绵庄、戴东原，率皆身灭嗣绝，此殆未可以为

---

① 姚鼐：《赠戴东原》，《惜抱轩诗文集》，上海古籍出版社1992年版，第520页。

② 戴震：《与姚孝廉姬传书》，《戴震集》，上海古籍出版社1980年版，第185—186页。

③ 姚莹：《惜抱公鼐》，《中复堂全集·姚氏先德传》卷4，同治六年刊本。

④ 姚鼐：《复张君书》，《惜抱轩诗文集》，上海古籍出版社1992年版，第86页。

偶然也"①。

个人恩怨仅是桐城派与汉学家之间产生矛盾的表层原因，从学术角度看，汉学家与理学家是清代学术矛盾的对立两方，作为理学追随者的桐城派自然会卷入汉宋学的矛盾旋涡中。梁启超在谈及这点时说："乾隆之初，惠（栋）、戴（震）崛起，汉帜大张，畴昔以宋学鸣者，颇无颜色。时则有方苞者，名位略似（汤）斌、（李）光地等，尊宋学，笃谨能躬行，而又好为文。苞，桐城人也，与同里姚范、刘大櫆共学文，诵法曾巩、归有光，造立所谓古文义法，号曰'桐城派'。又好述欧阳修'因文见道'之言，以孔、孟、韩、欧、程、朱以来之道统自任，而与当时所谓汉学者相互轻。"② 可见，桐城派与汉学家之间"相互轻"，相当程度上是由于桐城派与宋学的密切关系。

虽然桐城派与汉学家有诸多矛盾，但桐城派所以能在乾嘉汉学如日中天的学术氛围中站稳足跟，恰恰在于桐城派能跳出狭隘的门户观念，能在回应汉学家攻击的同时，以较理性的态度去看待义理、训诂、辞章三者之间的关系。姚鼐认为："鼐尝谓天下学问之事，有义理、文章、考证三者之分，异趋而同为不可废。一涂之中，歧分而为众家，遂至于百十家，同一家矣。"③ 陈用光认为姚鼐的"义理、文章、考证"三事说"奄有三者之长，独辟一家之境"④。姚鼐学术兼容的态度为桐城派在嘉道时期的学术兼容浪潮中站稳足跟打下了基础。

（二）"折衷而兼采之"

至鸦片战争前后，面对内忧外患的社会危机，"不论汉学或宋学，所面临的问题是'应变'，是'救时'，不可能也不允许继续争长短、

---

① 姚鼐：《再复简斋书》，《惜抱轩诗文集》，上海古籍出版社1992年版，第102页。

② 梁启超：《清代学术概论》，《饮冰室合集》专集之34，中华书局1989年影印本，第49页。

③ 姚鼐：《复秦小岘书》，《惜抱轩诗文集》，上海古籍出版社1992年版，第104—105页。

④ 陈用光：《寄姚先生书》，《太乙舟文集》卷5，道光二十三年重刻本。

立门户。它们之间不管有什么分歧，都是儒学内部的问题。因此，人们能够趋于较客观冷静地看待汉宋学的关系"①。汉宋学兼综会通成为晚清学术的一个重要特征。

1. 嘉道年间桐城派的学术兼收思想

嘉道年间，虽有方东树与江藩的学术论争，但总体来看，姚门弟子在学术上都继承了乃师关于汉宋兼收的思想，顺应了当时学术兼收的大势。

汉宋学相争不息的历史使姚门弟子们意识到，任何一方想彻底击倒对方都是不可能的。姚莹就说："夫以经学之驳杂、破碎如此，诚非拘拘一先生所能息群言而厌众志也。"与其相争不息，"莫如尽取其书，悉心折衷而兼采之，以泯是非而明经义"②。姚莹正是由此出发，将姚鼐的学术思想概括为"博究精深，兼综众妙"③。

试图从"博究"、"兼综"的学术角度去化解学派之争，是晚清桐城派众多成员的共识。曾从梅曾亮问学的朱琦视门户之见为学者大患，"党同门，妒同真，最为者大患"。在他看来，各种学派区别只不过是识大识小、抑或不同路径之间的区别，其目标都是一致的。朱琦不仅希望化解理学内部的程朱陆王之争，还希望化解汉宋学之争。引人注意的是，他对申、商、老、庄等"旁径曲说"也采取了"义虽相反，犹并置之"宽容态度。④

桐城派弟子力倡学术兼收，虽意在对各种学术路径合理性地认同与兼采。但在现实中，他们在学术门户上毫不含糊，将汉宋学之间的界限划得泾渭分明，甚至不能容忍将汉宋学并提。方东树虽然在《汉学商兑》一书中侃侃而谈学术兼收、学术平等，"非汉儒耕之，则宋儒不得食；宋儒不春而食，则禾稼蔽亩，弃于无用，而群生无以资其性命"⑤。但就在同一本中，充斥得更多的是对汉学的抨击，甚至谩骂。学术理想与现实之间存在着很大的差距，面对真实的对手时是否

① 龚书铎主编：《中国近代文化概论》，中华书局1997年版，第125页。
② 姚莹：《钱白渠七经概叙》，《中复堂全集·东溟文集》卷6，同治六年刊本。
③ 姚莹：《桐城先辈》，《康𬬿纪行、东槎纪行》，黄山书社1990年版，第229页。
④ 朱琦：《辨学》中，《怡志堂文集》卷1，同治甲子刊本。
⑤ 方东树：《汉学商兑·重序》，光绪八年（1882）四明花雨楼刻本。

还能保持理论上的宽容，对任何一个主张学术平等、学术兼收的知识分子抑或学派都是严峻的考验。

2. 曾国藩的学术兼收思想

真正走出学派的门户之见，在理论与实践上都对学术兼收上有所突破的是曾国藩。《圣哲画像记》是他全面阐述学术兼收思想的重要文献。在是文中，他通过对圣哲的选择与排列，表明了打破门户之隔，兼收并蓄的学术态度。

曾国藩把他所言的三十二圣哲分为四类：第一，不受某科樊篱的圣人或通才有：文王、周公、孔子、孟子、班固、司马迁、左丘明、庄子。第二，学归义理，在圣门属德行或政事之科的有：诸葛亮、陆贽、范仲淹、司马光，周敦颐、二程、朱熹、张载。第三，学归词章，在圣门属言语之科的有：韩愈、柳宗元、欧阳修、曾巩，李白、杜甫、苏轼、黄庭坚。第四，学归考据，在圣门属文学之科的有：许慎、郑玄、杜佑、马端临、顾炎武、秦蕙田、姚鼐、王念孙。在这些圣哲中，有政治家、军事家、思想家、文学家。从学术分野看，既有宋学家，又有汉学家。这表明了曾氏打破门户之隔，兼收并蓄的学术态度，既然所列诸人都是圣哲，向圣哲顶礼膜拜的后辈们或专师一圣，或兼师数圣，相互间没有必要据为门户。

在此文中，曾国藩一方面承袭姚鼐之说，主张义理、考据、词章兼收，一方面还别出心裁地提出圣门四科，即德行之科、政事之科、言语之科、文学之科。并将义理与德行、政事相对，考据与文学相对，词章与言语相对。在曾氏看来，各据学术壁垒毫无必要，也违背先圣为学本意。义理、考据、词章作为"为学三途"，之间并不冲突，关键是要将纯粹的学术转化为具体的德行、政事、言语、文学。

其实曾氏所言的"德行、政事、言语、文学"圣门四科，与姚鼐所言的"义理、文章、考证"三途相比较，所增者为"政事"。所谓"政事"，即"经济"，曾氏曾说："经济者，在孔门为政事之科，前代典礼、政书及当世掌故皆是也。"① 这既反映出他作为政治家的特

---

① 曾国藩：《劝学篇示直隶士子书》，《曾国藩全集》14，岳麓书社 2011 年版，第 486 页。

点，也反映出他对经世致用的强调。值得注意的是，曾氏试图以经世致用来沟通汉宋两家。笔者在前文的论述中已论及：曾氏所言"礼"即"经济之学""治世之术"，"礼"就是曾氏沟通汉宋的工具，他说："尝谓江氏《礼书纲目》、秦氏《五礼通考》可以通汉宋两家之结，而息顿渐诸说之争。"① 曾氏从经世致用的角度出发兼采汉宋，反映了晚清儒学兼采并收、会通融和的时代特征。

曾国藩不仅宣称自己"一宗宋儒，不废汉学"②，还不时表露出自己对汉学的特殊态度。他在给曾纪泽的家书中就表达了自己对汉学大师王念孙（怀祖）、王引之（伯申）的崇意："余于本朝大儒，自顾亭林之外，最好高邮王氏之学。王安国以鼎甲官至尚书，谥文肃，正色立朝。生怀祖先生，念孙经学精卓。生王引之，复以鼎甲官尚书，谥文简。三代皆好学深思，有汉韦氏、唐颜氏之风。"③ 有时他甚至将汉学家置于理学家与古文家之前，"国藩于本朝大儒，学问则宗顾亭林、王怀祖两先生，经济则宗陈文恭公，若奏请从祀，须自三公始。李厚庵与望溪，不得不置之后图"④。

曾国藩在赞叹清代汉学大家"小学训诂实能超越近古，直逼汉唐"的同时，又叹息他们"文章不能追寻古人深处"⑤。他试图在训诂之学与辞章之学之间寻找结合点，"私窃有志，欲以戴、钱、段、王之训诂，发为班、张、左、郭之文章"⑥。他指点其子，"吾于训诂、词章二端，颇尝尽心，尔（指曾纪泽，笔者注）看书若能通训诂，则于古人之故训大义，引申假借渐渐开悟，而后人承讹袭误之习可改，若能通词章，则于古人之文格文气、开合转折渐渐开悟"⑦；要"以精确之训诂，作古茂之文章"⑧。

① 曾国藩：《复夏弢甫》，《曾文正公全集·书札》卷13，传忠书局光绪二年印本。
② 曾国藩：《复颖州府夏教授书》，《曾文正公全集·书札》卷20，传忠书局光绪二年印本。
③ 曾国藩：《谕纪泽》，《曾国藩全集》20，岳麓书社2011年版，第404页。
④ 同上书，第671页。
⑤ 曾国藩：《谕纪泽》，《曾国藩全集》21，岳麓书社2011年版，第127页。
⑥ 同上。
⑦ 曾国藩：《谕纪泽》，《曾国藩全集》20，岳麓书社2011年版，第481页。
⑧ 曾国藩：《谕纪泽》，《曾国藩全集》21，岳麓书社2011年版，第127页。

曾国藩有关汉宋兼收的思想，在晚清桐城派中独树一帜，表现出曾氏打破门户之见，学派之争及在学术实践上对汉宋交融的努力。

3. 传统学术的转型与汉宋之争的消融

汉学、宋学作为儒学内部的两大派别，在有清一代争论不休，成为众多学者关注的话题。但至晚清，"救时""应变"的时代要求，今文经学的异军突起，西学的大量传入，使一直在学术领域居于主导地位的汉学、宋学对众多知识分子失去了魅力，汉宋之争逐渐从学术界关注的中心话题中淡出。

洋务时期，曾国藩等人关于中体西用的思想将中国传统文化，主要是经学，置于"体"的位置，而将西方文化，主要是器物层面的文化，置于"用"的位置，西方的学术思想则完全被排斥。在这种文化思想体系下，中国传统学术思想并没有受到西方学术思想的有力冲击。甲午之战后，众多知识分子出于振兴中华的强烈愿望，开始大规模引介西学，中国学术开始由传统经学向现代学术转型。这时的学术之争已经不是什么汉宋相争，抑或义理、考据、辞章之间的相争问题了，而是中学、西学相争的问题了。桐城派末期代表之一的王先谦在戊戌维新变法前夕已经意识到了这一点："中国学人往往因私成蔽，言词章者谓考据害性灵，讲训诂者轻文人为浅陋，理学兴则朱陆争，朴学兴则汉宋争，地球通则中学与西学又争。"① 他在这里不仅对中国传统学术的内部相轻提出了严厉的批判，还认识到中西学术的对抗已经取代了传统学术内部的争斗。

有意思的是，竭力主张以西学代经学，并揭示出中西学术本质区别的竟然是与桐城派有着密切关系的严复。

严复从西方学术的科学标准出发，把以"读书穷理"为能事的"中土之学"视为"第二手事"，而把在天地、宇宙、民物构成的客观世界中"求真"的西学视为"真学""第一手事"。严复还从"救亡"的实用层面分析传统学术之弊，他认为：中国传统"学术末流

---

① 王先谦：《岳麓书院院长王先谦月课改章手谕》，《湘学新报》第9册（光绪二十三年六月十一日）。

之大患，在于徇高论而远事情，尚气矜而忘实祸"①。词章、训诂之学"无用"，性理之学"无实"，"均之无救危亡而已矣"，故"举凡宋学汉学，辞章小道，皆宜且束高阁也"②。

从严复的分析可以看出，中国学术由传统向现代迈进，不仅是学术本身发展的趋势，也是救亡图存的紧迫要求。以经学为中心的传统学术渐为新知识分子所鄙弃也就在情理之中了。

时代与学术的发展使汉宋之争成为一个只供凭吊与研究的话题。对西学知之不多的桐城派在新的学术论争中很难找到自己的位置，桐城派的知识构成，使他们在中西文化论战及中国学术现代转型的历程中，注定只能充当看客，充当现代知识分子的解剖标本。

原载《福建论坛》2004 年第 12 期，收入本书时稍作修改。

---

① 严复：《救亡决论》，《严复集》第 1 册，中华书局 1986 年版，第 43 页。
② 同上书，第 44 页。

曾国藩与"桐城中兴"

　　曾国藩身上有很多的身份，他不仅是湘军统帅、"同治中兴"的名臣，还是清代理学大师、"桐城中兴"的领袖。曾国藩中兴桐城的主要目标有二：一是传播程朱"义理"；二是宣传洋务。军事力量是一种强硬手段，可以将民众叛乱一时镇压下去。要维持朝廷的长久、平稳的统治，还是在得"人心"，熟知传统文化的曾国藩显然深谙此道。文学与学术是维持"人心"最好的载体，坚守程朱"义理"的桐城派作为其时影响最大的文学派别，是传播"义理"、维系人心最好的渠道，这是曾国藩中兴桐城的最重要缘由。主张文章"与世变相因"的曾国藩既然还意在借桐城派古文兴洋务，就不会泥桐城派之古，而是力图将洋务思想的新鲜血液注入晚清桐城派已趋衰弱不振的体内，使它能承担起宣传洋务的重任。曾氏围绕洋务的需要而对桐城派的理论进行了诸多改造，从道统、文统两方面为晚清桐城派打开了学习西学的门径。"文以载道"的桐城派古文经过曾国藩的改造，体现出强烈的"中体西用"的洋务色彩，不仅成为宣扬"义理"、卫道护教的工具，也成了宣传"经济"、学习西学的手段。曾国藩这一番改造也就使晚清桐城派演变为一个政治色彩浓厚的文学派别并在晚清的文学、学术、政治、经济等领域产生了深远的影响。

一

　　桐城派是有清一代影响最大的一个文学派别。康乾时期是桐城派从初创到兴盛的阶段。方苞为桐城派鼻祖，他首举"义法"说，以文道兼备、清淡雅洁的散文步入文坛。刘大櫆则主要从文学的维度，归纳出以"神气"为中心的古文创作理论，使桐城派作为一个散文流派的特征更加彰显。姚鼐在方苞、刘大櫆文论的基础上提出"义理、文章、考证"三事合一的主张，确立了"阴阳刚柔"的古文风格论，并具体提出了"神、理、气、味、格、律、声、色"的古文创作理论，至此，桐城派古文理论得以大备。近人钱基博曾说："让清中叶，桐城姚鼐称私淑于其乡先辈方苞之门人刘大櫆，又以方氏续明之归氏而为《古文辞类纂》一书，直以归、方续唐宋八家，刘氏嗣之；推究阃奥，开设户牖，天下翕然号为正宗。此所谓桐城派者。"① 姚鼐的后半生致力于书院讲学达四十年之久，这对扩大桐城派的堂庑起到了很大的作用。姚鼐一生门徒众多，名徒辈出。姚鼐去世时是嘉庆二十年（1815），清朝此时业已失去鼎盛时期的气象，内外交困的阴影已经笼罩在清王朝的上空。与清朝的国运相因应，桐城派传到姚门弟子时，出现了衰落的迹象。随着梅曾亮、姚莹等姚门高足的相继去世，桐城派更有趋于衰敝之势。

桐城派在19世纪中叶趋于衰落，首先与姚鼐弟子政治地位不高的现实状况有极大的关系。在文学与政治紧密联系的传统社会，一个文派在所处时代的影响往往与这个学派代表人物的政治地位高低成正比。一个文派的代表人物的政治地位越高，往往会使本人及文派拥有较高的文化影响力。桐城派在其前期的巨大影响显然在一定程度上与方苞、姚鼐较高的政治地位、文化地位有关。方苞在《南山集》案后，因祸得福，其后半生，备受恩宠，官运亨通，曾官至内阁学士兼礼部侍郎。乾隆四年（1739），方苞所选制义（八股文）以《钦定四书文》标名颁行，使方苞之文几乎成为渴求科举晋升之士的楷模。姚鼐"历充山东、湖南乡试考官，会试同考官，所得多名士"的经历，② 也使姚鼐及桐城派古文成为众多士子推崇的对象。但姚鼐的众多高足与先辈相较则黯然失色了许多。方东树先后应乡试十次不果，五十岁后绝意不试，一生以教书卖文为生。刘开虽早有文名，但他科

① 钱基博：《现代中国文学史》，刘梦溪主编《中国现代学术经典·钱基博卷》，河北教育出版社1996年版，第37页。

② 赵尔巽等撰：《清史稿·文苑二》第44册，中华书局1977年版，第13395页。

场困顿，"以秀才终"①，年仅 40 即卒。管同则至 45 岁时方中举人，一生"孤贫于世事，迹无可述"②。姚莹与梅曾亮则相对幸运许多，姚莹虽 25 岁即中进士，但官运不亨通，在江苏、福建等地任知县近 30 年，至 58 岁始升为台湾道，加之其任官之地多偏在一隅，在文学上的影响不是很大。③ 梅曾亮 36 岁中进士，官户部郎中近 20 年。作为当时唯一在京的姚门高足，梅曾亮成为京师治古文者访求的对象，"京师治古文者，皆从梅氏问法。当是时，管同已前逝，曾亮最为大师"④。梅氏俨然成为桐城派领袖。但梅曾亮与桐城派三祖相比就逊色多了：首先，他虽然提倡"文章之事，莫大乎因时"⑤，但在他的创作中并没有体现出多少现实内容，就思想性而论，还不及刘开、管同。⑥ 其次，梅氏专注于"笔墨"，"向于性理微妙未尝窥涉，稍知者独文字耳"⑦。对学术的无兴趣缩小了他的影响面。梅曾亮尝言："我寄闲官十九年，人世烟云谈笑过。"⑧ 久居闲职，使梅氏对官场渐生厌意，终于在道光二十年（1850）辞官回到老家江苏上元（今南京），在以官位为重的社会里，梅氏不高的政治地位，且久居闲职，不免会弱化桐城的影响力。

从总体上看，嘉道时期，桐城派的基本构成是舞文弄墨的书斋文人，远离社会政治、现实的状况使他们的言论在讲求实际的经世致用大潮中显得有些隔靴搔痒，他们的雅淡之音与魏源、龚自珍等人的振世之音相比显得相形见绌了。

社会巨变极大地影响着文人士子的心态，心态的变化不仅使古文家内心充满乱世将临的焦灼，对成就伟业的渴望，也推动着作家注意重点与风格的变化。从整个中国文学史发展的规律来看，一般来说，

① 陈方海：《刘孟涂传》，《刘孟涂文集》卷首，扫叶山房 1915 年印本。
② 方东树：《管异之墓志铭》，《仪卫轩文集》卷 11，同治七年刻本。
③ 参见王献永《桐城文派》，中华书局 1992 年版，第 70 页。
④ 赵尔巽等撰：《清史稿·文苑二》第 44 册，中华书局 1977 年版，第 13426 页。
⑤ 梅曾亮：《答朱丹木书》，《柏枧山房文集》卷 2，咸丰六年刊本。
⑥ 参见龚书铎《姚莹交游述略》，《中国近代文化探索》，中华书局 1998 年版，第 91 页。
⑦ 梅曾亮：《答吴子叙书》，《柏枧山房文集》卷 2，咸丰六年刊本。
⑧ 梅曾亮：《姚石甫客江宁至家喜晤》，《柏枧山房诗集》卷 8，咸丰六年刊本。

社会面临巨大变故的时代，诗文多雄直之气。鸦片战争前后的国家危机使文人士子无暇浅吟低唱，文坛笼罩着一片燕赵悲歌、杜鹃啼血式的悲凉慷慨之气；经世致用的大潮也推动着文人学士将笔触指向现实。鸦片战争前后引领文坛风骚的多为"开张王霸，指陈要最"的"豪杰之文"①。正是源于此，桐城派在鸦片战争前后陷入困境。平淡雅洁的文士之文，本为桐城派文士所擅长，雄直的豪杰之文恰是其所短。"不轶准绳、如农夫之有畔"的桐城派古文"义法"准则极大地阻碍着姚门弟子顺时应变的步伐，② 使他们的文章规模不大，气象不高，若在"蹄涔之水"中"浮芥舟"，"不复忆天下有曰海涛者也"③。故刘声木在评价梅曾亮时虽不乏褒扬之词，但也不得不指出："其修词愈于方、姚诸公，而一意专精于是，气体理实不能穷极广大精微之致。"④ 此一评价不仅是对梅曾亮文章的评价，也是嘉道年间整个桐城派文章创作的基本写照。

陷于困境的桐城派希望改变自身尴尬的状况，他们切盼有"得一二大人君子在位者，为人望所嘱，庶几足以震荡海内，开阖风气，使偏宕卓荦之士，悉转移而归之正学"⑤。到洋务运动前夕，倾慕桐城派古文，又与晚清桐城派声气相求的曾国藩"出而振之"，使晚清桐城派在道咸时期最终摆脱困境，迎来了"桐城中兴"的局面。

二

曾国藩少有经世之志，其门人黎庶昌曾评价道："公少时器宇卓荦，不随流俗，既入词垣，遂毅然有效法前贤澄清天下之志气。"⑥理学家唐鉴对曾国藩的思想影响很大，曾国藩在 31 岁时（道光二十一年）从唐鉴"求为学之方……唐公专以义理之学相勖，公遂以朱

① 梅曾亮：《送陈作甫序》，《柏枧山文集》卷 3，咸丰六年刊本。
② 刘声木：《桐城文学撰述渊源考》，黄山书社 1989 年版，第 159 页。
③ 曾国藩：《书归有光文集后》，《曾国藩全集》14，岳麓书社 2011 年版，第 227 页。
④ 刘声木：《桐城文学撰述渊源考》，黄山书社 1989 年版，第 243 页。
⑤ 方东树：《复罗月川太守书》，《仪卫轩文集》卷 7，同治七年刊本。
⑥ 黎庶昌：《曾国藩年谱》，岳麓书社 1986 年版，第 5 页。

子之书为日课，始肆力于宋学矣"①。唐鉴在当时不仅力倡程朱，还主张理学经世，他指点曾氏，"文章之学，非精于义理者不能至，经济之学，即在义理内……经济不外看史，古人已然之迹，法戒昭然，历代典章，不外乎此"，曾氏自言听后"昭然若发蒙也"②。自是接受了理学经世的观念。他在写给其弟的一封信中说："义理之学最大。义理明则躬行有要而经济有本。"③曾国藩虽重视"内圣"，注意修身、内省，但与唐鉴相较，他更强调"外王"，更突出理学的经世功能。薛福成曾说："盖自公始进于朝，即侃侃言天下大事，如议大礼、议军政、议所以奖植人才，皆关经世之务甚钜。厥后出膺重任，于天下大事，益无所不陈。"④在长达12年的京宦生涯中，曾国藩逐渐建树起自己理学经世派大师的地位，一时"名称重于京师"⑤。

太平天国运动的爆发，不仅使曾国藩卷入镇压农民起义的旋涡中心，也使曾国藩直接感触到西方坚船利炮的冲击。在镇压太平天国的过程中，由于与持有洋枪洋炮的太平军对峙交战及与西方军事势力的接触，曾国藩亲身感触到西方"轮船之速，洋炮之远"。他对此不无忧虑："念夷人纵横中原，无以御之，为之忧悸。"⑥曾氏于1860年12月上奏朝廷："如能将此两者（指借洋助剿、采米运洋——笔者注）妥为经画，无论目前资夷力以助剿、济运，得纾一时之忧，将来师夷智以造炮制船，尤可期永远之利。"⑦曾氏思想中经世、务实的精神，使他在勾结外国势力共同镇压太平天国的同时，开始了学西学、制洋器的洋务活动。1861年8月，曾氏在《复陈购买外洋船炮

① 黎庶昌：《曾国藩年谱》，岳麓书社1986年版，第7页。
② 曾国藩：《道光二十一年七月十四日日记》，《曾国藩全集》16，岳麓书社2011年版，第92页。
③ 曾国藩：《致澄弟温弟沅弟季弟》，《曾国藩全集》20，岳麓书社2011年版，第49页。
④ 薛福成：《曾文正公奏疏序》，《庸庵文编》（一），沈云龙主编《中国近代史料丛刊》第95辑，文海出版社1973年版，第281—282页。
⑤ 黎庶昌：《曾太傅毅勇侯别传》，《拙尊园丛稿》卷3，光绪乙未金陵状元阁印本。
⑥ 曾国藩：《咸丰十一年十月初二日日记》，《曾国藩全集》17，岳麓书社2011年版，第212页。
⑦ 曾国藩：《复陈洋人助剿及采米运洋折》，《曾文正公全集·奏稿》卷12，传忠书局光绪二年印本。

折》中将购买外洋船炮视为"今日救时之第一要务",并认为"若能陆续购买,据为己物,在中华,则见惯而不惊,在英、法,亦渐失其所恃",他还计划"购成之后,访募覃思之士、智巧之匠,始而演习,继而试造",这样"不过一二年,火轮船必为中外官民通行之物,可以剿发逆,可以勤远略"①。在这种信念的支撑下,曾国藩迅速将洋务思想付诸实践。1861年,他在安庆设内军械所,试造新式枪炮。1862年,他致信李鸿章,希望李鸿章以"忠刚摄泰西之魂,而以精思窃制器之术,国耻足兴"②。由于其显赫的政治、军事地位,曾、李二人都成为晚清洋务运动的领袖人物。

值得注意的是,曾氏在进行洋务活动的同时,不断公开流露自己对桐城派的青睐与加盟之意。1858年,曾国藩作《〈欧阳生文集〉序》。在是文中,他不仅肯定桐城派古文为文学正轨,又指出桐城派后继无人,"不闻桐城诸老之謦咳也久矣",然而湖南"二三君子尚得优游文学,曲折以求合桐城之辙"③。明显流露出自己欲接桐城派传绪,改造桐城派之意。1859年,曾国藩作《圣哲画像记》,将姚鼐列入三十二圣哲,并宣称:"国藩之粗解文章,由姚先生启之。"④ 这无异是公开宣告自己将接姚鼐古文大旗的宣言。这篇文章问世后,反响很大,桐城派因此声名重振。同年,他纂辑《经史百家杂钞》,在姚鼐纂辑的《古文辞类纂》的基础上,扩大入选范围,重辟取范门径,此为曾氏正式改造桐城派古文之始。这距离曾氏1860年上书朝廷请求"师夷智以造船制炮",萌生洋务思想仅一年时间,距他1861年设立安庆内军械所,着手试造近代枪炮,开始洋务实践也仅两年的时间。由此可见:曾氏接桐城派传绪、"中兴桐城"与他洋务思想的萌生及实践基本上是同步展开的。

---

① 曾国藩:《复陈购买外洋船炮折》,《曾国藩全集》3,岳麓书社2011年版,第186页。

② 曾国藩:《复李少荃中丞》,《曾文正公全集·书札》卷20,传忠书局光绪二年印本。

③ 曾国藩:《〈欧阳生文集〉序》,《曾国藩全集》14,岳麓书社2011年版,第205页。

④ 曾国藩:《圣哲画像记》,《曾国藩全集》14,岳麓书社2011年版,第152—153页。

三

　　曾国藩所以要"中兴桐城"，显然有借桐城为洋务张目的用意。除此之外，还和曾国藩在学术及文学主张上与桐城派的声气相求有关。① 曾国藩一生"肆力于宋学"②，在学术主张上与主张程朱义理的桐城派不谋而合，加之曾国藩自年轻时即喜"治古文"③，故曾国藩早年居北京时就与梅曾亮等桐城派人士来往密切。

　　主张文章"与世变相因"的曾国藩既然意在借桐城派古文兴洋务，就绝非一味泥桐城派之古，而是"曲折以求合桐城之辙"④，力图将洋务思想的新鲜血液注入晚清桐城派已趋衰弱不振的体内，使它能承担起宣传洋务的重任。曾国藩围绕洋务的需要而对桐城派的理论改造包含以下几方面：

　　其一，从道统、文统两方面为晚清桐城派打开学习西学的门径。洋务运动的一个中心内容是学习西方之"技艺""术数"，为使桐城派古文能担当起宣扬西方器数之学的重担，曾国藩在《劝学篇示直隶弟子》一文中提出作文要端在"义理""考据""文章""经济"四事。其实，将"经济"纳入桐城派文章并非曾氏的创见，姚莹就曾提出作文要端在"义理""经济""文章""多闻"四事。但曾国藩所言的"经济"在传统儒学的经世内容基础上，还纳入了西方的舆图算法、步天测海、制造机器等西方科学技术的新内容，同治七年（1868）九月初二，曾国藩上《奏陈新造轮船及上海机器局筹办情形折》中对自己自咸丰十一年以来的洋务活动作了一个全面的回顾。在是折中，他不仅认为仿造外洋船炮当是"中国自强之道"。还将"制造"机器，西方的"算学""图说"等纳入洋务的范畴，扩大了洋务的范围。⑤ 显

---

　　① 关于这一点，拙文《桐城派与清代学术流变》中已有详论。

　　② 黎庶昌：《曾国藩年谱》，岳麓书社 1986 年版，第 7 页。

　　③ 同上书，第 4 页。

　　④ 曾国藩：《〈欧阳生文集〉序》，《曾国藩全集》14，岳麓书社 2011 年版，第 205 页。

　　⑤ 曾国藩：《奏陈新造轮船及上海机器局筹办情形折》，《曾国藩全集》10，岳麓书社 2011 年版，第 213—215 页。

然，漕运、水利等传统意义上的经济、治世之术在曾氏那里已经退居到次要的位置，洋务尤其是购买、仿造西方船炮成为曾氏后期关注与致力的主要方向。因此，曾氏的"经济"思想较姚莹向前发展了一步，学习西学的崭新内容被曾氏正式纳入了桐城派古文的学问之事。在曾氏看来，"经济"与"义理"是体与用的关系："义理与经济，初无两术之可分，特其施功之序，详于体而略于用耳。""苟通义理之学，而经济该乎其中矣。"① 这种体用关系决定了"经济"之学从属、服务于"义理"。综合以上分析，可知洋务时期曾氏关于"经济"与"义理"的思想包含了以下两层含义：第一，"义理"为体，"经济"为用，"经济"之事，尤其是学习西学不能脱离"义理"的轨道。第二，西方的器数之学与儒家传统的经世之学组成的"经济"旨在充实"义理"，学习西学并非以夷变夏。这就昭示桐城派文人：西方的器数之学可以纳入桐城派古文以充实"义理"。这一理论的发展无疑为晚清桐城派学习西学、补救空疏之弊扫清了障碍。把"经济"嵌入桐城派文章之事，以"经济"强化"义理"，是从维护道统的角度来强调"经济"及学习西学的重要性。与之相配合，曾氏还对桐城派古文文统稍加改造，在文统上亦为桐城派文士学习外来文化开启了门径。桐城派的文统、道统之说始于方苞，其道统以程朱上承孔孟，其文统以明归有光直承唐宋韩愈、欧阳修，上窥两汉，达于孔孟。韩欧古文在桐城派文统中具有承上启下的地位，方苞"文章介韩、欧之间"的名言表明韩、欧二人是桐城派最为推崇的作家。引人注意的是：中唐时，与韩愈同倡古文运动的柳宗元，方苞、姚鼐等桐城派诸老都少有提及，似有故意排斥之意。而曾国藩在《圣哲画像记》中却将柳宗元与韩、欧并列，列入"圣门"及"言语之科"②。曾氏将柳宗元纳入桐城派古文文统，其个中深意就是改造桐城派的文统说以为桐城派打开通向外来之学的门径。韩愈为文多在阐明孔孟之道，他在《原道》一文中，提出自尧舜以来的一系列世代相传的儒家道统思想，俨然以儒家道统自居。韩

---

① 曾国藩：《劝学篇示直隶弟子》，《曾国藩全集》14，岳麓书社 2011 年版，第443 页。

② 曾国藩认为："韩、柳、欧、曾、李、杜、苏、黄，在圣门则言语之科也，所谓词章也。"参见曾国藩《圣哲画像记》，《曾国藩全集》14，岳麓书社 2011 年版，第 487 页。

愈强调儒家之"道"的纯洁性，严辨儒家之"道"与佛、老之"道"①。韩愈认为："学者必慎其所道，道于杨、墨、老、庄、佛之学而欲入圣人之道，犹航断港绝潢以望至于海也。"②苏轼在评价韩愈时说：韩愈"其待孔子、孟轲甚尊，而拒杨、墨、佛、老甚严"③。与韩愈独尊儒学的态度不同，柳宗元主张包容百家，兼及佛老。他不仅将孔、老及"杨、墨、申、商、刑名、纵横之说"平等对待，认为"皆有以佐世"④，而且对佛学也采取了较宽容的态度，他在《送僧浩初》一文中认为"浮图诚有不可斥者，往往与《易》、《论语》合……不与孔子异道"，并认为韩愈排斥佛教是一种"念其外而遗其中，是知石而不知韫玉"的文化狭隘态度。⑤双双承接韩欧文统、道统的方苞对柳宗元所以不加提及，就是因为其文所载之道不醇之故。与柳宗元一样，曾国藩也主张"精研百氏"⑥，兼收诸子百家，他说："念周末诸子各有极至之诣，其所以不及仲尼者，此有所偏至，即彼有所独缺……若游心能如老、庄之虚静，治身能如墨、翟之勤俭，齐民能以管、商之严整，而又持以不自是之心，偏者裁之，缺者补之，则诸子皆可师也，不可弃也。"⑦显然，曾国藩与柳宗元一样都主张兼收诸子百家。兼收的文化态度，利于对外来文化的包容。曾国藩把主张包容百家、兼及佛老的柳宗元与韩、欧并列，纳入桐城派文统，有利于桐城派打开通向外来之学的门径。曾国藩改造桐城文派，为其打开学习外来之学的门径时，并没有丝毫削弱桐城派古文"义理"之意。他强调"经济"，主张采西学、制洋器，其终极目的是指向强化"义理"，维护道统。他反复言明治学"莫忘于义理之学"，"以义理之学为先"，"以立志为

---

① 韩愈：《原道》，严昌校点《韩愈集》，岳麓书社2000年版，第147页。

② 韩愈：《送王埙秀才序》，严昌校点《韩愈集》，岳麓书社2000年版，第254页。

③ 苏轼：《韩愈论》，孔凡礼校《苏轼文集》第1册，中华书局1986年版，第114页。

④ 柳宗元：《送元十八山人南游序》，《柳宗元全集》（二），中华书局1979年版，第662页。

⑤ 柳宗元：《送僧浩初》，《柳宗元全集》（二），中华书局1979年版，第673页。

⑥ 黎庶昌：《曾太傅毅勇侯别传》，《拙尊园丛稿》卷3，光绪乙未金陵状元阁印本。

⑦ 曾国藩：《咸丰十一年八月十六日日记》，《曾国藩全集》17，岳麓书社2011年版，第196页。

本"①，唯恐桐城派文人溺于"经济"之学而迷失了"义理"的航标。

其二，改变桐城派文风以适应洋务需要。曾国藩在洋务运动中主张的经济之学包罗万象，对西学的学习更是当时国人陌生之事，这就使晚清桐城派原有的狭小、规矩繁多的文章难以承载。曾国藩就曾批评桐城派为文："浮芥舟以纵迹于蹄涔之水，不复忆天下有曰海涛者者也?"②他还批评姚鼐为文"偏于阴柔之说"③。针对桐城派为文之弊，曾氏提出作"雄奇之文"④。在《圣哲画像中》中，他对不属于桐城派文统而善作雄奇之文的杨雄、司马相如、韩非等人多加赞叹，颇有仰慕之意。曾国藩为使桐城派古文能表现新的时代与复杂的社会现实，在保持桐城派古文"义理"的前提下，提倡行文上博采众长，兼收并蓄，"尽取儒者之多识格物、博辩、训诂，一内诸雄奇万变之中，以矫桐城末流虚车之饰"⑤。在一定程度上，曾氏所言的雄奇风格实际上就是通过转多师，骈散互用，不拘一格体现出来。此与桐城派的原本文风有了较大的差异，故很早就有研究者提出"湘乡派"的概念以与桐城派相区别："文正之文……奇偶错综，复字单义，杂厕相间，厚集其气，使声采炳焕，而夏焉有声。此又文正自为一派，可名为湘乡派。"⑥需要指出的是，曾国藩对雄奇之文的提倡，并非与桐城派古文风格完全两立。姚鼐为文虽"偏于阴柔"，但他在文章理论上却提倡阳刚阴柔，曾国藩所言的"雄奇之文"⑦，实脱胎于姚鼐文论。另外，曾国藩在论"雄奇"时，将"古雅"并提，"然未有字不古雅而句能古雅，句不古雅而气能古雅者；亦未有字不雄奇而句能雄奇，句不雄奇而气能雄奇者"⑧。"雄奇"与"古雅"在古文中交映生辉，雄奇之气在古雅之文中得以体现，曾氏所

---

① 曾国藩：《劝学篇示弟子》，《曾国藩全集》14，岳麓书社 2011 年版，第 487 页。
② 曾国藩：《书归有光文集后》，《曾国藩全集》14，岳麓书社 2011 年版，第 227 页。
③ 曾国藩：《复吴南屏》，《曾文正公全集·书札》卷 14，传忠书局光绪二年印本。
④ 曾国藩：《谕纪泽》，《曾国藩全集》20，岳麓书社 2011 年版，第 564 页。
⑤ 黎庶昌：《〈续古文辞类纂〉叙》，《拙尊园丛稿》卷 2，光绪乙未金陵状元阁印本。
⑥ 李祥：《论桐城派》，《国粹学报》第 4 卷第 12 期（1909 年 1 月 11 日）。
⑦ 姚鼐认为阴柔、阳刚皆得"天地之道"，曾国藩则倾向于"阳与刚"的文章风格。他虽然没有否定"阴与柔"的文章风格，但他又提出"柔和渊懿之中，必有坚劲之质，雄直之气运乎其中，乃有以自立"。参见曾国藩《与张廉卿书》，《曾文正公全集·书札》卷 8，传忠书局光绪二年印本。
⑧ 曾国藩：《谕纪泽》，《曾国藩全集》20，岳麓书社 2011 年版，第 564 页。

倡导的"雄奇之文"实与桐城派的渊雅之文有相通之处。当然，曾氏提倡雄奇文风也与他当时的心态有关，不管作为洋务领袖，还是作为湘军统率，其胸襟气魄有容纳百川之势，从他在镇压太平天国后的一段话语即可看出这一点，他曾踌躇满志地宣称："方今大难削平，弓矢载囊，湘中子弟忠义之气，雄毅不可遏抑之风，郁而发之为文，道德之宏，文章之富，将必震耀寰区。"①曾国藩的这种气魄绝非方苞等书生可比，他对"雄奇之文"的倡导也就在情理之中了。

黎庶昌在论及曾国藩在桐城派发展中的地位、作用时说：自姚鼐以后，桐城派一度走入低谷，但"至湘乡曾文正公出而扩姚氏而大之，并功德言为一涂，挈揽众长，栎归掩方，跨越百氏，将遂席西汉而还之三代，使司马迁、班固、韩愈、欧阳修之文绝而复续"②。曾国藩对桐城派的最大贡献就在于他对姚鼐古文理论的"扩"与"大"，使桐城派古文与现实紧密地结合起来。但曾国藩在改造桐城派古文的同时，仍然保留了其"文以载道"、简洁古雅的主要特点。桐城派先祖所树立的古文理论是曾氏改造桐城派的基础，故"曾氏之学，盖出于桐城，故知其与姚先生之旨合，而非广己于不可畔也"③。

四

桐城派古文到了曾氏手中，体现出强烈的"中体西用"的洋务色彩，不仅成为宣扬"义理"、卫道护教的工具，也成了宣传"经济"、学习西学的手段。当他举起桐城派旗帜时，"大人先生心之所向，一经腾为口说，播为声气，足以转移风气，陶铸一世之人"④。众多士子聚集到他的麾下，形成了一个以"曾门四子"、方宗诚、王先谦等为代表的具有浓厚政治色彩的文学派别。由于曾国藩是湖南湘乡人士，所以又常被学者称为桐城—湘乡派。⑤"桐城—湘乡派"的称呼

① 曾国藩：《湘乡县宾兴堂记》，《曾国藩全集》14，岳麓书社2011年版，第149页。
② 黎庶昌：《〈续古文辞类纂〉叙》，《拙尊园丛稿》卷2，光绪乙未金陵状元阁印本。
③ 同上。
④ 陈子展：《中国近代文学之变迁》，中华书局1929年版，第84页。
⑤ 胡适：《五十年来中国之文学》，《胡适文存》（二），黄山书社1996年版，第183页。

显示了洋务运动时期桐城派人员构成在地域上的变化，也显示了湘乡派与桐城派之间一脉相承的联系。如单以"湘乡派"相称，有把湘乡派与桐城派割裂之嫌。魏际昌认为湘乡派是"桐城古文学派的陵替"，并称湘乡派为"准桐城派"，这种提法也较好地反映了湘乡派与桐城派之间的联系与区别。①

考察桐城—湘乡派在人员构成上的特点，不难发现他们不仅在桐城派古文上各有建树，而且多为名重一时的洋务派官僚。作为洋务派领袖的曾国藩自不待言，其他如吴汝纶、薛福成、黎庶昌、郭嵩焘等或居曾国藩、李鸿章幕府中协办洋务，或充驻外使节，或居地方官职，均以洋务名世。吴汝纶居曾、李幕府中时，"中外大政常决于曾国藩、李鸿章二人，其奏疏多出汝纶手"②。黎庶昌曾任驻英、法、德、西班牙四国参赞、驻日本钦差大臣。郭嵩焘是当时"于洋务相近而知政体者"中的"英豪"③，洋务运动时期，他曾署广东巡抚、福建按察史，首任驻英国大臣、驻法国大臣。薛福成在当时也以通晓时务而称名朝野，他曾任浙江宁绍道，1889年以左都副御史出使英、法、意、比四国。

由于桐城—湘乡派中的多数主要成员在洋务时期担当要员，所以可以说它是一个文学派别与政治团体的组合体。作为洋务思想的宣传者与实践者，桐城—湘乡派在文学思想上具有双重性。

一方面，他们主张严守桐城派古文"义法"，维护桐城派的正统地位。薛福成在《〈寄龛文存〉序》中就认为："桐城诸老所讲义法，虽百世不能移。"④ 黎庶昌为文也"恪守桐城义法"⑤。黎庶昌与王先谦分别编撰《续古文辞类纂》，宗旨都在坚守桐城派古文"义法"，承接桐城派传序。对桐城派"义法"的坚守，使他们既不失桐城派传统，又与洋务思潮"中体西用"的文化特色相协调。

① 魏际昌：《桐城古文学派小史》，河北教育出版社1988年版，第199—229页。
② 赵尔巽等撰：《清史稿·文苑二》第44册，中华书局1977年版，第13443页。
③ 李鸿章：《上曾相》，《朋僚函稿》第1卷，《李鸿章全集》第5集，海南出版社1997年版，第2368页。
④ 薛福成：《〈寄龛文存〉序》，丁凤麟、王欣之编《薛福成选集》，上海人民出版社1987年版，第239页。
⑤ 薛福成：《〈拙尊园丛稿〉序》，丁凤麟、王欣之编《薛福成选集》，上海人民出版社1987年版，第510页。

另一方面，他们又主张文章"因时适变"①，强调顺应洋务思潮，使桐城派古文能承载西学的广泛内容。"取西人器数之学，以卫尧舜禹汤文武周孔之道，俾西人不敢蔑视中华"的心态是桐城—湘乡派主张文章"因时适变"的思想基础。② 由于"卫道""自强"是作为洋务官僚的桐城—湘乡派文士从未转移的追求目标，西方器数之学是他们为达到这一目标而选择的武器，桐城派古文既然是他们宣传洋务的喉舌，西方器数之学自然就成为桐城派文章承载的重要内容。

从文学的角度来客观分析桐城—湘乡派，可以发现他们在文学艺术上的成就并不大。他们笔下大量充斥的是奏章、书牍、政论文章。他们的使西日记、游记虽以新颖的内容给人以耳目一新之感，但从严格意义上讲，在文体上都属于介绍西方见闻的考察报告，而非传情表意的散文。究其原因，主要在于桐城—湘乡派与政治的密切关系，使他们把洋务、治世当成文学的首要任务，文学本身的特征反倒给他们忽略了。黎庶昌在《〈庸庵文编〉序》中的表述尤能说明这一点："古之君子无所谓文辞之学，所习者经世要务而已。后儒一切废置不讲，专并此心与力于文辞，取涂已陋，而其所习又非古人立言之谓，举天下之大事，芒昧莫赞其一辞。道光末年，风气莘然，颓放极矣。湘乡曾文正公始起而正之，以躬行为天下先，以讲求有用之学为僚友劝，士从而与之游，稍稍得闻往圣昔贤人修己、治人、平天下之大旨。而其幕府辟召，皆极一时英隽，朝夕论思，久之窥其本末，推阐智虑，各自发摅，风气为之一变。"③ 在黎氏这里，文学与"经世要务"之间几乎没有什么间隙了。在国家、民族面临危亡的时代，文学、艺术与现实政治紧密结合，是中国文学发展史的一个显著特征。对于素怀"修己、治人、平天下"之志的知识分子来说，经邦治国永远是高于一切的目标，尤其是国难当头时，更是如此。

原载《湖南人文科技学院学报》2011 年第 4 期，收入本书时有所调整修改。

---

① 黎庶昌：《〈续古文辞类纂〉叙》，《拙尊园丛稿》卷 2，光绪乙未金陵状元阁印本。

② 薛福成：《筹洋刍议·变法》，《薛福成选集》，上海人民出版社 1987 年版，第 22 页。

③ 黎庶昌：《〈庸庵文编〉序》，《拙尊园丛稿》卷 4，光绪乙未金陵状元阁印本。

桐城派的宿命与新文化运动

　　桐城派末流主要活动于辛亥革命以后，桐城派遗老林纾、马其昶等人因固守桐城派古文与程朱义理，在五四新文化运动中成为新文化健将们批判的对象。纵横清朝数百年的桐城派与新文化运动的联系好似"破"与"立"的关系，新文化运动之"立"一定程度上是从"破"桐城派开始的。桐城派所以成为批判目标是被新文化运动这一场阶段性的文化运动"选中"的，当这场文化运动逐渐退潮以后，对于桐城派的批判力度也会逐渐减弱，桐城派是否应该被彻底否定或置于被批判的文化地位就成了一个可以被质疑的问题。

一

　　1917 年，胡适在《新青年》上撰文提出文学改良"八事"："吾以为今日而言文学改良，须从八事入手。八事者何？一曰，须言之有物。二曰，不摹仿古人。三曰，须讲求文法。四曰，不作无病之呻吟。五曰，务去烂调套语。六曰，不用典。七曰，不讲对仗。八曰，不避俗字俗语。"胡适在批判传统文学的同时，提出白话文学为中国文学的正宗，"为将来文学必用之利器"①。胡适此文发表于《新青年》1917 年 2 卷 5 号，钱玄同随即在该刊 2 卷 6 号发表《通信》作为声援："顷见 5 号《新青年》胡适之先生《文学刍议》，极为佩服。其斥骈文不通之句，及主张白话体文学说最精辟……具此识力，而言改良文艺，其结果必佳良无疑。惟选学妖孽、桐城谬种，见此又不知

---

① 胡适：《文学改良刍议》，《胡适文存》（一），黄山书社 1996 年版，第 4 页。

若何咒骂。"胡适的文章并没有将批判的目标对准桐城派，只是在整体上论及文学改良。钱玄同的呼应则将"改良"的目标直接锁定在"选学妖孽"与"桐城谬种"上。一场文化批判运动的开展，自然需要批判的标的。当这个批判标的被指明以后，这个批判标的在这场文化运动中的命运就可想而知了。正是在新文化运动的风暴中，桐城派走向了末路。

桐城派为何会成为新文化运动的发起者的批驳目标？若是要追根溯源，需从桐城派的特征与学术宗旨入手分析。

（一）桐城古文与"旧文学"

从文学史的宏观角度观察，可以认为桐城派是有清一代的文学正宗。如果从新文学的视角看，桐城派即是近代中国"旧文学"的代表。

"古文"并非指现代意义上的纯文学散文。它是一个广义的概念，泛指无韵的、散行体的文字，与骈体文相对。古文由于具有精当简明、文道结合的特点，故在中国传统文化中具有很强的生命力，在漫长的历史长河中，古文虽屡有沉寂，但总能重新走向兴盛。康雍年间，桐城人方苞提倡文宗韩、欧，学宗程、朱，以"义法"为特色的桐城派古文正式走上清代文坛。经过刘大櫆、姚鼐的传承，桐城派蔚然成派。鼎盛之时"承学之士如蓬从风，如川赴壑，寻声企景，项领相望，转相传述，遍于东南。由其道而名于文苑者，以数十计。呜呼！何其盛也！"[1]

从散文本身的发展规律看，桐城派的出现是明代以来许多散文家为承继先秦两汉、唐宋时期的散文传统，共同致力于散文革新的结果。由于桐城派的出现符合当时文学发展的潮流，因此，当它一旦登上清代文坛，就迅速地发展壮大起来，对传统散文的发展产生了重大影响。郭绍虞在《中国文学批评史》中对桐城派的影响有这样的概述：有清一代散文，前前后后，殆无不与桐城生关系。在"桐城派"未立以前的古文家，大都可视为"桐城派"的前驱；在"桐城派"

---

① 王先谦：《〈续古文辞类纂〉序》，《葵园四种》，岳麓书社 1986 年版，第 30 页。

方立或既立的时候，一般不入宗派或别立宗派的古文家，又都是桐城的羽翼与支流。由清代的文学史言，由清代的文学批评言，论到它散文的部分，都不能不以桐城为中心。①

"文以载道"是桐城派古文的主要特征。"文"即它的语言形式，主要表现为雅洁的文言散文，以程朱义理为中心的"道"，则是它的主要内容。语言的雅洁与内容上的正统，使桐城派古文在有清一代居于文学的"正宗"地位。桐城派古文的这种"正宗"地位得到时人的普遍首肯，张维屏就认为："国朝古文……文气之奇推魏叔子（魏禧——笔者注），文体之正推方望溪，而介乎奇正之间则恽子居也。"②张维屏以"正"来评价方苞的文章，相当程度抓住了桐城派的文学特征。袁枚虽然批评方苞为文"才力薄"，但也承认方苞是文坛的"一代正宗"③。进入晚清以后，社会与文学的发展使桐城派不断受到冲击，但桐城派诸人一直努力坚守着桐城派古文的"正宗"地位，桐城传人方宗诚就认为，"国朝论古文正宗者，曰望溪方氏、海峰刘氏"④。曾国藩也视桐城派为文坛上的"百年正宗"⑤。

当新文学时代来临的时刻，在新文学的角度看，作为"百年正宗"的桐城派也就转眼之间成了"旧文学"的正宗。

（二）桐城"义法"与桐城派的学术排他性

桐城文论的核心就是方苞创立的"义法"说。对于"义法"的源头，"义"与"法"的含义及相互关系，方苞是这样解释的："《春秋》之制义法，自太史公发之，而后之深于文者亦具焉。义即《易》之所谓言有物也；法即《易》之所谓言有序也。义以为经而法纬之，然后为成体之文。"⑥所谓"义"即文章的思想意蕴，它应以儒家的伦理道德特别是孔子的《春秋》之义为根柢；所谓"法"即文章的

---

① 郭绍虞：《中国文学批评史》，新文艺出版社1954年版，第545页。

② 引自李桓编撰《国朝耆献类征初编》卷242，光绪十年湘阴李氏刻本。

③ 袁枚：《仿元遗山论诗》，《小仓山房诗集》卷27，上海古籍出版社1988年版。

④ 方宗诚：《记张皋文茗苛文后》，《柏堂集》前编卷3，光绪六年刻本。

⑤ 曾国藩：《复吴南屏书》，《曾文正公全集·书札》卷14，传忠书局光绪二年刻本。

⑥ 方苞：《又书货殖传后》，《方望溪全集》，中国书店出版社1991年版，第29页。

外在法则，它讲求体要规制，虚实详略，须体现《春秋》的褒贬笔法之意。

桐城派在有清一朝俨然为文坛领袖，这其中的秘诀就在于桐城之"义"与桐城之"法"。

桐城之"法"所讲求的体要规制与时文相通，精通了桐城古文易于做好八股时文，桐城派历代成员在科场得售者比例甚高，其原因也就在于此。雍正十一年（1733），方苞编成示范"义法"的古文读本《古文约选》，并以官选文本的方式在全国颁行。在《〈古文约选〉序》中，方苞明确指出古文义法可"触类而通，用为制举之文，敷陈论策，绰有余裕矣"[1]。《古文约选》作为八旗子弟学校教本的颁行，不仅提高了古文的地位，也使"义法"说具有了官方的权威性，"义法"之说得以广泛地传播，也正式将古文义法引入时文写作，使古文与时文空前紧密地结合在一起。

在隋唐以后的中国社会中，科举既是士子改变政治地位与社会阶层的重要通道，也是统治阶层控制知识分子及选拔官员的重要手段。当八股时文逐渐衍化为科举考试的重要内容时，时文的学习成为科场叩问者的主要学习内容。在这样一个大背景之下，时文范本自然能流行，擅长时文者也易成为"学术大师"。桐城派在有清一朝鼎盛一时，其重要成员或科场得售，或位居高官，或在各大书院中担当主讲，应者如云，其重要原因就在于此。

桐城之"义"是桐城派在有清一朝文坛上长久不衰的又一个重要原因。清朝推尊程朱理学，视程朱"道统"为维护"治统"的有力武器。程朱义理是维护清代社会的道德规范与社会秩序的重要理论基础，程朱理学在有清一代也就处于官方主流学术的地位，桐城派的创始人方苞标榜"学行继程、朱之后，文章在韩、欧之间"的行身祈向，不仅表明了自己文章家的身份，也表明了自己的学术选择与政治选择。作为古文家的方苞对程朱理学的选择不仅将古文与宋学紧密地联系起来，也使桐城派具有了维护社会道德、秩序的强烈色彩，这就

---

① 方苞：《〈古文约选〉序例》，《方望溪全集》，中国书店出版社1991年版，第303页。

使桐城派自开派之初就在文坛上奠定起正统的地位，桐城派先祖包括
他们的继承者，自然也就扮演起程朱理学代言人与捍卫者的角色，具
有了清政府御用学者的身份，具有了御用学者的身份就必须担当起为
政府传"道"的重任。在传统专制政府看来，传道是御用学者的任
务，其实也是其价值所在。故桐城派历代学者虽以文章家自命，但他
们更重视以桐城文章传"道"。姚鼐的弟子方东树就说："文章之家，
杰然自为一宗而不可没，固为其能载道以适于用也。"① 强调古文之
功能是"载道以适于用"，俨然把文章之学视为"道"的附庸。曾国
藩的"坚车行远"说最具有代表性，他说："周濂溪氏称文以载道，
而以'虚车'讥俗儒，夫'虚车'诚不可，无车又可以行远乎？孔、
孟没而道至今存者，赖有此行远之车也。吾辈今日苟有所见，而欲为
行远之计，又可不早具坚车乎哉？故凡仆之鄙愿，苟于道有所见，不
特见之，必实体行之；不特身行之，必求以文字传之后世。虽曰不
逮，志则如斯。"② 曾氏在这里以坚车来比喻文，文完全成为载道的
工具。

　　从一定程度上看，程朱理学发展至清代，在学术思想层面已近于
停滞，其所以停滞的原因，就在于其与主流意识形态的结合。在中国
传统社会中，一种学术派别一旦具有了官方色彩也就失去了继续发展
的动力。桐城派是程朱理学在有清一朝的主要传承者，主要身份为文
学派别的桐城派显然无意也无力在理论层面发展程朱理学。在清政府
的制度安排上，程朱理学所需要的仅仅是"宣传"与证明其正确性
而已。正是基于此，张灏认为：桐城派"认为文学的实质是传播儒学
的工具。在这一意义上，桐城派可被看作是宋学的通俗化"③。

　　任何一种学术思想都有自己的思想核心，并据此向实践与理论两
个方面扩展。思想的实践层面受理论层面的指导，实践层面是理论研
究的最终目的。一种学术思想的理论层面往往是最活跃、最具有创新
潜力的部分，而实践层面往往体现为既定的规则与方法，一旦这种规

---

① 方东树：《切问斋文钞书后》，《仪卫轩文集》卷 6，同治七年刻本。
② 曾国藩：《致刘蓉》，《曾文正公全集·书札》卷 1，传忠书局光绪二年刻本。
③ ［美］张灏：《梁启超与中国思想的过渡（1890—1907）》，江苏人民出版社 1995 年
版，第 13—14 页。

则、方法与政治相结合，上升为整个社会的道德规范后，就成为某一时代的人们在现实社会生活中共同遵循的规则与方法。在这种情况下，这个学派的学术理论创新也就凝滞了，任何理论的创新都会对已经形成的规则、秩序形成威胁。这个学派此时最重要的任务不是学术创新，而是固守门户，不断地去证明既存规则、秩序的合理性。在方苞、姚鼐等桐城派大家的桐城文章的理论设计中，桐城派的文章之"法"主要是为程朱之"义"服务，看来方、姚等人真是深得传统专制社会中文人生存之道的真髓。一个学术派别在现实社会体制中的游刃有余也是有代价的，这种代价就是学术自由与创新的丧失。

学术有自由探讨的空间，而在中国传统社会，专制统治下的学术标准往往是唯一的，具有强烈的排他性，故学术一旦与专制制度相结合就极易导致学术的独尊。桐城派在整体上维护程朱理学的权威性，不能容忍任何对程朱理学的批评，其原因就在于学术与政治的挂钩，学术上的任何质疑就是对朝廷权威的质疑。当然，从桐城派自身来考虑：维护程朱理学的权威性，也就维护了桐城派古文在文坛上的权威性。正如有的学者所言："桐城派文士虽少理学著述，但以卫道自任，以程朱为不可侵犯，代有传统。"① 这应该是比较中肯的评论。

（三）程朱的伦理道德与桐城派的道德色彩

在传统中国社会中，任何一个朝代的官方学术思想，即便不是时代的学术主流，都会有他的代言人与拥护者。由于官方学术思想与时代的道德规范、伦理原则似孪生兄弟，如影相随，作为官方学术思想最坚定守护者的那部分知识分子，也必定是正统道德规范的维护者。他们的地位、利益、存在的价值都依附于这种规范、秩序。尤其是在这种道德伦理规范受到威胁时，这部分士人往往会更激烈地维护他们所固守的学术思想。他们这时固守官方学术思想的目的，更多的倒不是学术本身，而是与之相伴随的道德伦理规范与社会秩序。在他们看来，这种道德规范、伦理秩序就是合理的，考察桐城派始祖，会发现他们的思想重心就集中在程朱理学的道德伦理层面上。马积高先生在

① 暴鸿昌：《清代汉学与宋学关系辨析》，《史学集刊》1997 年第 2 期。

论及此点曾说，桐城派对"程朱之道的捍卫，主要体现在对道德原则的坚持上"①，并具体通过"文以载道"的形式以卫道护道。

程朱的伦理道德在姚门弟子眼中被视为重振乾坤的重要手段。在他们看来，以程朱理学为基础的道德信仰是整个社会须臾不可离的精神支柱，姚鼐的弟子孙鼎臣就认为，"今夫天下之不可一日而离道，犹人之不可一日而离食。人日食五谷而不知其旨，凡物之味皆可以夺之，然而一日厌谷必死，病久谷绝必死。今之言，其人心风俗至如此，后之论天下者，于谁责而可乎?"② 不仅如此，他们还认为道德信仰的坍塌将导致社会紊乱，内外交侵的严重后果。"姚门四子"之一的姚莹就将鸦片战争的失败归结为风俗人心的沦落、礼义廉耻的丧失。他说："自四库馆启之后，当朝大老皆以考博为事，无复有潜心理学者，至有称宋元明以来儒者，则相余诽笑。是以风俗人心日坏，不知礼义廉耻为何事，至于外夷交侵，辄皆望风而靡，无耻之徒，争以悦媚夷人为事，而不顾之辱，岂非毁讪宋儒诸公之过哉!"③

桐城派末流一如前辈坚守着程朱理学的内核，即传统的纲常伦理。思想比较开放的吴汝纶也将程朱义理视为不可放弃的最后底线。即便是历经辛亥革命、五四运动的猛烈冲击，桐城派末流也未改初衷。姚永朴在晚年还念念不忘："吾邑先辈为学，其途不必同，而立身皆以宋五子为归。"④ 他在《历代圣哲学粹序》中云"可以萃一国之人以兴物而成务"者，莫如道德，"使不以道德为尚，则人人徇私忘公，所得之赀肥其家，以所造枪若炮交乱于域内，国焉得不蹶"⑤。提倡道德并无过错，关键他所言的道德是指程朱所言的伦理道德。对于桐城派遗老姚永朴而言，道德、程朱理学、桐城派是三位一体，不可分割的。姚永朴在发此感慨的时候，五四运动都已经过了整整十二年，可谓志气笃定。

---

① 参见马积高《清代学术思想变迁与文学》，湖南出版社1996年版，第86—87页。

② 朱克敬：《儒林琐记雨窗消意录》，岳麓书社1983年版，第56页。

③ 姚莹：《复黄又然书》，《中复堂全集·东溟文后集外集》卷1，同治六年刊本。

④ 姚永朴：《书五子语类日抄后》，《蜕私轩文集》续集，北京共和印刷局。

⑤ 姚永朴：《历代圣哲学粹序》，《蜕私轩文集》续集，北京共和印刷局。

二

从上面所述，再结合新文化运动领袖发起运动的初衷，就明白桐城派何以成为新文化运动旗手们的批判对象了。

为了将这个问题论述清楚，这里有必要对新文化运动的基本口号与主要内容做一简单的回顾。

新文化运动的基本口号是民主和科学。提倡民主，就是反对封建专制，要求平等自由，争取实现西方立宪共和制的国家；提倡科学，就是反对迷信和盲从，介绍科学知识，主张以科学的法则来判断一切。民主和科学对于近代中国人来说是一个陌生、遥远的概念。新文化运动的发起者其实很融通，当他们明白在军阀专制、民智不高的社会中宣传新文化，鼓吹民主、科学的难度后，他们将重点从"立"新文化转到"破"旧文化上。

新文化运动的最大特征就在于"新"，"新"之对立面即为"旧"，当"新文化"无从着手的时候，从破"旧文化"入手立"新文化"自然成了一条可选的捷径。近代中国弥漫着文化自卑的社会氛围，在寻求新社会、新制度、新文化而不可得的焦灼中，任何对旧制度、旧文化的批判与否定都能在整个社会中激起巨大的波澜与共鸣。如何破"旧文化"呢？旧文化包罗方方面面，新文化运动发起者将突破锁定在他们最为熟悉的道德与文学领域。

新文化运动的一个重要内容是提倡新道德、反对旧道德。它的倡导者们主张个性解放，反对封建伦理道德，对孔孟学说进行猛烈抨击。新文化运动的另一个重要内容是提倡白话文，反对文言文；提倡新文学，反对旧文学。由此可以看出：科学与民主虽为新文化运动的主要目标，但实质性的批判矛头却是指向了旧文学与旧道德。

从文学的角度看，桐城派是近代中国"旧文学"的正宗，要破"旧文学"就必破桐城派。从道德的角度看，桐城派以程朱伦理为依归，所谓桐城之"义"的核心就是要把宣扬程朱义理作为桐城古文的中心思想。当新文化运动的发起们将目标瞄准"旧文学"与"旧道德"时，桐城派自然会成为最好的批判靶子。

胡适在《历史的文学观念论》中的一段话清晰表明了新文学家何以坚决反对古文原因："吾辈之攻古文学，正以其不明文学之趋势而强欲作一千年二千年以上的古文。此说不破，则白话之文学无有列为文学正宗之一日，而世之文人将犹鄙薄之以为小道径而不肯以全力经营造作之。如是，则吾国将无以全副精神地试验白话文学之日。"不否定古文学的正宗地位，也就不可能树立其白话文学的正宗地位，桐城派作为古文学的代表，自然成为新文学家们的批判对象。从某种程度上讲，批判桐城派也就是为新文学运动及新文化运动开路。胡适所言仅限于文学方面，在道德方面，坚守旧道德的桐城派也不为新文化运动的倡导者们所容，钱玄同在与桐城派末流辩驳时就说："孔经里所讲的什么三纲、五伦、礼乐、刑政，是和共和国绝对不能共存的东西。"① 不破旧道德，共和国也就立不起来，言辞中丝毫不给桐城派在新时代的"共存"的机会。

　　从上面的分析可以看出，桐城派所以在新文化运动中成为批判对象，一定程度是出于新文化运动发起的需要：新文化运动的发起需要一个集中了"旧文学""旧道德"特征的批判目标，桐城派正是这个符合要求的目标。换句话说，桐城派所以成为批判目标是被一次阶段性的文化运动"选中"的，当这场文化运动逐渐退潮以后，对于桐城派的批判力度自然会逐渐减弱，桐城派是否应该被彻底否定就成了一个可以被质疑的问题。

　　这种质疑的声音最早是发于新文化运动当年的领袖与参与者。早在20世纪20年代，作为五四新文化运动倡导者之一的胡适就提出要实事求是地研究桐城派，他在1922年所写的《五十年来中国之文学》中一方面认为桐城派的中兴是临死者的"回光返照"，一方面又认为"桐城派的影响，使古文做通顺了，为后来二三十年勉强应用的预备，这一点功劳是不可埋没的"②。他在30年代曾对其学生魏际昌说："桐城派出在我们安徽，过去叫它作'谬种'，'妖孽'，是不是可以

---

　　① 钱玄同：《姚叔节之孔经谈》，《钱玄同文集》第一集，中国人民大学出版社1999年版，第318页。

　　② 胡适：《五十年来中国之文学》，《胡适文存》（二），黄山书社1996年版，第188页。

有不同的看法呢？希望能够研究一下。"① 胡适这种客观的态度对以后的学者有相当影响。1932 年，周作人在辅仁大学演讲《中国新文学的源流》，在谈及对桐城派的评价问题时说：桐城派古文固然阻挡了中国言志文学的发展，但桐城派"到吴汝纶、严复、林纾诸人起来，一方面介绍西洋文学，一方面介绍科学思想，于是经曾国藩放大范围后的桐城派，慢慢便与新要兴起的文学接近起来了。后来参加新文学运动的，如胡适之、陈独秀、梁任公诸人，都受过他们的影响，所以我们可以说，今次文学运动的开端，实际还是被桐城派中的人物引起来的"②。因为新文学不是横空出世的产物，它的产生与民族文化、传统文学有着无法割舍的联系。

胡适只是提出了问题，但"功劳是不可埋没的"一语却在一定程度上表明了自己对于桐城派的肯定态度。周作人则直接以为桐城派与新文学运动的开端有着密切关系，可惜周作人并未展开论述。

其实在两年前，即在 1930 年，姜书阁在《桐城文派评述》中就提出："平心思之，不当以其（指桐城派——笔者注）短处而尽抹杀之也，即民国以来，新文学之鼓吹，恐亦非有此派通顺之文章为之过渡，不易直由明末之先秦两汉而一变成功也，唯过渡太长，为不值耳。"③ 姜书阁此文倒是将桐城派与新文学运动之间的关系指点得很清晰：桐城派于新文学运动的发起有过渡作用。没有桐城派，中国传统古文不就断了发展的脉络？没有桐城派的过渡，何来横空出世的新文学运动及新文化运动？

姜书阁在《桐城文派评述》中对桐城派的过渡作用还稍作了论述：同、光年间，"西洋学术，稍稍输入"，桐城派所以能跟上时代步伐，就在"曾国藩之提倡改革，可以勉强应用"，并认为在维新变法时期，康有为、梁启超"更就桐城通顺之基而改造之，遂形成当时风行之报章文字，于新思想之介绍，及革命之成功，不无相当助力"④。桐城派所以具有过渡新文学的作用，就在于能稍作改革跟上

---

① 魏际昌：《桐城古文学派小史》，河北教育出版社 1988 年版，第 242 页。
② 周作人：《中国新文学的源流》，华东师范大学出版社 1995 年版，第 48 页。
③ 姜书阁：《桐城文派评述》，商务印书馆 1930 年版，第 96 页。
④ 同上。

时代步伐，桐城派末流所以消亡，就是最终停下了改革的步伐，未能跟上时代的发展。姜书阁还由此论及时代变迁与学派兴亡的关系："以历史之眼光言之，桐城派已为过去之遗迹，陈旧尸骸，不可复生。今而后没有人欲更兴其说者，则直眉目而已。吾断其必无成矣。时代关系与文派之兴替，不可忽也。"①

胡适、周作人、姜书阁等人对于桐城派的再评价，重点倒不在桐城派于传承中国传统文学及文化的积极贡献，而是重在桐城派与新文学运动之间的关系，重在桐城派对于新文学运动发端的贡献。

仔细研究晚清桐城派诸人的文论与创作，确实可以看出这一学派以古文翻译介绍西方文学的努力，对中国古典文学向现代的过渡作出了一定的贡献，对新文学运动的产生起到了一定的铺垫作用，其中以吴汝纶的理论建设，严复、林纾的翻译实践最引人注目。

吴汝纶虽然一生没有涉足翻译，但他在《〈天演论〉序》中所表现出来的开放精神，为桐城派古文向翻译西学著作打开了门径。

《天演论》是严复所译英国赫胥黎所著的《进化论与伦理学》一书，为中国近代较早介绍西方资产阶级理论著作的译述。1898 年 1 月，吴汝纶欣然为比自己小十四岁的严复的译作写序。在此序中，他有一半以上篇幅是在赞赏严复译文的"高文雄笔"②。他特别强调之所以器重此书就在于严复的译作"雄于文"，"自吾国之译西书，未有能及严子者也"③。吴汝纶认为西方政治学说只要以"雅训"的古文表达，即可成为与"晚周诸子相上下之书"④。吴氏在此实际上表述了这样一种主张：以桐城派古文的"文章"形式，可以译介包含西方社会学说在内的所有西学著作。

严复以古文译《天演论》，并请吴汝纶作序，从此与桐城派结下不解之缘。严复曾多次言明自己与吴汝纶之间的师友关系，光绪二十五年（1900），他在致吴汝纶的信中说："复于文章一道，心知好之，

① 姜书阁：《桐城文派评述》，商务印书馆 1930 年版，第 97 页。
② 吴汝纶：《答严幼陵》，《吴汝纶全集》（三），黄山书社 2002 年版，第 144 页。
③ 吴汝纶：《〈天演论〉序》，《吴汝纶全集》（一），黄山书社 2002 年版，第 147—148 页。
④ 同上书，第 149 页。

虽甘食耆色之殷，殆无以过。不幸晚学无师，至过壮无成。虽蒙先生奖诱拂拭，而如精力既衰何！假令早遘十年，岂止如此?"① 严复在这里不仅表现出对古文的钟爱，还表现出欲拜吴汝纶为师的愿望，故胡适认为严复是"桐城嫡派"不无道理。②

严复以桐城派古文笔法译介西方政治、经济学著作的成就令人注目，他所提出的"信、达、雅"的翻译标准更得到翻译界的长期推崇。关于"信、达、雅"，严复这样解释："《易》曰：'修辞立诚'，子曰：'辞达而已。'又曰：'言之无文，行之不远。'三曰乃文章正轨，亦即为译事楷模。故信达而外，求其尔雅，此不仅期以行远已耳。实则精理微言，用汉以前字法、句法，则为达易；用近世利俗文字，则求达难。往往抑义就词，豪厘千里。"③ 严复强调的"信、达、雅"的核心就是要以桐城派所推崇的汉以前单行散体古文去译介西方著作，反对在翻译中运用"近世利俗文字"。严复以古文笔法翻译的《天演论》等著作以流畅渊雅的文笔，振聋发聩的进化论、资产阶级的民主思想，影响了整整一代人。毕竟在那个时代，知识分子自小就受到古文的熏陶。严复将古文与西方新学结合起来，恰巧对渴求西学而又"多读古书"的中国传统知识分子产生了莫大的魅力。

严复翻译的领域主要集中在西方的政治、经济等"名理"著作，他的著译主要是在政治、学术领域产生了巨大影响。以桐城派古文翻译西方文学作品并产生重大社会影响的是"吾非桐城弟子为师门捍卫者"的林纾。④

桐城派末代大师吴汝纶对林纾的文章很欣赏，认为林纾的古文"抑遏掩蔽，能伏其光气者"⑤。林纾引人注意的地方，并不在他"力

---

① 严复：《与吴汝纶书》，《严复集》第 3 册，中华书局 1986 年版，第 522 页。

② 胡适：《五十年来之中国文学》，《胡适文存》（二），黄山书社 1996 年版，第 198 页。

③ 严复：《〈天演论〉译例言》，《严复集》第 5 册，中华书局 1986 年版，第 1322 页。

④ 林纾：《〈慎宜轩文集〉序》，《畏庐文集·诗存·论文》（二），沈云龙主编《中国近代史料丛刊》第 94 辑，文海出版社 1974 年版，第 628 页。

⑤ 林纾：《赠马通伯先生序》，《畏庐文集·诗存·论文》（二），沈云龙主编《中国近代史料丛刊》第 94 辑，文海出版社 1974 年版，第 414 页。

延古文之一线，使不至于颠坠"的努力，① 而在于他在我国近代文学翻译史上具有的重要地位。"为中国文学翻译事业及中外文化交流作出了重要贡献"②。这几乎是学界关于林纾评价的共识。

据统计，林纾用古文共翻译了英、美、法、俄、日、比利时、瑞士、西班牙、挪威等 11 个国家计 98 个作家共 163 种作品（不包括未刊印的 18 种）。③ 笔者根据张俊才先生编写的《林纾著译系年》统计，从光绪二十五年（1899）林纾翻译第一部外国小说《巴黎茶花女遗事》算起，到辛亥革命前夕的 12 年间，林纾翻译的外国作品为 72 种。④ 大家公认的译得较好的作品如《巴黎茶花女遗事》《黑奴吁天录》《撒克逊劫后英雄略》《迦茵小传》等都是在辛亥革命前的 12 年完成的。

林纾对外国文学的翻译主要集中在小说领域，这打破了桐城派"古文之体忌小说"的主张，⑤ 他用桐城派古文笔法翻译了大量的外国小说，为自己赢得了"译述西洋小说的翻译家"的称号。⑥ 胡适在《五十年来中国之文学》中指出："平心而论，林纾用古文做翻译小说的试验，总算是很有成绩的了。古文不曾做过长篇的小说，林纾居然用古文译了一百多种长篇小说，古文里很少滑稽的风味，林纾居然用古文译了欧文与迭更司的作品。古文不长于写情，林纾居然用古文译了《茶花女》与《迦茵小传》等书。古文的应用，自司马迁以来，从来没有这样大的成绩。"⑦

中国传统文人，视小说为不登大雅之堂的"小道"。林纾对外国

　　① 林纾：《送大学文科毕业诸学士序》，《畏庐文集·诗存·论文》（二），沈云龙主编《中国近代史料丛刊》第 94 辑，文海出版社 1974 年版，第 514 页。

　　② 龚书铎主编：《中国近代文化概论》，中华书局 1997 年版，第 207 页。

　　③ 参见俞久洪《林纾翻译作品考索》，薛绥之、张俊才编《林纾研究资料》，福建人民出版社 1983 年版，第 403 页。

　　④ 张俊才：《林纾著译系年》，薛绥之、张俊才编《林纾研究资料》，福建人民出版社 1983 年版。

　　⑤ 周作人：《中国新文学的源流》，华东师范大学出版社 1995 年版，第 49 页。

　　⑥ 曾宪辉：《林纾传》，薛绥之、张俊才编《林纾研究资料》，福建人民出版社 1983 年版，第 5 页。

　　⑦ 胡适：《五十年来中国之文学》，《胡适文存》（二），黄山书社 1996 年版，第 197 页。

文学的翻译，"完全打破了这个传统的见解。他以一个'古文家'动手去译欧洲的小说，且称他们的小说家为可以与太史公比肩，这确是很勇敢的很大胆的举动。自他以后，中国文人，才有以小说家自命的；自他之后才开始了翻译世界的文学作品的风气。中国近二十年译作小说之多，差不多可以说大都是受林先生的感化与影响的"①。从郑振铎的评价，可以看出林纾的努力促进了外国小说在我国近代的翻译，促进了小说家地位的提高。

林纾虽因固守古文立场在新文化运动中受到抨击，但他的翻译成就仍然得到新文化健将们的肯定。郭沫若就认为：林纾的"《迦茵小传》……这怕是我所读过的西洋小说的第一种。这在世界的文学史上并没有什么地位，但经林琴南先生的那种简洁的古文译出来，真是增了不少的光彩！前几年我们在争取白话文的地位的时候，林琴南是我们当前的敌人，那时的人对于他的批评或者不免有一概抹杀的。他在文学上的功劳，就和梁任公在文化批评上的一样，他们都是资本制革命时代的代表人物，而且相当是有些建树的人物"②。曾经直接与林纾交锋过的胡适在《论翻译》中有这样一段文字："中国人能读西洋文学书，已近六十年了；然名著译出的，至今还不满二百种。其中绝大部分，不出于能直接读西洋书之人，乃出于不通外国文的林琴南，真是绝可怪诧的事！近三十年来，能读英国文学的人更多了，然英国名著至今无人敢译……这也是我们英、美留学生后辈的一件大耻辱！"③ 在近代中国，对译介西方文学作出莫大贡献的竟然是不懂外文的林纾，而不是精通外文的英、美留学生，胡适的话着实让人深省。

20 世纪初期，虽然文学革命的浪潮方兴未艾，白话文渐有替代古文之势。但我们不能低估古文的影响，毕竟古文还是当时的知识分子最熟知的语言体系。林纾以古文翻译外国小说，对当时的知识分

① 郑振铎：《林琴南先生》，《郑振铎全集》第 5 卷，花山文艺出版社 1998 年版，第370—371 页。

② 郭沫若：《我的幼年》，《郭沫若全集》第 11 卷，人民文学出版社 1982 年版，第199 页。

③ 胡适：《论翻译》，《胡适文存》（三），黄山书社 1996 年版，第 558 页。

子，尤其是年轻人有相当大的魅力。"所以在'五四运动'以前，有不少年轻人非常喜欢'林译小说'。有些人并没有见过林纾，可是在心目中却把他当作自己的'国文导师'。当时摹仿林纾的译笔写作文章，更成为一种风气。有人认为，黄花岗革命烈士林觉民给他的妻子的那封真情洋溢的遗书，便是这样的作品"①。

姚永朴于1935年2月曾对其弟子吴常焘说："桐城固白话文学之先驱矣。"② 林纾也曾说："古文者白话之根柢，无古文安有白话。"③ 此话虽出于桐城派学人之口，但仔细思量，却也不全是自卖自夸之语。

桐城派走向末路的最根本原因就是：它是属于旧时代的，新的时代不需要它了。但文言文本身作为中国传统文化的精华，并不会因为一个人或一次运动的批判就能一笔抹杀。王国维在评价中国文学发展史就曾指出："凡一代有一代之文学，楚之骚，汉之赋，六代之骈语，唐之诗，宋之词，元之曲，皆所谓一代之文学而后世莫能继焉者也。"④ 这是一种比较公正的、客观的文学史观，桐城派古文作为清代的文学正宗，是清代文学的重要特征。在新的文学形式没有完全建立以前，桐城派古文不仅是有清一代重要的文学语言形式，也是传承中国传统文化的重要载体。桐城派关于言简意赅等有关文学艺术规律的总结，在今天也有一定的借鉴意义，桐城派的一些优秀散文作品，至今还为人所称道。不能把古文视为"死文学"，古文作为宝贵的文学遗产，将永远作为"古雅"传统艺术为后人继承与鉴赏。⑤

原载《江汉论坛》2009年第5期，收入本书时有所调整修改。

---

① 孔立：《风行一时的"林译小说"》，薛绥之、张俊才编《林纾研究资料》，福建人民出版社1983年版，第290页。
② 吴常焘：《书姚仲实先生〈文学研究法〉后》，见姚永朴《文学研究法》卷末，黄山书社1989年版。
③ 《朱光潜全集》第3卷，安徽教育出版社1988年版，第444页。
④ 王国维：《宋元戏曲考》，《王国维文集》第1卷，中国文史出版社1997年版，第307页。
⑤ 王国维：《古雅之在美学上之位置》，《王国维文集》第3卷，中国文史出版社1997年版，第31—35页。

《汉学商兑》学术批判方式探析

汉宋相争是清代学术史的一个重要特征。清代汉学派崇尚考据，以东汉古文经学的朴实学风相标榜，反对宋学空疏学风。宋学派则以程、朱义理相标榜，指责汉学为饾饤琐碎之学。两派围绕考据、义理等核心问题相互攻讦不断，《国朝汉学师承记》与《汉学商兑》就是这场旷日持久的学术论争中双方为各自张本的代表作。一般看来，方东树所撰的《汉学商兑》应为回应江藩《国朝汉学师承记》之作，①但从全书的整体内容看，《汉学商兑》的批判对象并非仅仅限于《国朝汉学师承记》，而是以批驳《国朝汉学师承记》为由展开对清代汉学的全面批判。《汉学商兑》多被研究者视为清代宗宋学者批驳汉学派的代表作，故以往的相关研究多集中于对《汉学商兑》学术思想及其在清代汉宋之争中地位的探讨。虽然方东树在写作《汉学商兑》时屡以肆意谩骂替代学术论争而多被后世学者诟病，但从学术批评史的角度考察，《汉学商兑》与《国朝汉学师承记》都不失为中国传统学术批评的经典著作。本文就意在从学术批评的角度具体研究《汉学商兑》批驳汉学并为宋学张本的方式方法，以期从个案角度管窥清朝宗宋学者在汉宋交锋中展开学术批评的特征。

一

方东树（1772—1851），字植之，安徽桐城人。方东树先后应乡

---

① 　近有学者对此观点提出质疑，於梅舫就以为《汉学商兑》的撰写实非激于江藩的所谓汉宋门户之见。参见於梅舫《〈汉学商兑〉的发轫、缘起及旨趣》，《社会科学战线》2011 年第 8 期。

试十次不果，五十岁后绝意不试，历主庐州、宿松等书院讲席。嘉庆年间，方东树曾被两广总督阮元聘为幕宾，执教学海堂。

方东树为桐城派领袖姚鼐的著名弟子之一。桐城派不仅是一个与清王朝相始终的散文派别，也因倡导"义法"说而成为清朝官方意识形态即程朱理学的代言人，为清朝宋学一派的中坚。梁启超在谈及桐城派立派时曾说："乾隆之初，惠（栋）、戴（震）崛起，汉帜大张，畴昔以宋学鸣者，颇无颜色。时则有方苞者，名位略似（汤）斌、（李）光地等，尊宋学，笃谨能躬行，而又好为文。苞，桐城人也，与同里姚范、刘大櫆共学文，诵法曾巩、归有光，造立所谓古文义法，号曰'桐城派'。又好述欧阳修'因文见道'之言，以孔、孟、韩、欧、程、朱以来之道统自任，而与当时所谓汉学者互相轻。"① 正是缘于桐城派既尊宋学，又"好为文"的特征，一些研究者又视桐城派为学派。作为桐城派弟子，方东树以竭力维护理学闻名，"当乾、嘉时，汉学炽盛，鼐独守宋贤说，至东树排斥汉学益力"②。

方东树所著《汉学商兑》是晚清宗宋学者撰写的为数不多的专门阐述宋学学术思想、全面反驳汉学的专著。方东树撰写《汉学商兑》主要是因江藩的《国朝汉学师承记》而起。为使问题的论述更为深入，这里有必要先对江藩及《国朝汉学师承记》作一简略的介绍。

江藩（1761—1831），字子屏，江苏甘泉人（今扬州）。江藩曾从余萧客、江声等游，余萧客师从吴派汉学家主将惠栋。汉学家重家法，吴派尤严守师训，故江藩修养成"纯汉学家"。③ 嘉庆二十三年（1818），时在两广总督阮元署中参与撰修《广东通志》的江藩将个人学术著作《国朝汉学师承记》刊行于世。该书主要阐述清代汉学家的学术思想、著述、师承关系，强调清代汉、宋学的分野，力求为

① 梁启超：《清代学术概论》，《饮冰室合集》专集之34，中华书局1989年影印本，第49页。

② 赵尔巽等撰：《清史稿·文苑二》第44册，中华书局1977年版，第13430页。

③ 梁启超：《清代学术变迁与政治的影响》，《饮冰室合集》专集之75，中华书局1989年影印本，第22页。关于江藩修养成"纯正的汉学家"的说法，也见王树民《江藩的学术思想及汉学与宋学之争》，《河北师范大学学报》1999年第4期。

汉学张本。在《国朝汉学师承记》，江藩先是强调"经术一坏于东西晋之清谈，再坏于南北宋之道学"，随后褒扬汉学在清朝的勃兴："至本朝，三惠之学，盛于吴中；江永、戴震诸君，继起于歙。从此汉学昌明，千载沉霾，一朝复旦"①。这种对比鲜明的写法既展现了当时汉宋学严重对立的状态，亦清晰地表达了作为汉学家的江藩对于方东树等宗宋学者的态度。

桐城派作为清代宋学中坚，江藩对其自然抱批判态度，这种态度在《〈汉学师承记〉跋》中体现得很明显。《汉学师承记》跋尾为江藩同乡汪喜孙所撰，汪喜孙在是跋中一一批评汉学对立面："若夫矫诬之学，震惊耳目，举世沿习，罔识其非。如汪钝翁私造典故，其他古文词支离牴牾，体例破坏；方灵皋以时文为古文、三礼之学，等之自郐以下；毛西河肆意讥弹，譬如秦、楚之无道；王白田根据汉、宋，比诸春秋之调人。恶莠乱苗，似是而非，自非大儒，孰有能辨之者！"② 汪喜孙点名批评的四人中即有两人为古文家，汪琬（钝翁）为清初与魏禧、侯方域齐名的古文家，方苞则为桐城派始祖。江藩将此跋附于书后，借汪喜孙之口表达了自己对古文家及桐城派诸人的轻视。其实，江藩并不隐晦自己对桐城派的态度，他曾向方东树特别申明自己的文章与古文一派泾渭分明，"吾文无他过人，只是不带一毫八家气息"③，以与桐城派划清界限。桐城派自诩学行继程、朱，文章效韩、欧，江藩则在《国朝汉学师承记》中对汪中"土苴韩、欧，以汉魏、六朝为则"大加赞赏。④ 江藩的这番话让方东树耿耿于怀，他在《汉学商兑》中特别予以回击："夫以韩、欧之文而谓之骪。真无目而唾天矣！"⑤

1823 年，江藩又刊印《国朝宋学渊源记》，此书虽是叙写清代宋

① 江藩：《国朝汉学师承记》卷1，《汉学师承记》（外二种），生活·读书·新知三联书店1998年版，第8页。以下有关《国朝汉学师承记》引文皆引自该书，不再注明出版社。

② 汪喜孙：《〈汉学师承记〉跋》，《汉学师承记》（外二种），第160页。

③ 参见方东树《汉学商兑》卷下，《汉学师承记》（外二种），生活·读书·新知三联书店1998年版，第384页。以下有关《汉学商兑》引文皆引自该书，不再注明出版社。

④ 江藩：《国朝汉学师承记》卷七，《汉学师承记》（外二种），第135页。

⑤ 方东树：《汉学商兑》卷下，《汉学师承记》（外二种），第384页。

学渊源，但江藩在书中一开始就强调"以故训通圣人之言，而正心诚意之学自明"①，训诂明则义理明，江藩之意仍在尊汉抑宋。值得注意的是，江藩在是书中还述及他与辞章家的过节："藩少长吴门，习闻硕德耆彦谈论，壮游四方，好搜辑遗闻轶事，辞章家往往笑以为迂。近今汉学昌明，遍于寰宇，有一知半解者，无不痛诋宋学。"②此处所言辞章家当指桐城派，桐城古文一派是清代辞章家的代表，亦是清代宋学派的中坚，笃信考据"搜辑"的江藩被辞章家嘲笑也在情理之中。看来江藩之所以要"痛诋"宋学有学术对立与个人恩怨上的双重缘由。

江藩在其著作中对宋学、桐城派的攻讦，触怒了当时与他同在阮元幕府中的方东树，道光丙戌四月（1826 年），方东树写就《汉学商兑》，以相对抗。其实，不管是在《国朝汉学师承记》还是在《汉学商兑》中，有关古文争论及桐城派的内容并不多。笔者于此强调方东树的桐城派身份及江藩对桐城派的轻视，一方面有助于说明方东树写作《汉学商兑》的缘起，一方面也有助于揭示方东树何以对汉学家持激烈批判态度的内在缘由。

二

清代汉宋之争之所以激烈，是因为两者的学术之争并非只关乎一二学理的争论，而是在义理、考证等关乎学派生存核心问题上的针锋相对。方东树所以对当时的汉学派严加驳斥，就在于其时汉学派的主张已经威胁到宋学的地位与生存。方东树如此论及汉学的威胁："举凡前人所有成说定论，尽翻窠臼，荡然一改，悉还汉唐旧规，祧宋而去之，使永远万世，有宋不得为代，程朱不得为人，然后为快足于心。大抵以复古为名，而宇内学者，耳目心思为之一变。不根持论，任意讥弹，颠倒是非，欺诬往哲。当涂者，树名以为招；承流者，怀

---

① 江藩：《国朝宋学渊源记》卷上，《汉学师承记》（外二种），第 186 页。
② 同上书，第 187 页。

利以相接；先进者，既往而不返；后起者，复习俗而追之。"① 汉学
之于宋学的威胁是颠覆性的，不仅涉及宋学派"为代"的问题，还
涉及宋学家"为人"的问题，其影响所及，波及"宇内学者"。从这
个角度看，方东树所撰《汉学商兑》批判的对象并非仅仅限于江藩
及其著作，而是以批驳江藩为由展开对"国朝汉学"的全面批判。
方东树在全书序例中所言"河滨之人，捧土以塞孟津，不自度其力之
弗胜也"虽似谦辞，② 却正表明他对汉学的批判是基于学派的而非个
人恩怨的立场。虽说方东树在批驳对手时多主观臆断及肆意攻击之词
而降低了《汉学商兑》的学术价值，但从学术批评的角度考察，《汉
学商兑》"针贬汉学家处，却多切中其病"，故不失为"清代一极有
价值之书"③。下面拟从写作形式、重点问题的选择及解决、反驳技
巧等方面对《汉学商兑》的学术批判方式作一大致的探析。

　　第一，《汉学商兑》在写作形式上即摆出与汉学派针锋相对的态
势。在汉学"正统派炙手可热之时，奋然与抗"，采取这种毫不妥
协、近乎"革命"的学术批驳方式，④ 确有引发学界广泛关注、动摇
对方根基的作用。

　　方东树撰写《汉学商兑》的主要目的并非是阐述学术思想，而是
意在学术论争。为达到驳倒对方，为己方张本的目的，方东树在写作
形式上颇下了一番功夫。

　　在书名上，作为宗宋学者的方东树以"汉学商兑"为书名，突出
了学术"商兑"目标，使读者从书名上即能感受到作者挑战汉学的
意图。同时，将书名定为《汉学商兑》，也使该书的"商兑"目标扩
展为整体意义上的汉学，而不是仅仅局限于对江藩《国朝汉学师承
记》的回应。

　　在写作体例上，《汉学商兑》与《国朝汉学师承记》颇为不同。
江藩在写作《国朝汉学师承记》时采用列传体形式，全书选择清初

---

① 方东树：《汉学商兑》卷中之下，《汉学师承记》（外二种），第385页。
② 方东树：《汉学商兑·序例》，《汉学师承记》（外二种），第236页。
③ 梁启超：《清代学术概论》，《饮冰室合集》专集之34，中华书局1989年版，第
50页。
④ 同上。

至乾嘉时期的三十九位汉学家，各个立传，以此展现"汉世儒林家法
之承授，国朝学者经学之渊源"①。《汉学商兑》则"仿朱子《杂学
辨》例，摘录原文，各为辨正于下"②。朱子撰《杂学辨》是为驳斥
当时诸儒杂于佛老之学，方东树仿《杂学辨》作《汉学商兑》，既可
借此回击汉学家关于理学堕于禅学的攻讦，也方便摘录汉学家原文逐
条有序批驳。

在全书的谋篇布局上，《汉学商兑》全书分为三卷，卷上"首溯
其畔道罔说之源"；卷中"次辨其依附经义小学，似是而非者"；卷
下"为总论，辨其诋诬唐宋儒先，而非事实者"③。上、中、下三卷
其实就是三个批驳专题，所摘录汉学家原文及辨正分门别类归入各
卷。如果说《汉学师承记》的系统性体现在对清代汉学传承脉络的
逐次梳理，《汉学商兑》的系统性则体现在对清代汉学弊端的系统剖
析与批判。

第二，起笔即渲染汉学派对宋儒的攻击，指责汉学派为挑起门户
之争的肇始者，为后文批驳汉学并为宋学辩护做好了铺垫。

方东树在《汉学商兑》序例起笔就写汉学家对宋儒的攻讦："近
世有为汉学考证者，著书为辟宋儒、攻朱子为本，首以言心、言性、
言理为厉禁。海内名卿巨公，高才硕学，数十家递相祖述，膏唇拭
舌，造作飞条，竞欲咀嚼。"此处不仅指明汉宋之争发端于汉学考证
者对宋儒的攻击，还将汉学家"妄加"给宋学的罪名总结为三端，
"究其所以为之罪者，不过三端：一则以其讲学标榜，门户分争，为
害于家国；一则以其言心、言性、言理，堕于空虚心学禅宗，为歧于
圣道；一则以其高谈性命，束书不观，空疏不学，为荒于经术"④。
序例列于文章之首，多为陈明写作缘由及写作宗旨，《汉学商兑》开
篇即揭橥批驳对象，并梳理出汉学攻击宋学的三端罪名，为下文系统
批驳汉学，并为宋学辩护做好铺垫。

方东树所以在文章开篇即渲染汉学家对宋儒的攻讦意在强调汉学

---

① 阮元：《〈国朝汉学师承记〉序》，《汉学师承记》（外二种），第 3 页。
② 方东树：《汉学商兑·凡例》，《汉学师承记》（外二种），第 237 页。
③ 方东树：《汉学商兑》卷上，《汉学师承记》（外二种），第 238 页。
④ 方东树：《汉学商兑·序例》，《汉学师承记》（外二种），第 235 页。

诸家才是挑起门户之争的肇始者："历观（汉学）诸家之书，所以标宗旨、峻门户，上援通贤，下耆流俗，众口一舌，不出于训诂、小学、名物、制度。弃本贵末，违戾诋诬，于圣人躬行求仁、修齐治平之教，一切抹杀。名为治经，实足乱经；名为卫道，实则畔道。"①方东树还从学术史的角度对清代汉学家标举门户的过程作了梳理："顾、黄诸君，虽崇尚实学，尚未专标汉帜。专标汉帜，则自惠氏始。惠氏虽标汉帜，尚未厉禁言'理'；厉禁言'理'则自戴氏始。自是宗旨祖述，邪诐大肆，遂举唐宋诸儒已定不易之案，至精不易之论，必欲一一尽翻之，以张其门户。江氏作《汉学师承记》，阮氏集《经解》，于诸家著述，凡不关小学，不纯用汉儒古训者，概不著录。……夫说经不衷诸义理，辨伪得真，以求圣人之意，徒以门户之私，与宋儒为难。"②方东树于此强调"专标汉帜，则自惠氏始"，表明他所批驳的并非整体上的汉学，而是针对惠栋特别是戴震以后的乾嘉汉学一派。他在文中还特别褒扬了郑玄、贾逵等汉学名家的学术公正立场："郑、贾诸儒，不禁学者'穷理'，又未尝蓄私意，别标宗旨，欲以一手掩天下目也。"③即便对南宋黄震及明末清初的顾炎武等对理学颇多微词的汉学家，他也抱相对宽容的态度："黄氏、顾氏，犹目击时病，有救敝之意，言虽失当，心则可原。及妄者主之，则借以立门户，与程朱为难，援黄震以为重，又自矜能辟伪古文，而已与黄、顾之意全别。"④对阎若璩的《四书释地》、江永《乡党考图》等汉学家著作，他也予以肯定："如《四书释地》《乡党图考》，诚为朱子功臣。故凡为学，但平心求是，补正前贤，是前贤之所攸赖，而望于来世之有其人也。"⑤

方东树指责汉学家标举门户的真正目的是要为宋学张本。方东树本是"姚门四子"，工于古文，他曾用这样一段颇为形象的文字来陈述所以要为宋学张本的原因："（汉学家）扬风纵燎，欲以佐斗为鏖

---

① 方东树：《汉学商兑·序例》，《汉学师承记》（外二种），第235页。
② 方东树：《汉学商兑》卷上，《汉学师承记》（外二种），第259—260页。
③ 方东树：《汉学商兑》卷中之上，《汉学师承记》（外二种），第295页。
④ 同上书，第266页。
⑤ 方东树：《汉学商兑》卷中之下，《汉学师承记》（外二种），第380页。

战而决胜，灭此朝食，廓清独霸。而程、朱之门，独寂然而不闻出以一应兵。夫习非胜是，听偏成惑，若守文持论，败绩失据，吾恐此道遂倾矣。"① 方东树在这里将自己喻为一个为将倾之道而奋起应战的士兵，由此也可见其卫道、护道，为宋学张本的决心。方东树并不介意自己的态度会引来"为党"之嫌，他以为物以类聚、人以群分，见道之人自然是相互呼应："世又谓程、朱见道之明，不应为党。此亦不然。夫讲道刑仁，气类朋来，自然之理。五臣不同气，而与共欢为类乎？孔子不与颜、曾同气，而与阳货、季孙为类乎？"②

方东树为何对乾嘉汉学一派深恶痛绝呢？关键一点就在于乾嘉汉学一派欲以汉学考证否定程朱义理，进而否定程朱"道统"。在相当程度上，考据、义理不过是汉宋相争的手段而已，"道统"才是双方争夺的焦点。

朱熹把汉唐以来的儒家全部排斥在儒家的"道统"之外，并认为二程才是儒家"道统"的承继者："宋德隆盛，治教休明。于是河南程氏两夫子出，而有以接乎孟子之传……虽以熹之不敏，亦幸私淑而与有闻焉。"③ 方东树对此亦有清晰的表述："伊川《明道墓志》：先生生乎千四百年之后，得不传之绪于遗经云云。及朱子称，程子因子思《中庸》得孔孟不传之绪。罗璧识遗称，夫子之道，至晦翁集大成；诸家经解，自晦翁断定，然后一出于正。"④ 方东树据此将宋儒之学抬到至高无上的地位："窃以孔子没后，千五百余岁，经义学脉，至宋儒讲辨，始得圣人之真。平心而论，程、朱数子廓清之功，实为晚周以来一大治。"⑤

而钱大昕、江藩、汪中等汉学家则不认可理学道统，他们所主张的"训诂之学，直接唐、虞、周、孔正传，欲以黜程朱而代其统"⑥。汪中以为"国朝诸儒崛起，接二千余年沉沦之绪"⑦，宋儒被归入沉

① 方东树：《汉学商兑》卷下，《汉学师承记》（外二种），第385页。
② 同上书，第394页。
③ 朱熹：《大学章句序》，《四书章句集注》，《晦庵朱文公文集》卷76，四库丛刊本。
④ 方东树：《汉学商兑》卷中之下，《汉学师承记》（外二种），第373页。
⑤ 方东树：《汉学商兑》卷上，《汉学师承记》（外二种），第236页。
⑥ 方东树：《汉学商兑》卷中之下，《汉学师承记》（外二种），第314页。
⑦ 江藩：《国朝汉学师承记》卷七，《汉学师承记》（外二种），第134页。

沦之列。江藩曾以"千载沉霾，一朝复旦"来形容乾嘉汉学的兴起，①宋儒被归入"千载沉霾"的行列，还谈什么接不传之绪的问题？方东树以"敌"字来形容两派在道统问题上的对立，可见冲突之激烈。②

关于乾嘉汉学对于宋学的威胁，方东树认识得很清楚："今汉学宗旨，必谓经义不外于小学，第当专治小学，不当空言义理。以此欲蓦过宋儒而蔑之，超接'道统'，故谓由考核以通乎'性与天道'，由训诂以接夫唐、虞、周、孔正传。"③这段话包含了这样两层意思：其一，汉学家欲以训诂替代义理，是试图从治经方法的角度否定宋学；其二，汉学家对程朱等理学经典大师的否定与排斥，是企图从道统序列上剔除宋儒而"超接"道统。对于汉学"超接"道统之说，方东树反应至为激烈，认为汉学家的此种说法是"务破义理之学，桃宋儒之统而已"④；乃"最异端邪说，然亦最浅陋，又多矛盾也！"⑤

第三，正面回击汉学家对于宋学的诘难，全面梳理并批判清代汉学流弊。

《汉学商兑》开篇将汉学家妄加给宋儒的"罪名"归结为标榜门户；空疏不学；言心、言性、言理堕于心学禅宗三个方面。综观《汉学商兑》全书，基本上围绕这三个问题予以回击。在全书近结尾时，方东树重申这三桩"汉学家所执为宋儒之罪"，随后又以简洁性的文字再次一一作答。全书在这一问题上的首尾呼应，说明作者的写作重心在回击汉学家对于宋学的诘难。从整体上考察，《汉学商兑》在相当程度上就是对汉学家攻讦的被动回应，文中不时出现的激烈甚至谩骂之词，其实正体现了处于学术弱势地位的宋学家的尴尬处境。

对于宋儒标榜门户罪名的回击，方东树采取的是以子之矛，攻子之盾的回击方式，你指责我标榜门户，我则反过来指斥你标宗旨、峻门户，关于这个问题前面已经论及，此处不再赘言。

---

① 江藩：《国朝汉学师承记》卷1，《汉学师承记》（外二种），第8页。
② 方东树：《汉学商兑》卷中之下，《汉学师承记》（外二种），第373页。
③ 同上书，第334页。
④ 同上书，第373页。
⑤ 同上书，第334页。

"空疏"是汉学家攻讦宋儒的重要口实。方东树对此攻击的反驳很有意思，他多是直接引用程朱有关经世实用的语录予以反驳，很少从别的角度去证明宋学的实用。如在《汉学商兑》卷中之上，方东树为驳斥戴震有关宋学空疏的言论，先是引用朱熹之语以说明理学之"实"："朱子曰：'圣贤说'性'、'命'，皆是就事实上说。言'尽性'，便是尽得三纲、五常之道；言'养性'，便是养得此道，而不害至微之理、至著之事。'一以贯之'，非虚语也！"① 在引用程朱经典之后，方东树随即展开对汉学家的反驳："汉学家皆以高谈性命，为便于空疏，无补经术，争为实事求是之学，衍为笃论，万口一舌，牢不可破。以愚论之，实事求是，莫如程朱。以其理信，而足可推行，不误于民之兴行。然则虽虚理，而乃事实矣。汉学诸人，言言有据，字字有考，只向纸上与古人争训诂形声，传注驳杂，援据群籍证佐，数百千条。反之身己心行，推之民人家国，了无益处，徒使人狂惑失守，不得所用。然则虽实事求是，而乃虚之至者也。"② 虽然方东树称程朱理学"虽虚理而乃实事"难以服人，但方东树以一个"虚"字来概括汉学末流的特点，认为汉学于现实"了无益处"，"乃虚之至者"，也可谓抓住了汉学末流的弊端。

　　言心、言理是否为空言穷理是清代汉宋相争的一个焦点问题。汉学家多抨击程、朱"穷理"为空言，方东树以为"此说乃汉学宗旨第一义。千条万端，皆从此路差去"③。对于汉学家的质疑，方东树主要从三个方面作答：首先，承认程、朱之学强调"心"，而后声明程、朱所言之心与陆、王心学所言之心有根本区别。程、朱"所言人心、道心、正心者"，不是如陆、王心学"高谈性命、纵恣放佚"，而是强调"人事""伦常""致知穷理""道中庸、尽精微、崇礼"四实事。④ 其次，"穷理"切于实用而非空言。"程朱教人'穷理'。皆先就自家身心，及伦物日用之地求之，为说甚详，何尝空言'穷理'"；"若不'穷理'，亦安知所求之是之所在？朱子固曰'在即物

---

① 方东树：《汉学商兑》卷中之上，《汉学师承记》（外二种），第 275 页。
② 同上书，第 276 页。
③ 同上书，第 297 页。
④ 同上书，第 270 页。

而穷理'，夫'即物穷理'，非即实事求是乎?"① 最后，"心"与
"理"其实密不可分，舍心何以见理? 传理即传心也。② 既然"心"
"理"不可分，则汉学家将"心"与"理"割裂开来予以否定自是谬
误自见了："戴震禁言'理'，诋程朱不当别言有理具于心；黄震、
顾亭林禁言心，以理流行于天地古今，特具于心，而不当以心为主，
皆边见、邪见，非正知见也。"③ 方氏对汉学的指斥，基本上都是基
于宋学立场或借用宋儒经典，一定程度上削弱了论辩的力度。在学术
论争上，权威不一定就等同于真理，但在某一具体的历史时期，权威
与正统常常取代真理成为裁判学术的标准，方东树视朱熹为当然的、
不可动摇的权威与裁判汉宋争端的标准，自然难以服人。

　　清代汉学家常以宋儒言心、言理近于堕禅攻讦宋学派。方东树以
为，汉学家所以会产生宋学近于禅学的误解是因为禅学"所托心性，
弥近理而大乱真"，故必须"严辨乎禅者"。为厘清宋学与禅学之间
的界限，方东树一是从禅学兴起的时间角度论证"禅学之兴，与程、
朱无涉"④；二是以为宋学言心、言理与禅者所言的心、理完全相反：
"惟圣人吾儒之学，无不用心，而禅家则专忌用心；惟圣人吾儒之学，
无不穷理，而禅家则专忌穷理。其事正相反。汉学者，标训诂名物为
宗，无以破程朱言理之正，则一借禅以诬之。不知程朱言人心、道
心、精一、执中、致知、穷理，正是破禅。又不知己之禁不许言心、
言理，乃是用罔，正与禅同病。"⑤ 由此看来，程、朱非堕狂禅，反
是破禅。方东树还据此反问："不知古今能辨儒、禅之分，毫厘厉害
之介者，莫如程、朱，岂虑守捉者反为盗贼邪?"⑥ 方东树对禅学的
评价其实并不低："窃尝谓，为学而能堕于禅，此虽为圣学之害，然
大段已是上乘人物。若其余，则皆溺于货色，忿欲私曲邪佞者，众
也!"⑦ 他还以为禅家远比汉学家高明："故使天下学者，果人人皆能

① 方东树：《汉学商兑》卷中之上，《汉学师承记》（外二种），第297页。
② 同上书，第267页。
③ 同上书，第269—270页。
④ 方东树：《汉学商兑》卷下，《汉学师承记》（外二种），第389—390页。
⑤ 方东树：《汉学商兑》卷中之上，《汉学师承记》（外二种），第272页。
⑥ 方东树：《汉学商兑》卷下，《汉学师承记》（外二种），第388页。
⑦ 方东树：《汉学商兑》卷中之上，《汉学师承记》（外二种），第301页。

如禅家之刻苦治心，斩情断妄，其胜于俗儒之密对根尘，坚主情执，日夜汩没，终生交滚于贪、嗔、疑、淫、杀、盗、妄言、绮语、恶口、两舌、颠倒、梦想、恐怖、挂碍、烦恼、忧惑、老死不悟者，已多矣！"① 方东树对禅学的肯定，并从禅学角度对汉学家的嘲讽，加之他对佛学"致广大、极高明、尊德性、敦厚、尽精微"的颂扬，② 不经意间又坐实了宋学与禅学之间的密切关系。

为使自己的辩驳具有反击力，方东树还对清代汉学"流弊"作了全面的梳理。他所总结的汉学六大流弊常为后世研究者所引，这六大流弊分别为：其一，力破理字，首以穷理为厉禁，此最悖道害教。其二，考之不实，谓程、朱空言穷理，启后学空疏之陋。其三，则由于忌程朱理学之名，及《宋史》《道学》之传。其四，则畏程朱检身，动绳以理法，不若汉儒不修小节，不矜细行，得以宽便其私。其五，则奈何不下腹中数卷书，及其新慧小辨，不知是为驳杂细碎，迂晦不安，乃大儒所弃余，而不屑有之者也。其六，则见世科举俗士，空疏者众，贪于难能可贵之名，欲以加少为多，临深为高也。③ 对于以上六点，方东树并无过多论述，但从全书内容的整体安排看，方东树将清代汉学六大流弊置于《汉学商兑》卷下，有前面的论述作为铺垫，结论的得出也算是水到渠成。

第四，借朝廷权威打压对手，并以政治标准取代学术标准，从政治标准的角度将汉宋两家划分为邪说、正说，将学术纷争上升为"邪说害正"的政治问题。④

为彻底压制对手，方东树还在《汉学商兑》中引用乾隆皇帝指斥谢济世诋毁程朱的上谕，试图借文字狱威胁学术对立派。如此手段，确实让对手无还手之力。为说明问题，特将这段文字全引如下："乾隆初，谢济世诋朱子《大学》、《中庸》章句，且谓明代尊崇朱子之书，以同乡同姓之故，因奏请废朱子《章句》，而用其自注《学》、《庸》颁行天下。六年九月二十五日，奉上谕：'朕闻谢济世将伊所

---

① 方东树：《汉学商兑》卷下，《汉学师承记》（外二种），第389页。
② 同上。
③ 同上书，第385—386页。
④ 方东树：《汉学商兑》卷中之上，《汉学师承记》（外二种），第296页。

注经书，刊布传播，多系自逞臆见，肆诋程、朱，其属狂妄！从来读书学道之人，贵乎躬行实践，不在语言文字之间，辨别异同。况古人著述既多，岂无一二可以指摘之处？以后人而议论前人，无论所见未必即当，即云当矣，试问于己之身心何有益哉？我圣祖将朱子升配'十哲'之列，最为尊崇，天下士子，莫不奉为准绳。而谢济世辈，倡为异说，互相标榜。恐无知之人，为其所惑，殊非一道同风之义，且足为人心学术之害。朕从不以语言文字罪人！但此事甚有关系，亦不可置之不问也。尔等可寄信与湖广总督孙嘉淦，将谢济世所注经书中，有显与程、朱牴牾，或标榜他人之书，令其查明具奏，即行销毁，毋得存留。钦此！'煌煌圣训，诚天下学者所当服膺恭绎，罔敢违失者也。"① 方东树所以要在文中转载乾隆这段上谕，是因为这段上谕从朝廷最高权威的角度确立了程朱之学不可触犯的尊崇地位，即便真有错失，也不容质疑、批评："夫宋儒训话，岂必千虑无一失，然而王制也。今之为新说者，岂必千虑无一得？然而非王制也。先王所是著为令，士安得倡异说于王制外乎？"② 所谓王制，即指"王"治理天下的规章制度，乾隆上谕已将程朱之学确定为"王制"的一部分，汉学家所言即便正确，也是悖于"王制"的异说。

有了朝廷上谕与王制作为后盾，方东树在指斥汉学时，都将自己置于正统、神圣、权威的地位，按方东树的话来说就是"正"的地位。③ 凡是与"正"作对者，自然是"邪"了，"攻程、朱者，必无君子，心术邪也"④，所谓正、邪的划分其实是以政治而非学术为标准了。正是从政治标准出发，方东树对汉宋两家的称谓都泾渭分明，我们来看看《汉学商兑》中有关汉宋学的称谓：对于宋儒之言，方东树多尊称为"圣人之道""圣人之言"⑤；对于汉学家之言，方东树多用"谬论""边见""邪见""大乱之道""异端邪说"等贬低

---

① 方东树：《汉学商兑》卷下，《汉学师承记》（外二种），第402—403页。
② 同上书，第403页。
③ 方东树：《汉学商兑》卷中之上，《汉学师承记》（外二种），第272页。
④ 方东树：《汉学商兑》卷下，《汉学师承记》（外二种），第400页。
⑤ 方东树：《汉学商兑》卷中之上，《汉学师承记》（外二种），第269页。

之词。①

　　方东树在反驳汉学时，多武断之词，少理性分析，究其原因，就与理学本身在清朝的政治背景及正统学术地位有关。如在驳斥戴震有关理学"以意见杀人"的攻击时，方东树如此回答："程朱以己之意见不出于私，乃为合乎'天理'，其义至精、至正、至明！何谓'以意见杀人'？"既然程朱理学"至精、至正、至明"，那么与程、朱为难，就是"罔气乱道"②。如此义正词严，其底气就在于官方所赋予的正统学术地位。又如在驳斥戴震有关理学"以理杀人"的攻击时，方东树以为程朱非但与"杀人"无关还可以"明民"："治教政刑，以节其性。司徒之命，修道之教，学校之设，所以明民者，惟义理之用为急。"程朱所言之理不仅是学术的一家之言，还是教化民众、维护统治的工具。既然如此，反"理"就不仅是学术之争的简单问题了："今谓不当以义理为教，而第惟民之欲是从，是率天下而乱也。"③从政治角度回应学术争论，学术争论就不再是学术问题而成为政治问题了。

　　第五，清代宗宋学者虽与汉学家势若水火，但对于"汉学胜场"即作为治经方法的考据本身还是颇为忌惮的。在涉及汉学家所擅长的训诂、考证领域，方东树少有正面交锋，而是多采取回避、兼采、贬低的方式。面对无法自圆其说的问题时，则以"理"压制对手。

　　关于"汉学胜场"的提法见于方东树对于《国朝经师经义目录》的批驳。江藩所著《汉学师承记》附有《国朝经师经义目录》，该目录分易、书、诗、礼、春秋、论语、尔雅、乐八个部分，对清朝汉学家相关的经义著作进行了系统梳理。方东树则在《汉学商兑》卷下分易、书、诗、三礼、春秋、四书、小学、经义八个方面予以相应批驳，之后还特别补充："以上皆据江藩《国朝经师经义著录》，所谓'专门汉学者'也。其实诸家所著，每经不下数十种，有刊行而不为江氏所采者，有刊行而江氏未见者，有刊行在江氏著录之后者，有仅

---

　　① 方东树：《汉学商兑》卷中之上，《汉学师承记》（外二种），第 266、270、278、280 页。

　　② 同上书，第 278 页。

　　③ 同上书，第 279 页。

传其目而竟未成书者。新名林立，卷帙盈千，充牣艺林。要其中实有
超绝冠代，江河万古，自不可废。究之主张宗旨既偏，则邪说谬言，
实亦不少。"① 方东树在系统批判清代汉学家经义著作的时候，并非
全面否定。他对汉学家于三礼、小学方面的相关研究不仅未作否定，
还多有褒扬，其原因他也分别讲得很清楚：于三礼研究方面，他以为
"盖三礼专主制度、名物，此自汉学胜场，况又能不拘注疏旧法，兼
收博取，实事求是，论学皆能若此，固万世之眼目矣"②；于小学研
究方面，他以为"小学、音韵，是汉学家诸公绝业，所谓此自是其胜
场，安可与争锋者。平心而论，实为唐、宋以来所未有"③。三礼、
小学研究既然是汉学家的"胜场"，避其锋芒，也不失为一种辩驳
策略。

方东树承认小学、音韵、制度、名物考核为"汉学胜场"，意味
着他对作为研究方法的汉学训诂、考证之法的承认甚至兼采，他曾
说："愚谓天下自有公是公非，宋儒义理，实不能不用训诂、考证；
而汉学训诂、考证，实不足尽得圣人之义理。"④ 既然宋儒义理"不
能不用训诂、考证"，则涉及"宋儒义理"之学及"汉学训诂、考
证"之学孰高孰低的比较问题。

方东树曾有一段文字专门论及这个问题："古今学问，大抵二端。
一小学，一大学。训诂、名物、制度，只是小学内事。《大学》直从
'明'、'新'说起，《中庸》从'性'、'道'说起。此程子之教所
主，为其已成就向上，非初学之比。如颜子问仁、问为邦，此时自不
待与之言小学事矣；子夏固谓草木有区别，是也。汉学家昧于小学、
大学之分，混小学于大学，以为不当歧而二之，非也。故白首著书，
毕生尽力，止以名物、训诂、典章、制度小学之事，成名立身，用以
当大人之学之究竟，绝不复求明、新、至善之止，痛斥义理、性、道
之教，不知本末也！"⑤ 方东树将古今学问分为小学、大学，就清代

---

① 方东树：《汉学商兑》卷中之下，《汉学师承记》（外二种），第383页。
② 同上书，第379页。
③ 同上书，第383页。
④ 方东树：《汉学商兑》卷下，《汉学师承记》（外二种），第388页。
⑤ 方东树：《汉学商兑》卷中之下，《汉学师承记》（外二种），第320页。

学术具体而言，即是汉学、宋学两端。既然将汉学列为古今两大学问中的一种，也就无彻底否定汉学之意。方东树所要否定的是以训诂、考证之法攻击宋儒义理的乾嘉汉学家。虽说无意否定汉学，但方东树却是有意贬低汉学。不管是小学、大学之分，还是本、末之学的划分，甚至草木之别的比喻，都是从层次高低的角度来划分汉宋学，视汉学为较宋学层次低下的"初学""末学"，方东树还以形象的语言讽刺汉学家持"末"以傲：汉学家所长"仅在于形声、训诂、名物、制度之末。譬如良农舂谷，尽取精鏊以去，贫子不知，方持糠麸以傲之"①。从本、末角度区别宋儒义理与汉学训诂、考证，那就意味着汉学家凭其考证末学永远无法企及理学的高度："自贾、马、服、郑、扬雄、蔡邕、许慎、孙炎、郭璞、张揖、刘熙诸人，可谓真能考核名物、制度、训诂、小学矣，而皆未闻其克通乎性与天道也。"②

本、末学的划分虽意在贬低汉学，却又从研究方法的角度肯定了汉学。训诂、考证之学虽是末学，却是传统经学的基本功，是"入圣之阶"③。若因为与汉学家为敌而全面否定汉学，宋学就真成"无根之学"了。对于这一点，方东树还是很清楚的，他以朱子为例来说明理学大师对于训诂、考证之学的重视："朱子教人，固未尝废注疏。"④"固未尝"三个字很微妙地表现出宋学家对于汉学的态度。方东树还特别强调朱子《四书集注》对义理的发明是以训诂、考证为基础的："朱子《四书集注》，惟重发明义理，以训诂、名物、注疏已详，不复为解。故曰：'邢昺《论语疏》，集汉、魏诸儒之说，其于章句、训诂、名物之际，详矣。学者读是书，其文义、名物之详，当求之注疏，有不可略者。'又曰：'汉魏诸儒，正音读，通训诂，考制度，释名物，其功博矣。学者苟不先涉其流，则亦何以用力如此。'又曰：'本之注疏，以通其训诂；参之《释文》，以正其音读，然后会之诸老先生之说，以发其精微。'据此，可知朱子非废训诂、

---

① 方东树：《汉学商兑》卷中之上，《汉学师承记》（外二种），第274页。
② 方东树：《汉学商兑》卷中之下，《汉学师承记》（外二种），第360—361页。
③ 同上书，第323页。
④ 方东树：《汉学商兑》卷下，《汉学师承记》（外二种），第385页。

名物不讲，如汉学诸人所訾谤也。"①

在辩驳中，为加强己方的说服力，方东树在《汉学商兑》中也频频使用考证法。《汉学商兑》卷中之上及卷中之下，更是多用考订、训诂之法以驳斥汉学"依附经义小学，似是而非者"②。考证本非宋学家长项，但方东树似乎对自己的考证颇为自信，他还从"实考"的角度嘲笑汉学家种种攻击宋学的议论"乍看似甚渊雅，义据通深。……若以实考之，乃不根之谈也"③。

方东树显然明白宋儒对义理的诸多阐发经不起考证的推敲。对于无法自圆其说的问题或宋儒之学不可辩驳的错漏之处，他自有解决之道：

第一，将程、朱摆到圣人的位置上，既为圣人，其对义理的阐发自然处于不能怀疑的位置。方东树曾说："必若前圣所未言，后圣不许增一辞，则后来安得有六经？前书所未及，后书所有不可信，则此《论语》之言，亦今文《尧典》所未有。愚尝反复究思之，无论伪古文足信与否，《荀子》所引足重与否，只此二语（即人心惟危，道心惟微——笔者注），即出于巷说里谚，亦当平心审谛。""巷说里谚"只是谦辞，方东树真正要表达的意思是程、朱作为与孔、孟并列的圣人，其对义理的阐发也具有不容怀疑的权威地位。他还引用南宋经学名家何基之语强调治经者不可怀疑理学经典："治经当谨守精玩，不必多起疑论。"④

第二，考订圣贤之言，不必全借佐证，可"以其义理辞气得之"。朱熹将《礼记》中的《大学》《中庸》与《论语》《孟子》并列为四书，以为《大学》中的"经"的部分为"孔子所言而曾子述之"，"传"的部分为"曾子之意而门人记之"。汪中抨击《大学》非为曾子所作，而是为"七十子后学者所记，于孔氏为支流余裔"；戴震则从年代的角度质疑朱熹关于《大学》作者的定论。《大学》是宋学理论体系之纲，方东树以为汉学家对《大学》的考证与怀疑于宋学而

---

① 方东树：《汉学商兑》卷中之下，《汉学师承记》（外二种），第380—381页。
② 方东树：《汉学商兑·凡例》，《汉学师承记》（外二种），第238页。
③ 方东树：《汉学商兑》卷中之下，《汉学师承记》（外二种），第344页。
④ 方东树：《汉学商兑》卷中之上，《汉学师承记》（外二种），第266页。

言具有摧毁根基的威力："以此辟《大学》，是拔本塞源，直倾巢穴。"① 面对汪中、戴震的考证、质疑，方东树如此回击："然考订圣贤之言，亦以其义理辞气得之，非必全藉。"② 他还反过来嘲讽汉学家固守训诂："义理有时实在语言文字之外者。故孟子曰：'以意逆志，不以文害辞，辞害意也。'汉学家专泥训诂，如高子说《诗》，所以多不可通。"③ 方东树试图从"义理辞气"的角度去解决"考订圣贤之言"的问题，显然经不住推敲。方东树随后的一段评论则是以"理"压人、强词夺理了："夫《大学》纵非孔子之言，曾子之意，但令学者守此为学，学必不误；本此为教，教必不误；本此为教，教必不歧。可以远绍唐虞、三代、司徒、痒序之教，包孕六经群圣之言而不悖焉，亦足矣！"④ 言外之意即是理学经典无须考证，毋庸置疑，只要照此标准"为学""为教"，自然"不误""不歧"，方东树这段话倒是道出了传统专制体制下学者的生存与发达之道。

对于有关宋学谬误的种种无可辩驳的考证，方东树有时也以"言各有当"一语化解："古人言各有当，随举自明，何不可通？"⑤ 方东树以为，同样的字词在不同的语境下有不同的含义，理解理学义理须"处上下文义"⑥，而汉学家每"执一以解之"，"其意主于破宋儒之说"⑦。其实，不管是"言各有当"与"义理辞气"的说法，还是在论辩中将理学置于不可考证质疑的圣学位置的态度，本质上都是对汉学家质疑的回避，这也在相当程度上削弱了《汉学商兑》的学术水准与说服力。

方东树在写作《汉学商兑》时特别申明自己公正持平的学术批评立场，"推阐义理，必持平审正，不敢以目睫一孔边见，偏宕放激，取罪于世"⑧，但综观全书，持平审正没有做到，偏宕放激之语倒是

---

① 方东树：《汉学商兑》卷中之上，《汉学师承记》（外二种），第288页。
② 同上书，第289页。
③ 方东树：《汉学商兑》卷中之下，《汉学师承记》（外二种），第321页。
④ 方东树：《汉学商兑》卷中之上，《汉学师承记》（外二种），第292页。
⑤ 同上书，第306页。
⑥ 方东树：《汉学商兑》卷中之下，《汉学师承记》（外二种），第312页。
⑦ 方东树：《汉学商兑》卷中之上，《汉学师承记》（外二种），第305页。
⑧ 方东树：《汉学商兑》卷上，《汉学师承记》（外二种），第238页。

不少。学术论争的主要目的就是批驳对方并为己方张本，要做到持平审正其实是一件很难把握的事情。尽管如此，《汉学商兑》还是以其对当时学术主流乾嘉汉学的"最激烈的反动"而闻名一时，乾嘉汉学也随之从发展的最高峰逐渐跌落下来。其实，推动乾嘉汉学的由盛转衰的真正原因是时代的变化而非方东树的批驳。嘉道年间，社会动荡不安，中国进入了一个前所未有的大变局中。面对岌岌可危的国势，一方面是乾嘉时期盛极一时的汉学因束手无策而渐受质疑；另一方面则是经世致用思潮的兴起促使知识分子纷纷调整学术路向，"对照现实的变局，汉学的无用性愈发明显，而宋学虽不一定是理想的选择，但当时复兴宋学的人大多还试着把学问与现实产生联系，而且发生过相当的效果"①。在这样的时代背景下，汉学开始衰败，理学开始走向复兴。社会变局才是清代后期学术流变的真正推手，《汉学商兑》对汉学的批判及对理学经世的强调可谓适逢其会。方东树曾说自己写作《汉学商兑》是"就知识所逮，掇拾辨论，以启其端，俟世有真儒出而大正焉"②。《汉学商兑》的面世确实开启了清代后期学术变化之"端"，但方东树并未等来复兴理学的"真儒"，进入近代以后，学术近代化成为中国学术的发展大势，传统经学研究逐渐式微，理学在晚清的复兴最终也是昙花一现。

原载《史学理论研究》2012年第3期，后经修改补充作为笔者所著《桐城派与清代学术流变》（中国社会科学出版社2016年版）一书的一节。

---

① 王汎森：《方东树与汉学的衰退》，《中国近代思想与学术的系谱》，河北教育出版社2001年版，第24—26页。
② 方东树：《汉学商兑·序例》，《汉学师承记》（外二种），第236页。

吴汝纶对中西文化兼容的独特思考

吴汝纶（1840—1903），字挚甫，安徽桐城人。同治四年（1865）中进士。1868 年，入直隶总督曾国藩幕府。1870 年，李鸿章继任直隶总督，吴汝纶又为李鸿章重用。1871 年，吴氏任深州知州，其间因双亲去世而归乡里服丧。1876 年，他再度到天津，充任李鸿章的幕僚，并先后充天津知府、冀州知府之职。1889 年，吴汝纶辞去州职，到保定莲池书院任书院山长。1902 年，因学部大臣张百熙的保荐，他被清廷任命为京师大学堂总教习，加五品京卿衔。他随即出访日本，调查日本学制。1903 年 2 月 9 日，他因突然发病医治无效，在安徽桐城刘庄老家去世。

吴汝纶是中国近代史上著名的学者、杰出的教育家，桐城派的最后一个大师。作为一个"旧"知识分子，吴氏的身上并没有太多顽固、保守的气息，相反，他对于西学的态度是开放的，这不仅表现在他对西方物质文明的开放态度上，还表现在他对西学如饥似渴的学习态度上。据其学生李景濂回忆：吴汝纶"自译行海外之奇书，新出之政闻，与其人士之居于是或过而与相接者，无不广览而周咨也"[1]。当严复将新译的《天演论》赠送给他时，他在回信中说："虽刘先主之得荆州，不足为喻。"[2] 吴汝纶看过大量西学书籍，有关他看过的西学书籍不下数十种。[3] 对西学的长期关注，使他对西学有了相当的

---

[1] 李景濂：《吴挚甫先生传》，《吴汝纶全集》（四），黄山书社 2002 年版，第 1130 页。

[2] 吴汝纶：《答严幼陵》，《吴汝纶全集》（三），黄山书社 2002 年版，第 144 页。

[3] 施培毅对吴汝纶文集中出现过的西学书籍目录作过详细的统计，见施培毅《吴汝纶全集·前言》，《吴汝纶全集》（一），黄山书社 2002 年版，第 3—4 页。

认识。深谙西学的严复就曾这样评价吴汝纶："某沉潜西籍数十年，于彼中玄奥，不能悉了也，先生往往一二语已洞其要，中外学术一贯，固如是乎?"①

吴汝纶可称"中学"大师，对"西学"孜孜不倦的学习又使他对西学"洞其要"。当这两种独立形态的文化在他大脑中同时存在的时候，文化的融合过程就开始了。不管是作为浪漫的文学家还是作为一个务实的教育家，他在兼容中西文化上所作出的浪漫的设想与可操作的现实设计都在中国近代文化史上留下了独特的一笔。

一 一个文学家的浪漫设想与实践：以桐城派古文为媒介兼容中西文化

文学家是吴汝纶身上最主要的身份。从某种程度上讲，古文对于吴汝纶而言是一种文化信仰。面对西方文化的魅力，他从来没有怀疑过古文的文化价值，他认为古文是中国文化的精华，有时他甚至就将姚鼐编撰的《古文辞类纂》等同于中华传统文化的精华。吴汝纶认为姚选《古文辞类纂》浓缩了中国文化的精华："中国斯文未丧，必自此书，以自汉至今，名人杰作，尽在其中。"②姚永概曾这样评价吴汝纶："盖先生浸淫于古者，深以为文章者实吾国历圣相禅之至宝。"③

作为一个文学家，吴汝纶自有文学家的浪漫，桐城派古文在他这里成了兼容中西文化的武器。

（一）以桐城派古文的"文章"形式，译介西学著作。

要论述这个问题，须先从吴汝纶为严复所译的《天演论》作序写起。《天演论》是严复所译英国赫胥黎所著的《进化论与伦理学》一书，为中国近代较早介绍西方资产阶级理论著作的译述，此书中的

---

① 参见吴闿生《先府君事略》，《吴汝纶全集》（四），黄山书社2002年版，第1161页。

② 吴汝纶：《答姚慕庭》，《吴汝纶全集》（三），黄山书社2002年版，第186页。

③ 姚永概：《吴挚甫先生行状》，《慎宜轩文集》卷3，光绪三十四年铅印本。

"物竞天择、适者生存"的理论为变法维新提供了理论依据。吴汝纶早在严复翻译此书之初就致信严复，与严复探讨有关"顺天演""讲治功"之说，并表现出"欲先睹为快"的愿望。① 在阅完该书的译文初稿后，他赞叹不已，认为"盖自中土翻译西书以来，无此闳制"②。在他为《天演论》所作的序言中，他称赞赫胥黎的学说"奥颐""信美"，对中国来说是前所未闻的"创闻"，称赞严复翻译此作，具有使"读者怵焉知变"的巨大作用。他在此序中还特别强调严复译作的旨意是"与天争胜"的"人治"精神，并赞成严复"天行人治，同归天演"的观点。③ 从这些文字看，吴汝纶也希望中国的政治制度有所变革，以挽救亡国灭种的命运。

但吴汝纶的重点显然不在《天演论》中所包含的政治潜在价值，吴序有一半以上篇幅是在赞赏严复译文的"高文雄笔"④，他特别强调之所以器重此书就在于严复的译作"雄于文"，"自吾国之译西书，未有能及严子者也"⑤。他说赫胥黎之道（即进化论——笔者注），"欲侪其书于太史氏、扬氏之列，吾知其难也；即欲侪之唐、宋作者，吾亦知其难也"。但一经严复以古文"雅训"之词译出，这本不可与中国文史名著相提并论的进化论，就"骎骎与晚周诸子相上下"了。⑥ 吴氏在此实际上表述了这样一种主张：以桐城派古文的"文章"形式，可以译介包含西方社会学说在内的所有西学著作。同时，吴汝纶认为翻译西书是传播西学，开启民智的重要途径。在这种思想的支配下，他力倡多译西书："今议者谓西人之学。多吾所未闻。欲瀹民智。莫善于译书。"⑦ 这就为以桐城派古文翻译西方所有类别的著作打开了门径。

---

① 吴汝纶：《答严幼陵》，《吴汝纶全集》（三），黄山书社2002年版，第119页。

② 同上书，第144页。

③ 吴汝纶：《〈天演论〉序》，《吴汝纶全集》（一），黄山书社2002年版，第147页。

④ 吴汝纶：《答严幼陵》，《吴汝纶全集》（三），黄山书社2002年版，第144页

⑤ 吴汝纶：《〈天演论〉序》，《吴汝纶全集》（一），黄山书社2002年版，第147—148页。

⑥ 同上书，第149页。

⑦ 同上书，第148页。

（二）以桐城派古文兼容中西

吴汝纶十分重视中西学交融并存的问题，认为当时的通弊就是知识分子要么只通中学，要么只通西学。他指出："其贤者或读儒家书，稍解事理，而苦殊方绝域之言语文字无从通晓；或习边事、采异俗，能言外国奇怪厉害，而于吾土载籍旧闻、先圣之大经大法，下逮九流之书、百家之异说，瞑目而未尝一视，塞耳而了不闻。是二者，盖近今通弊。"① 他心目中的理想境界是："博涉兼能，文章学问，奄有东西数万里之长，子云笔札之功，充国四夷之学，美具难并，钟于一手。"②

如何实现中西学的交融境界呢？他提出：首先，要重视学习西学，"窃谓救时要策，自以讲习西文为务"③，要"能通西文，然后尽读西书，能尽读西书，然后能识本国深处"④。其次，"中国文理，必不可不讲"，因为"往时出洋学生，归而悉弃不用，徒以不解中学……讲求西学必得中学成材者，乃为有益"⑤。然而，"中学门径至多，以文理通达为最，欲通中文，则姚氏此书固彻上彻下，而不可不急讲者也"⑥。再次，以桐城派"文章"去表现西学"名理"，即可"合为大海东西奇绝之文"，达到中西交融的至高境界。⑦ 姚鼐的《古文辞类纂》在吴汝纶的眼里成了中国文化的精华，成了融会中西的利器。

从实际的角度分析，在西学大量涌入的情况下，中国传统知识分子不可能再把全身心投入到中学中去，必然会投入部分精力学习西学。吴氏把中学缩减为"姚选古文"，无疑是一种较现实的态度，但他把中学仅局限于姚选古文，则失之妥当。

---

① 吴汝纶：《答严幼陵》，《吴汝纶全集》（三），黄山书社2002年版，第118页。
② 同上。
③ 同上书，第149页。
④ 同上。
⑤ 同上。
⑥ 同上。
⑦ 吴汝纶：《日记卷第九·西学下》，《吴汝纶全集》（四），黄山书社2002年版，第624页。

近代中国知识分子关于中西文化融合的思考可谓五光十色，吴汝纶试图以桐城派古文为武器来兼容中西文化，这种文化建设的主张使他成为中国近代文化史上一个独树一帜的个案。

（三）超越不了"中体西用"文化观的局限

吴汝纶将中国传统文化浓缩为桐城派古文，这种主张从表面看似乎很激进，但深入分析，可以看出吴氏这种浪漫的文化主张并没有超越"中体西用"的局限。吴汝纶在临去世前半年左右写的一封书信中系统地阐述了"文"与传统文化的关系，阐述了"文"的精神内核，阐述了中西文化兼容的问题。由于这封信他是与日本友人斋藤木的通信，在文化研究上具有特殊的意义，现摘录一段如下："仆尝以谓周礼之教，独以文胜；周孔去我远矣，吾能学其道，则固即其所留之文而得之。故文深者道胜，文浅则道亦浅。后世失治，由君相不文，不能知往昔圣哲精神所寄，固非吾圣哲之道之不足以治国也。特今世富强之具，不可不取之欧美耳。得欧美富强之具，而以吾圣哲之精神驱使之，此为最上之治法。吾今不能富强，故不能自用其最上之学。欧美以富强自雄，而遂诟病吾国文学，以为无用，则亦未窥最上之等级。"① 此信写于光绪二十八年七月廿五日，而他去世的时间是光绪二十九年正月十二日，可见此文反映的是他已经定型的思想。在上段文字，吴汝纶详细地阐述了自己的中西文化观：一是强调了中华文化的精华浓缩于"文"中。"文"为"往昔圣哲精神所寄"，"周礼之教"因"文"得以流传。二是再次强调"中体西用"的文化观。"得欧美富强之具，而以吾圣哲之精神驱使之，此为最上之治法"，此几乎就是"取西人器数之学以卫吾尧舜禹汤文武周公之道"这句"中体西用"代表性名言的翻版。

二 一个教育家的现实思考与设计

吴汝纶从教育角度思考中西兼容的问题有一个逐渐深入的过程。

---

① 吴汝纶：《复斋藤木》，《吴汝纶全集》（三），黄山书社 2002 年版，第 416 页。

在莲池书院任山长期间，他就开始尝试将西学引入学堂教学，但限于时代与视野，晚清书院对西学课程的引入有限，中学课程仍然是教学主体。吴汝纶从教育角度深入思考中西学兼容问题是在日本考察期间。对西方文化的实际接触使吴汝纶的文化思考有了更多理性的成分。

（一）对于中学更理性的态度

细读吴汝纶文集，会发现身处中西文化夹缝中的吴氏一直苦苦思索的一个问题是：如何将中华文化的精华从驳杂的古典典籍中归纳、抽取出来，让后学者可以尽快掌握中华文化的精髓。作为一个文学家，他认为古文就是中华传统文化的精华，只要熟读桐城派古文大师文章就足矣，但这仅是一个文学家的浪漫设想。当他以京师大学堂总教习的身份去日本考察学制时，他的主要任务是为清朝学部制定新学制提供方案。政府官员、教育家的双重身份与具体的考察任务，使他在思考中西文化交融的问题时较以往多了几分成熟、全面，少了几许激情与幻想。

吴汝纶在日本考察期间于中西文化的新认识有以下三点：

其一，日本人对于中华传统文化的态度，使吴汝纶开始以一种客观、公正、平和的态度看待传统文化。

中国近代文化史发展演变的一个明显倾向就是对于传统文化的部分、甚至全面的否定。吴汝纶以古文代替中国传统文化，部分的肯定，一定程度上也意味着对中国传统文化整体绝大部分的否定。日本之行，吴汝纶在文化观上最大的一个收获就是：建立起一种对"国学"的正常心态。日本人对中国传统文华的理智态度与择其优而用的方式，使他开始反思自己原来对于中学的偏激态度。

吴汝纶没有料想到：屡屡受到国人口诛笔伐的中华传统文化竟然颇受日本知识分子尊崇，日本学者对于汉学的精通程度让他咋舌，①

---

① 在日本学者召开的研经会招待会的讲话中，吴汝纶说："今诸君多精通西学而不废汉文，观会中诸作目录，足见所讲皆吾文学中精微奥要之义，非徒事辞章记诵之末。"参见吴汝纶《研经会招待席上答辩》，《吴汝纶全集》（三），黄山书社 2002 年版，第451页。

一些在国内几乎失传的传统礼乐也在日本得到传习。光绪二十八年廿九日，吴汝纶在访问日本一所女子学校，见学生在弹习古筝，这让吴汝纶十分感慨："筝，中国乐，今少知者，日本乃习之于女学校，吾甚愧赧。"① 日本学者在与吴汝纶交谈时，也认为本国传统文化不可遽言废弃。日本教育家古城贞吉对吴汝纶说："勿废经史百家之学，欧西诸国学堂必以国学为中坚。……五方交通，学有长短，如废贵国之文学，则三千年之风俗无复存者，人则悉死，政则悉败矣。是故英国有保守党，以制西人之趋轻浮狂简也。"②

日本学者对于中华传统文化的态度，使吴氏的文化观发生了悄然变化。对于"国学"的渐趋客观的认识，使他在具体思考新学制时，会加大课程设计中"国学"的比重，不会仅仅以姚选《古文辞类纂》来代替所有的"国学"。这在他随后拟定的《学堂书目》中得到了很好的体现。

其二，"中体西用"的教育观。

吴汝纶在与日本学者接触的过程中，逐渐形成了较为明晰的"中体西用"的教育观。

所谓"中体西用"的教育观，就是以中国儒教的伦理道德"治心"，以西方的格致之学"治身"。吴汝纶下面的两段记载很清楚地表述了这种教育文化观：

在与日本教育家高岛张辅交谈后，吴氏有载："高岛谓中国之教育，有益于心，西国教育，有益于身，不可舍己从人，当取长补短。所言甚扼要。问西国所长，我当取者皆何等，高岛言五事：一医，二兵，三理化，四矿学，五机械学。吾国大夫，知学此五者，可以自立矣。"③ 在与犬养毅交谈后，吴氏有载："出过犬养毅，其言：'孔子之教以仁为主，可以尽摄西学诸科，他宗教尽出其下；中国秦汉以

<hr />

① 吴汝纶：《东游丛录·卷二》，《吴汝纶全集》（三），黄山书社 2002 年版，第716 页。

② 吴汝纶：《日记卷第十·教育》，《吴汝纶全集》（四），黄山书社 2002 年版，第703 页。

③ 吴汝纶：《东游丛录·卷二》，《吴汝纶全集》（三），黄山书社 2002 年版，第725—726 页。

来，朝代屡易而国不亡者，孔教统一之也。'其言亦伟绝。"①

事实上，中国近代以来的教育改革，在具体的课程的设置上长期没有摆脱"中体西用"教育观的影响。西方的格致之学与中国传统伦理道德教育的简单组合几乎成了近代中国教育改革的一个主要特征。

其三，"会通中西"的新文化观。

中体西用其实是一种简单化的、机械的文化融合观，它从"体""用"角度将中国传统文化、西方文化予以简单的割裂、拼凑，不仅在理论上漏洞百出，在实践上也难见成果。向持"中体西用"文化观的吴汝纶在日本考察学制期间，文化观有了一些微妙的变化，"会通中西""打中西于一冶""取东西文明之粹打为一块"这样的字句渐渐成了他表述融合中西文化的新方式。② 在日本学者举行的研经会招待席的答辞中，吴氏提出了"会通中西"的文化观："今时国无西学，不足自立。下走东来，仰求师法，实欲取长补短，以求自列于群集竞存之场。若但讲吾国旧学，甚多缺点，但因此遂弁髦吾圣经贤传、诸史百家，此必不能。……凡吾学之益于世者，其高在能平治天下，其次则能言能达意，足状难显之情，此诚政治家必要之事，不得以空疏见诮。惟有文无实，徒饰虚事，是末流之失。……下走来问师法，意在会通中西。"③ 从这段文字，仍然可以看出吴汝纶既有思想的脉络："文学"是中国文化的精髓，"文学"将在"会通中西"的过程中扮演重要的角色。但在这里，"会通"毕竟有了新的文化含义，它不再是机械的割裂、生硬的拼凑，而是包含着对中西方文化有机、和谐地调和、兼容的深远意味。

吴汝纶曾与日本教育家井上哲次郎有过一次对话。这次对话中的一些内容很有意思，就是在今天看来，也颇有启发，现部分摘录于

---

① 吴汝纶：《日记卷第十·教育》，《吴汝纶全集》（四），黄山书社 2002 年版，第715 页。

② 吴汝纶：《东游丛录·卷二》，《吴汝纶全集》（三），黄山书社 2002 年版，第731 页。

③ 吴汝纶：《研经会招待席上答辩》，《吴汝纶全集》（三），黄山书社 2002 年版，第451 页。

下："（吴氏）问：'来此为欲瞻仰贵国教育，所见皆是外著之制度，已足敬佩，尚欲得公等诲示，一问贵国教育之精神。'（井上）答：'敝邦教育，以融合调和东、西洋思想为目的。自然科学，莫如西洋，然唯取科学而无精神以率之，则将不堪其弊。故以我精神运用之，此我教育所由而立也。贵国亦要先讲西洋自然科学，然无所谓哲学者，则教育之精神难立也。教育精神毕竟在伦理，今日之伦理，非打东西之粹而为一冶不可。'"①

从这段对话，可见吴氏很想探知教育之真精神。井上认为教育精神在"伦理"。并认为中国最"当补"之伦理有三："曰重个人之权利；曰自由平等之精神；曰知实业理想之要。"个人权利与自由平等精神都好理解，那么，理想是什么呢，井上解释："理想一也，而有个人之理想，有国家之理想。个人之理想，则伦理之本源也；国家之理想，则国家隆盛之原因也。理想者，非取模范于过去。而期将来者也，欲驾过去一切文明而上之者，非尚古之意也，逐新而进之意也。"②

这次对话是吴汝纶问、井上回答。井上所言的教育之真精神已经涉及民主、民权的问题，国民教育不仅仅意味着培养技术人才，还要培养国民近代民主、自由的精神。吴氏对这次对话的完整记录可以看出他对此次对话的重视。相当程度上，他已经逼近了近代教育的真精神，但个人思想的局限，短暂的生命都没有给他更多的机会与时间来思考与实践这个教育近代化的大课题了。③

对于"会通中西"，从整体看，吴氏只是提出了概念，但并没有具体的阐述，在他对新学制的具体设计中也没有得以体现。其实"会通中西"，尤其是从道德、伦理层面上欲"打中西于一冶"是一个世纪性的文化课题，至今仍争论不休。在文化的最核心层次上达到"会通中西"的境界后的一国文化，究竟会以何种状态展现出来，恐怕不

---

① 吴汝纶：《井上哲次郎笔谈》，《吴汝纶全集》（三），黄山书社 2002 年版，第757 页。

② 同上书，第757—758 页。

③ 在民主与自由的问题上，吴汝纶始终没有放弃自己的反对态度。见吴汝纶《答方伦叔》，《吴汝纶全集》（三），黄山书社 2002 年版，第381 页。

是笔者所能探及的，最后的答案将在文化史的缓慢发展中渐渐呈现出来。

（二）如何在近代学校协调中西学课程的问题

不管是"中体西用"的文化观还是"会通中西"文化观，落实到学制设计上的第一个具体问题就是：在小学、中学、大学各个教育阶段，中、西学课程各应设立那些具体科目？作为一个教育家，吴汝纶很准确地抓住了问题的实质。从他向日本学者长尾槙太郎提出的一个问题中就可看出他脚踏实地的实践精神。吴汝纶在与长尾槙交谈时，开门见山就提出："此来欲取法贵国，设立西学。其课程过多，若益以汉文，则幼童无此脑力，若暂去汉文，则吾国国学，岂可废去？兼习不能，偏弃不可，束手无策，公何以救之？"① 在与日本学者大槻如的一次交流中，吴氏提出的问题更为具体："教育之法，全用欧学，似尽弃汉文，亦未免过甚。敝国今开办学堂，不能全废本国旧学，但欧洲科学已多，再加本国旧学，学童无此脑力。若删减汉字，即与贵国无异，将来能汉文者亦少。若删减西学，若何删法？又汉学读书，必须倍诵，缘经史文理过深，不如是不能成诵，殊无益处。若倍诵温习，不能与西学同时并讲，且恐欲求两全，转致两失，如何而可？"②

这里没有必要关注日本学者的回答，我们需要关注的是吴氏所设计的具体文化方案。

光绪二十八年九月十七日，吴氏在结束日本考察前夕，在《与陆伯奎学使》一信后附拟定好的《学堂书目》，③ 详细列举了从小学、中学到大学各阶段应学的中西学书目，可谓是一份具体的"会通"中西学的具体方案。根据吴氏的列举来看，可以看出：

其一，从其所开书目来看，他并没有将"中学"仅仅局限于

① 吴汝纶：《长尾槙太郎笔谈》，《吴汝纶全集》（三），黄山书社 2002 年版，第 764 页。

② 吴汝纶：《大槻如问答》，《吴汝纶全集》（三），黄山书社 2002 年版，第 802 页。

③ 吴汝纶：《学堂书目》，《吴汝纶全集》（三），黄山书社 2002 年版，第 376—379 页。

"文学",他对"中学"的经、史、子、集都未放弃。这说明他作为一名教育家思考问题时,暂时忘却了文学家的浪漫与激情,而是全面、客观地思考问题。

其二,桐城派古文是学生学习的重要内容。特别是在中学教育阶段,吴氏所开的中学书目几乎完全以桐城派学者的作品为主。中学是国民素质教育的最重要阶段,吴汝纶将桐城派作家作品列为中学生学习中学的主要内容,是试图在教育实践中实现个人的文化观。

其三,吴氏在大学阶段中专列"中国专门学",显示出吴氏对于传承中华传统文化的真知灼见。中学博大精深,有必要在大学阶段设立"专门学"进行学习、研究。他所谓的"中国专门学"其实就是现在中国大学汉语言文学专业所覆盖的内容。

其四,吴氏于中学所开书目极细,可见他对中学的精通与厚爱;与之不协调的是,他所开西学书目偏少且不全面,这与他本人的知识构成有关。

吴汝纶从书目角度入手,按各个教育阶段列出应学的中西学书目,可谓将会通中西从理论探讨落实到了实处。其实,于具体的个人而言,会通中西并没有什么捷径可走,学生不大量阅读中西著作,"会通"就是坐而论道,水中捞月。

结 语

作为文学家的吴汝纶与作为教育家的吴汝纶是分裂的。作为文学家,他希望文学担当起传承传统文化、兼容中西的重任。这种一厢情愿的想法其实包含着学派的私心,在桐城派古文四面楚歌的文化环境中,作为桐城派领袖的吴汝纶是多么渴望古文能重现昔日辉煌,但古文的种种局限使其不可能在近代中西文化兼容的进程中发挥太大的作用,反而成为新文化的桎梏。作为教育家的吴汝纶放弃了自己的浪漫设想,在文化的实践层面上展开了对于中西方文化会通的思考与设计。他精心选择的中西学书目就显示出一个中国传统知识分子在会同中西时对于中、西方文化的选择与保留。每一本书目的选择本身就显示选择者本人的文化态度。他所列出的众多中西学著作,就好像倒入容器中的种种化学试剂。这个复杂、漫长的文化化学反应至今也没有太明确的结果，中西文化会通后会展现出什么样的文化场景呢？现在的文化研究者、实践者都还在困惑地等待着历史的答案。

原载《炎黄文化研究》第七辑，大象出版社 2008 年版。

吴汝纶"存废"中医的文化选择

如何评价中医的科学性及其在当代医疗体系中的地位，是学术界长期关注的热点问题之一。中医的评价问题所以长期吸引众多学者的关注，一个重要原因就在于对中医的定位与评价直接关涉对中国传统文化的评价问题。其实，自近代以来，对于中医的争论就一直没有停息过，中医的命运伴随着中医的存、废之争也几起几落。吴汝纶作为近代中国的著名文学家、教育家，一方面提倡桐城派古文；另一方面则对中医持近乎完全排斥的态度，这种对待中国传统文化的矛盾态度，自然引起了不少研究者的注意。笔者于是文中一是试图全面归纳总结吴汝纶对中医的态度，二是力求从文化视角发掘吴汝纶排斥、批判中医的真正缘由。

一

近代以来关于中医的"存废"之争，主要有四种观点：一是废除中医中药；二是废医存药；三是中医要改良，要科学化；四是主张衷中参西。其中以第一种观点对中医的态度最为苛刻激烈。吴汝纶是桐城派古文大师，为晚清著名的文化保守主义者，其对中医的态度与对古文的态度却叛然两立。他在视桐城古文为"瑰宝"的同时却坚决主张废除中医。对于中医，他力主排斥，"拒绝中医，实为卓识"①；对于西医，他公开表明自己"笃信西医"②。吴汝纶在医学问题上的

---

① 吴汝纶：《与王小泉》，《吴汝纶全集》（三），黄山书社 2002 年版，第 72 页。
② 吴汝纶：《与王西渠》，《吴汝纶全集》（三），黄山书社 2002 年版，第 70 页。

激烈之辞，其影响不可小觑。近代文人如梁启超、胡适、严复等人关于中西医问题也有所评论，但均为只言片语。吴汝纶虽无专文论及中西医问题，但综合其文集中不时出现的有关医学的零星言辞，其对中医的批判却是全面、系统的。正是吴汝纶对中医的系统批判，使其具有了文化分析上的典型意义。

（一）吴汝纶试图从源流的角度分析中医之"坏"与"伪"。

吴汝纶对中医的批判所以引人注目，一个原因就在于其态度的彻底性，其彻底性的一个表现就是他试图从源流的角度彻底否定中医的合理性。关于中医的起源与发展，他曾有较为系统的论述："敝国医学之坏，仍是坏于儒家。缘敝国古来医书，列在《汉书·艺文志》者，皆已亡佚。今所传《难经》《素问》，大抵皆是伪书。其五藏部位，皆是错乱。其所以错乱之故，缘敝国汉朝有古文、今文两家之学，古文家皆是名儒，今文则是利禄之士，古文家言五藏，合于今日西医，今文家言五藏，则创为左肝右肺等邪说。及汉末郑康成，本是古文家学，独其论五藏乃反取今文，自此以后近二千年，尽用今文五藏之说，则郑康成一言不慎，贻祸遂至无穷，其咎不小。"[①] 这段话是吴氏在日本考察教育体制期间在社交场合的一段公开答辞。作为一个身份特殊的政府官员在访问国的外交场合中公开否定本国传统医学，当是深思熟虑的想法。仔细分析，吴汝纶此处所言有两点值得注意：

其一，认为"真"中医存在于汉代以前，汉代以后中医的谬误起于"儒家之坏"。吴汝纶所谓"儒家之坏"，具体而言，一是西汉今文家对五藏认识的谬误；二是汉末古文经学家郑康成论五藏反取今文，使今文五藏谬说贻误至今。既然中医的"真"源流在汉代已经"亡佚"，后世中医理论都源于郑康成的谬传，这就从源流的角度给现传中医贴上了"坏"的标签。试图从源流角度否定中医的合理性，可见吴氏否定中医态度之坚决。在他看来，汉学大家郑康成的谬传是

① 吴汝纶：《同仁会欢迎会答辞》，《吴汝纶全集》（三），黄山书社 2002 年版，第447 页。

中医之"坏"的根本原因，这种观点很是体现了吴汝纶的学术倾向。吴汝纶是清末桐城派领袖，桐城派在学术上一以宋学为依归，与汉学家相互攻讦不断。作为宋学皈依者的吴汝纶将中医之"坏"归于汉学家郑康成"一言不慎"，这种结论的得出显然与学术上的门户之见密切相关。医学自有其独立发展的路线，与经学的真伪并无太大联系。从吴汝纶的判断倒是可以看出：科学在古代中国，甚至到了近代中国都没有自己独立的地位，相当程度上成了经学的附属品。正是这种附属地位，使本该属于医学专业领域的中医，成了经学家、道学家阐述学术思想、伦理道德的场所，也使中医在某种程度上失去了自己的独立地位和固有发展轨迹。

其二，判断中国现传中医为"伪"医学与"邪说"。所以对现传中医作出"伪"与"邪"的判断，他提出两点理由：第一个理由是现传中医的重要典籍如《难经》《素问》为"伪书"。《难经》原名《黄帝八十一难经》，约成书于东汉以前，在中医学典籍中常与《内经》并提，为中医最重要的古典医籍之一。《素问》原名《黄帝内经素问》，是现存最早的中医理论著作，所论以人与自然统一观、阴阳学说、五行说、脏腑经络学为主线，论述摄生、脏腑、经络、病因、病机、治则、药物以及养生防病等各方面的关系，为中医基本理论的渊源。中医作为民族传统医学，讲求经验的传承，如果认定现传中医奠基性的典籍为伪书，现传中医为"伪学"的结论也就自然成立了。第二个理由是现传中医的"左肝右肺"为"邪说"。"左肝右肺"为中医的藏象学理论之一，本是论述气机升降运动，而非实指肝肺等脏器位置。随着近代西医解剖学的传入，"左肝右肺"被演绎误读为"肝在左边，肺在右边"，此成为中医在近代被批判的重要口实。以西医为标准批判中医，这是吴汝纶也是近代中国不少学人在审视中医时常常采用的分析判断法。吴氏在采用此分析判断法时，首先默认了两个前提，一是西医是正确的；二是中医的正误须以西医为标准进行判断。从这两个前提出发去判断中医，中医自然就成了"伪"医学与"邪说"。

（二）吴汝纶对中医的具体批判。

目前我国学术界关于中医的争论主要集中在中医是否具有科学性这个关键点上。部分学者所以认为中医不是科学，其主要理由有以下几方面：一是中医没有揭示任何的因果关系；二是中医没有逻辑；三是中医的有效性是虚假的；四是中医得不到任何可供实验检验的证据。细查吴汝纶关于中医的具体批判，可以发现他的关注点也集中在中医是否具有科学性这一关键问题上。

其一，对中医理论体系的批判。阴阳五行之说是建构中医理论的基础，否定阴阳五行理论就等于从理论上否定了中医存在的合理性。吴汝纶曾用排比式的疑问句质疑阴阳五行理论："平心察之，凡所谓阴阳五行之说，果有把握乎？用寸口脉候视五藏，果明确乎？本草药性，果已考验不妄乎？五行分配五藏，果不错谬乎？人死生亦大矣，果可以游移不自信之术尝试否乎？"[1] 从"把握""明确""考验"这些判断词可以看出他的判断标准显然受到了近代西方科学精神的影响。正是从这些标准出发，吴汝纶得出如下论断："缘中医所称阴阳五行等说，绝与病家无关，此尚是公理，至以目疾为肝、肾二经，则相去千里。"[2] 阴阳五行之说源自易经，本是与中国古典学术密切相关的一个朴素的哲学理论体系，中医借用此学说建构起自己的理论体系，是否有移花接木、牵强附会之嫌，还是学界争论的一个问题，但必须指出的是：中医的发展有着与西医迥然不同的路径，不能全然以西方的科学体系来判断其是否具有科学性。解剖学是近代西医的科学理论基础，使西医建立在了可供实验检验的证据上。吴汝纶既然认同了西医及西方的科学精神，自然要借用解剖学这个标准来检验中医真伪，如他在论及张仲景时就说："仲景伤寒所称十二经，今西医解剖考验，实无此十二经络。"[3] 将中医放在西医解剖学的天平上进行拷问，也是后来质疑中医者常用的批驳路径。吴汝纶试图从人体解剖学

① 吴汝纶：《与吴季白》，《吴汝纶全集》（三），黄山书社 2002 年版，第 69 页。

② 吴汝纶：《与贺松坡》，《吴汝纶全集》（三），黄山书社 2002 年版，第 226 页。

③ 吴汝纶：《同仁会欢迎答辞》，《吴汝纶全集》（三），黄山书社 2002 年版，第447 页。

的角度对中医理论进行全面的批判:"平日灼知中医不足恃,自《灵枢》《素问》而已然,至《铜人图》,则尤不足据,《本草》论药,又皆不知而强言。不如西医考核脏腑血脉的有据;推论病形,绝无影响之谈。"① 所谓西医"考核脏腑血脉的有据",其实就是"解剖学之有据",解剖学在吴氏手中成了无坚不摧的武器,举凡中医理论、中医典籍,不管是《灵枢》《素问》,还是《铜人图》《本草纲目》,由于没有近代西方解剖学作为基础,在他眼中都就不足为据了。由于中医本身不是建立在解剖学的基础上,有独立于西医学的理论体系,若采用解剖学来检验,其合理性、科学性自然也就受到质疑。

其二,对中医方剂及药性的批判。中医方剂是中医体系的一个重要特征与组成部分。近代以来,中医方剂所以颇受质疑的一个重要原因就是其组方没有"任何的可供实验检验的证据",这种质疑主要是以西方医学体系中的医药化学为参照体系。西医药品为何值得信赖呢?吴氏认为西医药品以化学为根基,"其药品,又多化学家所定,百用百效"②。西药药品与中医药品相比较的另一个重要区别是精确性。西医药品的精确性体现在三个方面:一是药名的标准统一;二在量上精确到毫克,在质上分解为化学分子式;三是每一种药品均标明准确的药理作用与适应证。中医方剂与西医药品相较,在精确性上颇受人诟病:药名不统一;药量不精确;药理作用与适应证也模糊含混。吴汝纶就认为:"中药性质,言人人殊,彼其所云补者不补,彼其所云泻者不泻,乃别有偏弊,而本草家又不能知,特相率承用之,而几幸其获效,往往病未除而药患又深,此不可不慎防者。"③ 他据此将中医称为"含混医术"④,认为中医"含混谬误""不值一钱"⑤,言外之意,西医自然就是"精确医术"。"含混"与"精确",这种褒贬词汇的运用把吴氏对中西医的态度鲜明地凸显出来。

其三,对中医名家及中医重要典籍的批判。出于对中医的怀疑态

---

① 吴汝纶:《答王之合》,《吴汝纶全集》(三),黄山书社2002年版,第141页。

② 同上书,第141页。

③ 吴汝纶:《与贺松坡》,《吴汝纶全集》(三),黄山书社2002年版,第226页。

④ 吴汝纶:《答萧敬甫》,《吴汝纶全集》(三),黄山书社2002年版,第54—55页。

⑤ 吴汝纶:《与吴季白》,《吴汝纶全集》(三),黄山书社2002年版,第69页。

度，吴汝纶对中医的整个发展历史都产生了怀疑，此主要表现为对历史上的中医名家及中医重要典籍的怀疑、批判。他曾对中医发展史做过这样的论断："西人之讥仲景，则'五淋'中所谓'气淋'者，实无此病；又所谓'气行脉外'者，实无此理。而走于支饮、留饮等病，亦疑其未是，此殆亦仲景以前已有之常谈，未必仲景创为之也。盖自《史记·仓公扁鹊传》已未尽得其实，况《千金》《外台乎》！又况宋以后道听途说之书乎！故河间、丹溪、东垣、景岳诸书，尽可付之一炬。"① 他于此将东汉张仲景以来的中医名家与中医典籍几乎全盘否定，"尽可付之一炬"，态度是何等决绝！

其四，在专科医学上对中医的批判。吴汝纶不仅从总体上考察比较过中西医，还关注过育婴学、营养学、法医等专科医学，当然，他的态度很明确：褒西贬中。在育婴学上，他对于中国传统的育婴方法尤持否定态度。他以为，在育婴上"抚育勿过珍重，但料检饥饱寒温、动定节宣之法，不可专依吾中国乳妪旧例，当随事询问西国女医。彼土料理婴儿，将养爱护，曲尽性理，家喻户晓。其谓吾国妇人，愚蠢不达事理，往往用为笑柄，名为爱之，其实害之，故必以勤问西法，为养婴之要诀"②。一个是"曲尽性理"，一个是"愚蠢不达事理"，在他眼中，中医已近乎"笑柄"了。对于中国传统法医学，他更以为是一无是处。他认为中国传统法医与西方法医相比几乎就是"儿戏"。在与朋友的信中，他对中西法医作了一番对比："所心服者，尤在法医。法医者，检视生死伤病，以出入囚罪，近年问刑衙门获益尤多。吾国所凭《洗冤录》、仵作等，直儿戏耳。"③ 在日本考察教育期间，他专门深入东京医学堂了解法医。在参观了医学堂的解剖标本室后他感叹不已："自医学大明，裁判所甚得裨助。此吾国所急宜讲求者。"④ 在营养学方面，他对中医食补也颇有微词。食补

① 吴汝纶：《答王合之》，《吴汝纶全集》（三），黄山书社2002年版，第145—146页。
② 吴汝纶：《与柯凤荪》，《吴汝纶全集》（三），黄山书社2002年版，第254页。
③ 吴汝纶：《与李亦元》，《吴汝纶全集》（三），黄山书社2002年版，第396—397页。
④ 吴汝纶：《东游丛录》，《吴汝纶全集》（三），黄山书社2002年版，第716—717页。

是传统中医的一大特色，燕窝、鹿茸是传统中医中的补养上品，吴氏则以为，"自西医研精物理，知燕菜（即燕窝——笔者注）全无益处，鹿茸则树生之阿磨利亚，及骆驼粪中所提之阿磨利亚，皆与茸功力相等，而价贱百倍，何必仍用此等贵物乎！西医不但不用鹿茸，亦并不用阿磨利亚者，为其补力小也。……平日不考西书，仍以鹿茸为补养之品，何其谬耶！"① 虽说不再迷信中医补品，但补品于中国人还是不可少的。中医补品没有营养，那么舶来补品一定功效非凡，吴氏转而将目光投向了"牛肉精"等西洋补品。所谓"牛肉精"，吴汝纶曾有详细的介绍："牛肉精并非药物，即牛肉之精华也。缘天下至养人之物，无过牛肉。牛肉入胃，消化较他肉为速，以其劳胃经消化之力少也。然衰疾老罢之身，亦往往不受牛肉，西人于是用机器搜取牛肉之汁而弃其渣滓，又用他药，制造此汁，使之入胃即化，不复使胃家出力消之，以此为调养衰老至精之圣品，此乃饮食类之一物，非药也。"② 看来"牛肉精"是近似于今人所热衷的保健品一类的东西。他曾详细记载了"牛肉精"的制作方式："每日自炖牛肉一觔，肉但洗净切细，不用加水，将铛盖固，不令走气，炖至半日，取汤半碗，此汤乃气水所成，最能养人。后半日入水半茶杯再炖至暮，又可得汤半碗。"③"牛肉汁"也可以"洋铛"自蒸，吴氏家中即备有"洋铛"随时蒸取牛肉精。④"牛肉精"并非在晚清流行，在近代日本似乎也风行一时，吴氏在日本留学的儿子即给他寄过"牛肉汁"。在致朋友的信中，吴氏这样谈及"牛肉精"的奇效："西人养老扶衰之品，以牛肉精为最。尊公之病，但服牛肉精四五十日，必当霍然，不知旧疾之何往。近时贵人，如李傅相、恭醇二邸，皆以此物为至宝。穷而在下，与某游者，平日或讲理学，或讲文章，无不遵服此药，以其真有奇效也。"⑤ 西医保健品是"扶衰"之"圣品"，而中医保健品则是"骆驼粪中所提之阿磨利亚"，从这些夸张的对比中，可以看出他的

---

① 吴汝纶：《与千里》，《吴汝纶全集》（三），黄山书社 2002 年版，第 257 页。

② 吴汝纶：《与王小泉》，《吴汝纶全集》（三），黄山书社 2002 年版，第 72 页。

③ 吴汝纶：《谕儿书》，《吴汝纶全集》（三），黄山书社 2002 年版，第 593—594 页。

④ 同上书，第 592 页。

⑤ 吴汝纶：《与王西渠》，《吴汝纶全集》（三），黄山书社 2002 年版，第 70 页。

评判天平已全然偏向西医了。

综上所述，吴汝纶对西医几乎到了"惟西医是从"的地步。他曾采用夸张式的比喻来形容中西医之间的差距："中医之不如西医，若贲育之与童子。"① 西医与中医相较有如此优势，为何时人还多有信奉中医者？他以为有两个原因，一个是国人的传统惯性思维，另一个则是以中医为业者的"排摈"："惜中国读书仕宦之家，安其所习，毁所不见，其用医术为生计者，又惟恐西医一行，则已顿失大利，以此朋党排摈，而不知其误人至死者，不可胜数也。……京城及畿南士大夫，庶渐知西术之不谬，不至抱疾忌医，或者中土庸医杀人之毒，其稍弛乎。"② 他希望：随着西医的逐渐传播，中医会逐渐失去旧有的影响力。近代中国医学的发展也基本应证了他的预想，中医逐渐萎缩，西医则是大行其道。这种局面在今人看来有些悲凉，但这正是近代许多学人所期盼的。历史的合力在近代中医的衰退上体现得淋漓尽致。

需要指出的是，他对西医的态度并非是人云亦云或道听途说式的盲从。据《吴汝纶全集》编纂者施培毅统计，吴汝纶读过不少西医书籍，其中有《化学卫生论》《孩童卫生论》《西医举隅》《西医内科全书》《西药大成》等。③ 他在阅读西医书籍时，带有一边倒的态度："医学，西人精绝，读过西书，乃知吾国医家，殆自古妄说。"④ 西书、西学、西医在这个古文家眼里成了绝对的标尺。吴氏一次从西医书上得知，麦面的营养比大米好，便立即致信给儿子告知："西书论面之养人，过于大米，以其质有戈路登，戈路登者，麦之粘性也，能食面最佳，发面尤善。"⑤ 这里所言的"戈路登"一词，想必是"卡路里"的一种音译。作为清末桐城派领袖，吴氏对西医的痴迷确有让人诧异之处。

---

① 吴汝纶：《答王合之》，《吴汝纶全集》（三），黄山书社 2002 年版，第 145 页。
② 同上书，第 141 页。
③ 施培毅：《吴汝纶全集·前言》，《吴汝纶全集》（一），黄山书社 2002 年版，第 3—4 页。
④ 吴汝纶：《答何丞豹》，《吴汝纶全集》（三），黄山书社 2002 年版，第 164 页。
⑤ 吴汝纶：《谕儿书》，《吴汝纶全集》（三），黄山书社 2002 年版，第 575 页。

二

笃信古文的吴汝纶之所以对中医持近乎偏执的否定态度，有必要回到具体的历史场景中，去深入挖掘这样几个问题：作为古文家的吴汝纶为何如此关心医学问题？是否与他或家人的健康状况有关？他对中医的反感是否与中医的误诊有关？在回答了这些具体后，笔者再尝试从文化视角分析其"弃中取西"医学观形成的缘由。

（一）亲人的接连辞世，使吴汝纶最终迁怒于"无能"的中医

已有的研究往往侧重于从文化的深度去挖掘吴汝纶排斥中医的原因，少有文章去探究吴汝纶排斥、批判中医的最直接原因，其实这是探讨吴汝纶中西医观需要解决的首要问题。[①] 笔者以为，吴氏排斥中医的最直接原因与其亲人的接连病逝有相当关系。亲人的接连辞世，使吴汝纶最终迁怒于"无能"的中医。为说明这一点，下面对其亲人辞世的情况作了一简单梳理。

同治十二年（1873），是年吴汝纶33岁，从这一年起，他接连遭受了亲人病重、接连辞世的打击。是年三月十四日，其父吴元甲去世，享年六十四岁。父亲去世甫两年，光绪元年七月（1875），其母去世，享年六十六岁。吴汝纶也因父母去世接连辞去了李鸿章幕府、张树声幕府中的职务。五年后，即光绪六年（1880），其兄肫甫又因病去世。兄长的去世对他的打击很大，诚如他在给友人的信中所言："自先兄见背，弟已灰心绝望，但欲闭门自了。"[②] 他还经历了痛失女婿、爱女的打击。光绪十七年（1891），其二女婿汪应张"客死于怀庆"。光绪二十七年十一月廿日（1901），其四女早逝，吴氏"哀伤无已"[③]。正是降临在亲人身上的种种不幸，使吴汝纶对医学问题关注有加，亲人的接连辞世使他强烈意识到了中医的"无能"，特别是

---

① 周宁在《吴汝纶与中西医》一文亦提出家门不幸促使吴氏逐渐对中医失去了信心。参见周宁《吴汝纶与中西医》，《唐都学刊》2006年第7期。

② 吴汝纶：《答吴棣村》，《吴汝纶全集》（三），黄山书社2002年版，第534页。

③ 吴汝纶：《与张溯周》，《吴汝纶全集》（三），黄山书社2002年版，第385页。

四弟熙甫的病逝更强化了他对中医的偏见。

光绪十五年（1889）正月十六日，吴汝纶的四弟熙甫去世，年仅37岁。熙甫的身体一直羸弱，长年住在吴汝纶家中。吴汝纶对弟弟的照顾极为细致，四弟病时，汝纶"屏去仆役，躬执烦辱。季弟病羸，服食药饵，必具必精，苟可以娱其意，竭才力为之，得闲则守视不去，积十余年不怠"①。吴汝纶于光绪十四年之所以弃却官场到莲池书院讲学，一个因素就是考虑到莲池书院环境幽静，利于为熙甫疗病。熙甫去世后，汝纶悲痛难言，特作《祭弟文三首》以表达自己的哀恸："今八尺之堂，六尺之木，吾弟僵寝其中，馈弟弟不食，呼弟弟不应，疾苦之状，呻吟之声，且不可复闻见，何问朋游吟咏之事乎！远闻风声，恍如忾叹，清肌瘦骨，在吾目中，事至意动，辄拟咨度，翻然猛省，室已无人，遗书在床，遗药在几，寡妻悲号，稚子无色。"② 吴汝纶以为四弟之死与中医"乱方"不无关系："呜乎！我杀吾弟，我杀吾弟！弟疾有牢根，不可卒拔……及春困笃日加，则又惑乱方药、左误右误，不死不已！"③

在其四弟重病缠身的十余年中，吴汝纶为治好四弟的疾病，四处寻访名家方药。四弟去世后，他"翻然猛省"，痛恨自己在治疗四弟疾病时"惑乱方药、左误右误"。中医方药在事关亲人生死的疾病面前的"无能"，使吴汝纶对中医的态度开始改变，他不再信任中医："人死生亦大矣，果可以游移不自信之术尝试否乎？"④ 他不是一时负气之举，而是"笃信其志，到死不肯一试中医"⑤。

吴氏发誓"至死不肯一试中医"后，转而笃信西医。他将患肺病的儿子送至日本留学，其主要目的并非是留学，而是让儿子"专以养身为宗旨"，要让儿子在"东京求名医一诊，并访问将养之法"⑥。儿子到东京后，并未按他的要求访求名医，他专门修书给儿子再三叮

---

① 郭立志编撰：《桐城吴先生（汝纶）年谱》，沈云龙主编《近代中国史料丛书》第73辑，文海出版社1973年版，第105页。
② 吴汝纶：《祭弟文三首》，《吴汝纶全集》（一），黄山书社2002年版，第75—76页。
③ 同上书，第75页。
④ 吴汝纶：《与吴季白》，《吴汝纶全集》（三），黄山书社2002年版，第69页。
⑤ 徐一士：《吴汝纶论医》，《一士类稿》，辽宁教育出版社1997年版，第179—180页。
⑥ 吴汝纶：《谕儿书》，《吴汝纶全集》（三），黄山书社2002年版，第588、589页。

嘱:"汝到东京,从未一访名医,此非我遣汝出游之意也,宜求医家高手,为汝一诊,后可时与往来,即令肺疾真除,后当如何摄养,乃冀强壮,一切惟医之言是听。"①

"他政均宜独立,惟医学则必取资西人"②,个性平和的吴汝纶少有如此偏激之语。在全面了解其亲人患病治病的情况后,也就可以理解他为何坚持一边倒的医学观了。也许正是源于个人的深刻体会,使他在中医问题上毫不妥协。鲁迅在《从百草园到三味书屋》一文中曾描写了自己对传统中医渐失信任直至失望的详细过程,吴汝纶对中医的态度与鲁迅相较很有相似之处。

中国近代知识分子在中西文化问题有着种种争论,在不休的争论中,包括西医在内的近代西方文化却以不可阻挡的速度在古老的中国大地上不断推进,一向重视实际功用的中国人在接受西方文化时的彻底性让西方人也为之咋舌。近当代部分中国知识分子尽管还在中西医问题上争论不休,但真有切肤之病,第一反应恐怕还是去西医院而不是中医院。吴汝纶可以在古文问题上毫不让步,可在事关生死的医学问题上却弃中取西,个中原因很简单,理论可以争论,生命却不容讨论。扩展到整个中国传统文化上,也可概括为,传统文化的继承问题可以探讨,社会现代化的步伐却一步也不能慢不下来。近代中国人都在迫不及待地向现代化奔跑,这个延续了一百多年的进程还不会停下来。也许只有在真正步入现代化,中国人才会回头寻找传统文化。

(二)弃中取西的医学观:吴汝纶的中西文化观在医学领域的体现

"中体西用"的文化观是中国近代知识分子关于中西文化的认识主流。这种文化观将文化割裂成"体""用"两大块,并将西方的"用"与中国传统文化的"体"组合到一起。吴汝纶一如当时的大多数知识分子,在为西方坚船利炮所震惊的同时,转而开始在"器物"层面上,即在"用"的层面上"弃中择西"。由于久在曾国藩、李鸿

---

① 吴汝纶:《谕儿书》,《吴汝纶全集》(三),黄山书社2002年版,第591页。

② 吴汝纶:《与李亦元》,《吴汝纶全集》(三),黄山书社2002年版,第396页。

章幕府，吴汝纶对于"西器""西用"的认识较为深刻："欲以往旧朽钝之器，已废不用之法枝梧其间，是肉与刀竞胜，植木御斧，持薄缟当强弩也。"① 在此认识基础上得出的结论自然就是："夫博物格致机械之学，诚不能不取资于欧美。"② 这种结论是近代中国最为典型的关于"中体西用"的表述方式。正是基于"中体西用"文化观，吴汝纶将中医归入了"以往朽钝之器，已废不用之法"，医学作为一门"格物致知之学"必须"取资于欧美"。吴氏曾明确表示过"弃中取西"的医学观："中药不足恃，不用宜也，若不用西医，则坐不知西医之操术何如，仍中学在胸，不能拔弃耳。实则医药一道，中学万不可用。"③ 不仅如此，他还希望自己朋友也能于医学上"弃中采西"，他在给友人答萧敬甫的信中写道："今西医盛行，理精凿而法简捷，自非劳瘵痼疾，决无延久不瘳之事。而朋好间，至今仍多坚信中国含混医术，安其所习，毁所不见，宁为中医所误，不肯一试西医，殊可悼叹。"④

在吴氏的文化观中，医学观占有极其重要的位置，他有时甚至认为中国"文明之化"，当"自医学开始"。近代中国自强"开化起手办法"，即是"振兴医学"⑤。当然，吴氏这里所言的振兴之道与开化起手办法是"西"而非"中"了。

（三）"情绪化"的文化批判态度

吴汝纶对于中医的文化批判态度具有相当程度的"情绪化"倾向，他在中西医问题上所做出的文化选择是在亲人不断病逝的悲伤中"情绪化"地做出的。⑥ 这种情绪化的选择决定了他不可能清晰地阐

---

① 吴汝纶：《合肥淮军昭忠祠记》，《吴汝纶全集》（一），黄山书社 2002 年版，第104 页。

② 吴汝纶：《高田忠周古籀篇序》，《吴汝纶全集》（一），黄山书社 2002 年版，第207 页。

③ 吴汝纶：《与廉惠卿》，《吴汝纶全集》（三），黄山书社 2002 年版，第 567 页。

④ 吴汝纶：《答萧敬甫》，《吴汝纶全集》（三），黄山书社 2002 年版，第 55 页。

⑤ 吴汝纶：《同仁会欢迎会答辞》，《吴汝纶全集》（三），黄山书社 2002 年版，第447 页。

⑥ 董丛林在论及相关问题时采用了"情绪化的偏执"的提法。参见董丛林《吴汝纶医药观的文化表现及成因简论》，《安徽史学》2005 年第 4 期。

释中西医之间的区别，也决定了他不可能借用西方的科学方法来考察分析中医的科学合理之处。

吴汝纶试图以西方科学精神来证明中医的不科学、不可靠，熟知古文的他似乎已站在科学的门口，要为中国传统医学的发展指明一条"理精凿而法简捷"的道路来，但在其知识构成中，只有古文、经学，并无西医、解剖学、医学化学等组成要素。吴氏虽浏览过一些西医书籍，但他有关西医的知识并不充足，对西医并不得要领。在某种程度上，他对医学及疾病的理解往往还是囿于中医的理论。一方面是对西学的渴求，欲以西学取代中学；另一方面则是对西学认知的严重不足，这种矛盾的文化状态正是近代中国中西文化交融之初的真实写照。

细查吴氏有关医学的言论，会发现在其头脑中，中、西医的名词、理论混杂一处，纠缠不清。试举几例说明。吴氏所言的"脑气"是一个典型案例，他常将个人或亲人的疾病归之于"脑气"不足。在与友人王佩卿的信中，他颇为自信地以西医理论断定朋友的孩子所患"头痛旧疾"是由用功过度、"脑气不足"引起，"此病中医不知其故，西医书则称脑气受累所致"①。吴氏自言"脑气"为西医之谓，其实"气"是中医理论的一个特有概念，在西医中恐怕找不到相对应的概念。吴氏的儿子时有头痛之症，他也以为"此由脑气不足，非药物所能为功，宜自知调养"②。儿子患有肺病，他告诫儿子，"汝肺既弱，不宜冷地，幸勿安土重迁"③。肺弱脾虚之说也是中医理论中的一种典型病证。吴氏虽时时告诫在日本留学的儿子要遍访日本西医名家求诊，同时又再三叮咛儿子要注意养生之法，中医养生理论的影响不知不觉间又显露出来。又如吴氏对于"心"的看法也承袭了中医理论。中医认为心是主宰思维的器官，此从西医解剖学的角度衡量自是荒谬不堪。吴氏曾告诫儿子："汝日记'夜不成寐'，此由用心过度所致。古人论学，藏、修、息、游，四事并列。今知藏修，不知

---

① 吴汝纶：《与王佩卿》，《吴汝纶全集》（三），黄山书社2002年版，第179页。
② 吴汝纶：《答王子翔》，《吴汝纶全集》（三），黄山书社2002年版，第106页。
③ 吴汝纶：《谕儿书》，《吴汝纶全集》（三），黄山书社2002年版，第592页。

息游，易致生病。"① 认为读书用功会伤"心"，早已渗透在血液中的传统文化因子总是那样不经意地露出马脚。

<h1 style="text-align:center">三</h1>

吴汝纶是晚清桐城派的领袖，从总体上看当属一个文化保守主义者，但就是这样一个将古文视为传统文化精华而竭力捍卫的人，也对中医持摒弃的态度，由此可以预见中医在近代中国的命运了。当学者的思想最终上升到政府的政策层面时，中医在近代的衰落就不可避免了。1925 年，北洋政府不再将中医课程列入医学教育计划。1929 年，国民党政府第一次中央卫生委员会会议通过了《废止旧医案》。吴汝纶当年的理想终于以政府立法的形式确定下来，吴汝纶若地下有知，是该高兴还是悲哀呢？此种假设似乎没有什么意义，但答案还是清楚的：废除中医，曾经让中国近现代的无数知识分子兴奋过，但留给我们这个时代的更多的是文化上的伤痕。近代中国知识分子在国破家亡的文化自卑中想把传统文化的老酒全部换掉，却没有想到陈年老酒自有其独特迷人之处。近代中国知识分子的文化自卑感从何而来？显然与近代中国的积弱有关。一个国家的强弱往往与文化自信成正比，当中国逐渐摆脱近代的阴影走向真正意义的强盛时，文化自卑感自然会被文化自信感所代替，在这个时候，中国知识分子才会真正将中医药学摆到科学的圣殿上，重新审视中医的价值。细查自 18 世纪以来中国的发展轨迹，我们会发现当代中国已经远离发展低谷，似已步入快速发展的轨道。当代中国人的文化自信正逐步上升，这一文化信号于中国传统医学的复兴是不言而喻的。

原载《历史教学》2010 年 10 月下半月刊，后收入笔者所著《桐城吴汝纶研究》（黄山书社 2014 年版）一书。

---

① 吴汝纶：《谕儿书》，《吴汝纶全集》（三），黄山书社 2002 年版，第 601 页。

吴汝纶与中国近代教育转型

吴汝纶（1840—1903），字挚甫，安徽桐城人。清末桐城派领袖，曾先后任曾国藩、李鸿章幕僚及深州、冀州知州，莲池书院主讲，晚年被任命为京师大学堂总教习，并赴日本考察学制。吴汝纶是研究中国近代教育转型的一个典型个案。他是桐城派的末代大师，一生培养桐城派弟子无数；他曾任闻名遐迩的保定莲池书院山长，是中国传统书院教育的最后见证人；他曾任京师大学堂的第一任总教习，是近代中国大学教育制度的拓荒者。中国传统教育制度在清末发生的两项重大变革，一是书院制度的近代化及新式学堂的建立；二是科举制度的彻底崩溃。虽然书院与科举制度对于桐城派而言具有关乎存亡的重大意义，但富有戏剧性的是，作为桐城派大师的吴汝纶不仅是晚清书院改革的力行者，还力主废除科举制度。还需提及的是，他赴日本考察教育期间所撰写的考察报告对于中国近代学制的建立具有开拓性的意义。吴汝纶以自己的教育实践确立起自己中国近代教育体制开拓者的地位。

一　吴汝纶与书院制度的近代化

光绪七年（1881）三月，由于李鸿章的举荐，吴汝纶补冀州知州。光绪十四年（1888），是年四十九岁的吴汝纶辞去冀州知州一职，赴河北主持莲池书院，关于此事经过，其年谱有载：光绪十四年十月，吴汝纶至天津"并谒李相，时莲池书院无人主持，李相极废踌躇，公因往年曾有夙约，遂面请辞冀州任，来为主讲，李相大喜，公即日于津寓禀称病乞休，讲席遂定"①。自光绪十五年（1889）二月起，吴汝纶的身份从一名朝廷命官转换成保定莲池书院的主讲。也许书院更适合吴汝纶恬淡的个性，吴汝纶在莲池书院一住就是十一年，直到"庚子之乱"。光绪二十六年（1900）"五月，拳匪祸作，京师不守，公辗转避地深州，留居数月"②，同年十一月，英、德、意军占领保定，莲池书院也在战火中被夷为平地。

书院作为近代中国学术、思想传播的重要场所，每一次社会变革的推进与社会思潮的递进都会对书院发展产生重大的影响。洋务派是传统书院近代化改革的最早推动者，大致从19世纪80年代起，一些洋务派官僚为了培养洋务人才，除了兴办新式学堂外，还在任内对所辖地区的部分书院进行有限度的改革，其改革的主要内容是在正统教学课程之外，新增一些西学实用课程。③ 洋务派官僚对书院的近代化改革是"中体西用"的洋务思想在教育领域的具体展开，洋务派在这一时期对个别书院的局部改革，拉开了传统书院近代化的序幕。至19世纪90年代，书院改革受到维新派的空前重视，作为时代弄潮者的维新派的加盟，使局部、个别的书院改革逐渐呈现出在各地全面展开的态势。在光绪二十四年（1898）四月，即光绪帝颁布"定国事诏"前，各地书院改革的内容主要集中在对课程的添设，尤其是对西学课程的添设上。④ 但这一阶段书院所添设的西学课程与洋务时期相比有了质的变化，书院对西学的引进已经不再局限于实用技术层面，西方政治制度理论已悄然引入传统书院，加之时务课程的开设，曾经壁垒森严的书院开始笼罩上新时代的政治色彩。

在时代浪潮的推动下，时任保定莲池书院山长的吴汝纶也开始了对书院制度近代化的思考与实践。与康有为、梁启超等维新派全面要

---

① 郭立志编撰：《桐城吴先生年谱》，沈云龙主编《近代中国史料丛刊》第73辑，文海出版社1973年版，第101页。

② 同上书，第149页。

③ 如光绪十六年（1890），张之洞在湖广总督任内兴办了两湖书院，在课程设置上，不仅保留传统的经史诗赋，还新增外语、商务、经济、算学四种。

④ 参见白新良《中国古代书院史》，天津大学出版社1995年版，第258—270页。

求改革书院的激进态度不同，① 吴汝纶对于书院改革的态度显得十分谨慎，他虽然力图跟上书院改革的时代步伐，但在触及本质问题的时候，又显得顾盼迟疑。

书院的近代化变革的核心问题就是引入西学的问题。在学习西学问题上向持积极态度的吴汝纶，自然不会把西学拒之于书院门外。② 将西学引入书院，是吴汝纶"变通书院"，改革书院的重要内容。③ 在思考与实践这个问题时，吴汝纶已经意识到科举是书院改革的障碍，"不改科举，则书院势难变通"。对于个中缘由，吴汝纶的阐述很清楚：国家以科举取士，学生只学"应试之学"，西学不在"出仕之途"，"虽改课亦少应者"④。需要强调的是：维新派是从政治的角度激烈反对科举，而吴汝纶则是从教育实践的角度反对科举，故其建议更具建设性。如何有步骤地将西学引入书院，有着长期教学经验的吴汝纶有系统的设想：

一是购置西书。光绪二十二年（1896），吴汝纶在《答牛蔼如书》中认为，"现时各属，力所能为，止有购置已译之书中，入之书院中，高才生兼习之，似为简易可行"⑤。对于书院购置西书的类别，他有着独到的见解。按当时一般人的理解，西方天算格致等书籍当是书院急购之书，吴汝纶对此持不同见解，他认为："西国专门之学，如原奏所谓天算、格致等书是也。此等若无师授，终不能升堂入室，又须购买仪器，乃可传其理法，学之有成。国家尚无能考验高下之人，既成而无所用之，于身于国，两无益处。故胡中丞以购买此等书为急务，其实皆可缓图也。"⑥ 这种见解是否妥当尚待推敲，但吴汝

① 如康有为一方面批评中国传统书院教学"用非所学，学非所用，空疏愚陋，谬种相传"，一方面又主张学习西方的先进教育制度，改革书院制度，"令各省州县遍开艺学书院，凡天文、地矿、医律、光重、化电、机器、武备、驾驶分立学堂，而测量、图绘、语言、文字皆学之"。参见康有为《上清帝第二书》，蒋贵麟主编《康南海先生遗书丛刊》（十二），宏业印书局1987年版，第30页。

② 关于吴汝纶对于西学的开放态度，参见拙文《吴汝纶对中西文化兼容的独特思考》，《炎黄文化研究》，大象出版社2008年版。

③ 吴汝纶：《答牛蔼如书》，《吴汝纶全集》（三），黄山书社2002年版，第129页。

④ 同上。

⑤ 同上书，第130页。

⑥ 同上书，第130—131页。

纶的这个观点在一定程度上反映了他对大规模引进西方科学课程及书籍的理智态度,当时中国书院普遍缺乏科学技术课程的师资、实验器材确是不得不正视的事实。他认为书院当时急需添购的不是天算格致等书,而是"西国富强政治之书,如上海所译《防海新论》,同文馆所译《富国策》等皆是。而西人自译,若《自西徂东》《泰西新史览要》《西国学校》《万国岁计》诸书,至为有益。此外,则购阅各报,尤为切要"①。可见他对西学的认识已经超出了器物文化的层面,开始从制度文化的层面实践对西学的引进,这也使吴汝纶在思想与实践层面超越了洋务思想的束缚。

二是准备在书院开设西文课。光绪二十二年(1896),吴汝纶在《答贺松坡》中曾谈及在书院中开设西文课的问题,"我今年在此,欲令诸生兼习西文、西语,先请中师,后改请西师,而诸生颖异者,亦且进锐退速,深畏其难,至蠢拙者,更无论矣。故西学捷径,但读已译之书,其弊则苦于不能深入。其导源之法,则必从西文入手,能通西文,然后能尽读西书;能尽读西书,然后能识西国深处"②。吴汝纶认为,能识西文才能尽读西书,能尽读西书,才能了解西方文化的内核。吴汝纶显然希望从开设西文课入手,试图引导学生去探求西方文化的内核。

三是在恰当时候聘用西国教师。在这个问题上,吴汝纶显得比较谨慎。他曾经不无忧虑地说:"西国教师,在沿海尚且难求,在内地万难聘请,若但欲聘中国人为师,则恐非驴非马,如龟兹王学汉语矣。计惟有招延西国传教之士,又恐骇人观听,激成他变,且非诏旨允行,转恐教士因来教学徒,要求广行彼教,是则利少弊多,又不可之大者。"③他一方面认识到聘用西国教师的重要性,一方面又颇多顾虑,担忧"激成他变",唯恐教士"要求广行彼教",这种矛盾态度惟妙惟肖地反映出桐城派御用文人的文化性格特征:一切变革的思想与实践都不能触及专制统治与程朱道统。从更深层的文化原因分

① 吴汝纶:《答牛蔼如书》,《吴汝纶全集》(三),黄山书社2002年版,第131页。
② 吴汝纶:《答贺松坡》,《吴汝纶全集》(三),黄山书社2002年版,第129页。
③ 吴汝纶:《答牛蔼如书》,《吴汝纶全集》(三),黄山书社2002年版,第130页。

析，吴汝纶是担心西方文化在精神层面对中国士子的渗透，他试图避免这种精神层面的文化渗透："鄙见以为中国欲学堂林立，莫妙于即用欧美教士为师。所授者以西文、西语、算数、天文为主，与之言明，但学此数事，不学邪苏天主教法，不用礼拜赞美教例。"①

又欲聘用外籍教师，又想避免西方宗教、文化的渗透，这实在是一种两难选择。这种忧虑阻碍了吴汝纶在中国教育近代化进程中的步伐。事实上，聘用外籍教师在晚清早已有之，如洋务时期设立的同文馆就聘有西人任教，早在同治四年（1865），美国传教士丁韪良即到馆任教，在随后的二十多年间，他还担任了该馆的总教习。当光绪二十二年（1896）吴汝纶还在苦苦思考是否聘用西国教师的时候，浙江巡抚廖寿丰即于此年在杭州建求是书院并延聘"一西人为正教习，授各种西学"②。传统思想的桎梏使吴汝纶在面对新事物、新思想的时候不免显得迟疑、延宕。当他还在犹豫思考的时候，别人已经捷足先登了。

二 日本考察学制的经过与影响

清末新政时期，清政府在教育方面的一个重大举措就是恢复京师大学堂，同时将各地书院改为学堂，使中国传统教育体制至少在表面上步入了近代化。光绪二十八年正月六日（1902 年 2 月 13 日），管学大臣张百熙上书朝廷，建议任命吴汝纶为京师大学堂总教习："前直隶冀州知州吴某，学问纯粹，时事洞明，淹贯古今，详悉中外，足当大学堂总教习之任。"③ 一个苟延残喘的旧政权在被迫变革时，那些为了维护旧体制而小心翼翼推行改革的人物往往会得到政府重用，并被推到时代的浪尖上。从这个角度看，吴汝纶被荐举为京师大学堂第一任总教习自有其内在缘由。吴汝纶日本考察学制之行使其在中国近代教育史上留下了不可磨灭的一笔。

---

① 吴汝纶：《答孙慕韩》，《吴汝纶全集》（三），黄山书社 2002 年版，第 127 页。

② 刘锦藻：《清朝续文献通考》卷100，《学校》（七），民国十年铅印本。

③ 《张百熙奏举吴汝纶为大学堂教习折》，朱有瓛主编《中国近代学制史料》（第二辑上册），华东师范大学出版社 1987 年版，第 908 页。

（一）吴汝纶日本之行的经过

光绪二十八年五月十一日（1902 年 6 月 16 日），吴汝纶在塘沽登上日轮"玄海丸"号，十五日抵达日本长崎，开始了在日本为期四个月的考察。① 随吴氏同行的有京师大学堂提调、浙江补用道荣勋，京师大学堂提调、兵部员外郎绍英等 5 名文武官吏，另有 16 名学生以及自愿充当译员的吴氏日籍门生中岛裁之。

清朝最高学府总教习来日本考察教育，日本朝野上下十分重视。吴汝纶刚到日本，就有大批记者前来采访。吴汝纶抵达神户时，"时事报社川面弘、大阪朝日新闻社下山田为助、大阪每日新闻社竹中清均到船"②。其时，不少日本报刊都对吴汝纶访日作出了报道及评论，《九州日日新闻》曾载熊本的评论文章："清国今日之革新，非一局一部之修补，当由其根柢基础，以希改进。……今兹吴先生为教育视察之事，来游我国，清国之当道，着眼百年大势，良可庆。"③《东京二六新报》发表署名文章："教育者，作一国之精神者，国家之真际，实由教育以得而存焉者也。是以古来有为之为政者，皆莫不重之。于清国教育在最重要位置之吴先生，此次来视察日本之教育，我邦岂可不欢迎先生，以为荣乎？"④

吴汝纶一行所到之处，都得到盛情款待："所至大会宾客，与为宴殽，谓之欢迎会，动辄数十百人。"⑤ 光绪二十八年七月八日（1902 年 8 月 11 日），吴汝纶得到明治天皇召见，这使他有受宠若惊之感："此事出于优礼，向所未有。"⑥ 吴汝纶在日本接触了大量的政府官员和教育家，除天皇召见外，还拜会了首相伊藤博文，前首相大

① 郭立志编撰：《桐城吴先生年谱》，沈云龙主编《近代中国史料丛刊》第 73 辑，文海出版社 1973 年版，第 176 页。

② 吴汝纶：《日记卷第十二·游览》，《吴汝纶全集》（四），黄山书社 2002 年版，第 775 页。

③ 《西七月份熊本九州日日新闻》，《吴汝纶全集》（三），黄山书社 2002 年版，第 752 页。

④ 《西七月份东京二六新报》，《吴汝纶全集》（三），黄山书社 2002 年版，第 754 页。

⑤ 吴汝纶：《与唐少川观察》，《吴汝纶全集》（三），黄山书社 2002 年版，第 404 页。

⑥ 吴汝纶：《与张尚书》，《吴汝纶全集》（三），黄山书社 2002 年版，第 395 页。

限重信，文部大臣菊池大麓等，并与日本著名教育家伊泽修二、嘉纳治五郎、山川健次郎等讨论了教育问题。吴汝纶日本之行的主要目的是考察学制，故其行程安排也是以参观学校为主。① 在日本的四个月期间，他先后18次赴文部省，听取有关日本教育状况的全面介绍，并在长崎、神户、大阪、东京、京都等地参观各类学校近40所。光绪二十八年九月十七日（1902年10月18日），吴汝纶结束考察，在神户乘"博爱丸"号回国。

（二）吴汝纶日本之行的观察、思考与收获

日本自明治维新以后的快速发展对近代中国知识分子有太多的诱惑力，吴汝纶也试图借此行解开这个答案，为中国的自强找出一条可行的道路。吴汝纶在答日本友人的信中曾说："某尝以为欧洲新学，滥觞已久，近百余年，益造精微；贵国维新，仅三十年前，乃能尽取他人之长，输之于本国，甚且超越欧美，青胜于蓝，此中精神所注，直有贯金石感虹霓之气概，震骇无极。要其推行之始，先后之序，迟速之故，艰苦曲折之状态，必有书策所不能载，外人所不及知者，思欲观光贵国，一求要领之日久矣。"② 作为一个长期从事教育的学者，吴汝纶希望借考察之机探寻日本教育的"精微之旨"："凡教育之事，日本悉采取西人公学，其中精微之旨，以足智多闻善于询访者谋之，必能深得要领。百闻不如一见，得贤智之士一来考览，胜阅报纸、译书者百倍。"③ "百闻不如一见"，吴汝纶在日本四个月的时间，使自己关于教育的认识从传统向近代"跃进"了一大步。

1. 对近代教育体制的全面接触与认识

吴汝纶此行应该是清朝第一次派朝廷官员考察外国教育，由于具有了官方身份，故他得以全面接触日本的教育体系。在日本期间，吴汝纶马不停蹄地穿行于日本各地，全面考察了日本的各级各类学校。在短短的四个月时间中，吴汝纶考察的学校先后计有：长崎高等中学

---

① 吴汝纶：《与张尚书》，《吴汝纶全集》（三），黄山书社2002年版，第395页。
② 吴汝纶：《答日野恒次郎》，《吴汝纶全集》（三），黄山书社2002年版，第405页。
③ 吴汝纶：《与张尚书》，《吴汝纶全集》（三），黄山书社2002年版，第402—403页。

校医学堂、神户小学校、神户商业学堂、神户女学堂、神户幼稚园、住吉御影师范学堂、大阪东区集英寻常小学校、大阪清水谷高等女学堂、大阪师范学校、大阪农学校、西京高等女学校、西京大学堂、东京大学、东京高等女子师范学校、东京高等师范学校、东京美术学校、东京华族女学校、东京大学医学堂、东京音乐学堂、东京农科大学、东京工业学校、东京盲哑学校、常盘幼稚园、常盘寻常小学、常盘高等小学、常盘女子美术学堂、东京富士山小学校、弘文学院、同文书院、东京市立师范学校、东京第一中学校、东京府女子师范学校、东京共立女子职业学校、陆军幼年学校、成城学校、仕官学校、炮工学校、户山学校、东京高等商业学校、东京府第一中学校、早稻田学堂、庆应义塾等。① 吴汝纶所考察的学校几乎包含了日本当时的各类学校：从幼儿园、小学、中学、各类大专院校，到书院、义塾，吴汝纶皆一一考察。吴汝纶在考察每一个学校的时候，不是走马观花，他对日本学校校舍的设置，教室的安排、建筑样式、试验设备、清洁手段、课表安排、课桌的尺寸都一一细记。② 吴汝纶在日考察其间，可谓是"鞠躬尽瘁"，他不仅考察了大量学校，还与众多日本学界人士交流，以探求日本教育的精髓。据其子载，吴汝纶"在东京，日夕应客以百十数，皆一一亲与笔谈，日尽数百纸，无一语不及教育事者，所接亦多教育名家。反复诘难，曲尽其蕴，客退，则撮记精要，手录成册，每至过午不食，夜分不寐以为常。……其勤恳之状，忧笃之衷，文部高等官员相与私叹，以为所未尝睹，具见《东京日报》"③。

2. 对全民教育在现代社会中重要地位的崭新认识。

日本在明治维新以后，将全民普及教育视为国策，国民素质得到全面提高，国力也随之迅速增强。通过日本之行的具体考察，吴

---

① 吴汝纶：《日记卷第十·教育》，《吴汝纶全集》（四），黄山书社 2002 年版，第686—702 页。

② 详见《吴汝纶全集》（四），黄山书社 2002 年版，第 712、717、720、721、723 页。

③ 吴闿生：《先府君哀状》，《吴汝纶全集》（四），黄山书社 2002 年版，第 1155—1156 页。

汝纶看到了中国的"愚民"制度与日本全民教育之间的巨大差距："教育之事，日本卅年间精进不懈，近已全国一律，婢妪走卒，无不识字阅报，学校成市，生徒满街，吾国一时万难追步。"① 全民普及教育当是近代教育观中最核心的思想之一：近代化首要的是使所有民众都有受教育的权利与机会，没有这一点的保证，任何具体的体制建设最终都会事与愿违，甚至南辕北辙。近代中国所以沦为任人宰割的弱国，除了政治、经济等种种因素外，教育也不失为一个重要原因。长期的愚民政策，使文盲成为传统中国社会的基本人口构成。关于"愚民"问题，吴汝纶其实早有认识，光绪二十三年三月二日，吴汝纶在致友人的信中就如此感慨："他国人人有学，唯恐民愚，务瀹其智。中国不唯民愚也，乃至满一国尽愚士兵、愚卿大夫！"要改变这种状况，必须"取资外国新学"②。吴汝纶根据在日本的真切感受，认为中国的当务之急不是大学阶段的高等教育，而是在全民普及小学阶段义务教育。根据中国当时的国情，他提出急宜实行小学阶段的全民义务教育："欲令后起之士与外国人才竞美，则必由中、小学校循序而进，乃无欲速不达之患。则小学校不惟养成大、中学基本，乃是普国人而尽教之，不入学者有罚，各国所以能强者，全赖有此。"③ 纵观近现代发达国家，无不以普及中小学教育为基本国策，吴汝纶对全民教育问题的认识及相关建议可谓抓住了近代教育改革的实质。

（三）吴汝纶对中国近代学制建立的贡献

吴汝纶在考察结束回国前，将考察所得的有关日本教育制度、规章、预算、专业设置等的谈话记录、文件资料、信函及日记等编纂成《东游丛录》。吴汝纶将此书先期送达学部大臣张百熙，随即将书稿在日本出版发行，后又在国内翻印发行。《东游丛录》约12万字，为中国近代考察日本明治维新后教育制度的第一份调查报告。该书分为

① 吴汝纶：《与杨濂甫廉访》，《吴汝纶全集》（三），黄山书社2002年版，第408—409页。

② 吴汝纶：《答方叙伦》，《吴汝纶全集》（三），黄山书社2002年版，第182页。

③ 吴汝纶：《与张尚书》，《吴汝纶全集》（三），黄山书社2002年版，第435页。

四卷：卷一为"文部听讲"，所记为日本文部官员对日本教育行政制度、学校卫生、学校管理方法、教授法、考察成绩、学校设备、图书馆博物馆、日本学校沿革等的介绍。卷二为"摘抄日记"，详细展现日本各级各类学校的状况。卷三为"学校图表"，共有东京大学员数度支表、西京大学预算表、高等学校预备科课程表等各类学校表格19份。卷四为"函札笔谈"，所记为吴汝纶与日本各界人士的座谈记录、往来信件等28份。《东游丛录》作为我国调查研究外国教育制度的第一部专著，在相当程度上奠定了我国近代教育改革的思想基础，亦为中国近代学制的建立提供了难得的参考与借鉴。

关于吴汝纶于中国近代学制的贡献，学者们已有十分清晰的研究成果。[①] 综合学者们的观点，吴汝纶的贡献主要在于对清末"壬寅学制"与"癸卯学制"制定的影响上。[②] "壬寅学制"与"癸卯学制"的主要制定者均为张百熙，吴汝纶在日本考察期间，正当"壬寅学制"制定的时刻，吴汝纶其间与张百熙有过6次通信，向张氏介绍日本的教育情况。吴汝纶在即将回国前，提前将整理好的考察报告寄给张百熙以作制定学制的参考。故研究者们普遍认为：吴汝纶对日本的"考察与考察成果，不仅直接影响了壬寅学制的制定，而且成为日后制定癸卯学制的重要参考内容"[③]，故称吴汝纶为中国近代学制的开拓者并无夸大之嫌。

吴汝纶去世后，曾有日本友人敬献名誉匾和挽联。名誉匾上书"中外一夫子"，挽联则书"六十老翁，毅然作东海壮游，学界破天荒，为支那教育家，独开生面；二百余年，蓦焉系南洲物望，贤才辞

① 关于吴汝纶对中国近代学制的贡献，相关的研究成果主要有：翁飞《吴汝纶与京师大学堂》，《安徽大学学报》（哲学社会科学版）2000年第2期；王鸣《吴汝纶的日本教育视察》，《河北师范大学学报》（教育科学版）2000年第4期；赵建民《吴汝纶赴日考察与中国学制近代化》，《安徽史学》1999年第5期；李国钧、王柄照主编《中国教育制度通史》（第六卷），山东教育出版社2000年版等。

② 1902年8月15日，张百熙主持制定的《钦定学堂章程》由清政府颁布，此为中国近代教育史上最早制定的系统的学校制度。1902年为壬寅年，故这个学制又称为"壬寅学制"。"壬寅学制"并未实行，第二年（1903），张百熙、荣庆又拟定《奏定学堂章程》，直至1904年1月才颁布。1903年为癸卯年，这个学制又成为"癸卯学制"。

③ 李国钧、王柄照主编：《中国教育制度通史》（第六卷），山东教育出版社2000年版，第299页。

去，继桐城古文派，更属谁人"①。吴汝纶逝去后桐城古文已如秋后悲蝉，少有人追随，但他的教育实践，他在"东海壮游"过程中有关近代教育制度的观察与思考却为中国近代学制的建立"独开生面"。

原载《暨南史学》2013年第8辑，文章原题为《中国近代教育转型中的吴汝纶》。唐灵参与了本文写作整理的部分工作。

---

① 转引自杨正明《枞阳与桐城派》，安徽社会科学院文学研究所等编《桐城派研究论文选》，黄山书社1988年版，第172页。

历史文化名人与顺德的城市文化记忆

——以简朝亮为陈述中心

一个城市的魅力，不仅在于恢宏的建筑，还在于历史发展长河慢慢累积的文化底蕴。一个城市的文化底蕴体现在方方面面，诸如建筑、习俗、艺术、学术等领域。在这些领域里面，一方面累积着一个城市的文化底蕴，一方面也典藏着一个城市的文化记忆。在时光的长流中，一个城市发展中曾经很绚丽的华章也许会在人们的记忆中渐渐淡漠，最后沉淀在城市记忆中的往往是那些具有恒久价值的东西。在本文中，笔者将以简朝亮为中心探寻顺德的历史名人，去寻找简朝亮等历史人物在顺德的城市文化记忆中究竟留下了怎样的印迹。

一　简朝亮在顺德历史文化名人中的位置

在每一个城市的历史发展长河中，历史文化名人的目录往往随着城市的发展而不断增加。历史文化名人的多寡、名气大小事关一个城市的名气，事关一个城市的历史积淀与文化品位，故自古以来，总结与标榜历史文化名人就成了中国每个城市的一项重要文化任务。对地方历史文化名人的记忆渗透到一个城市的方方面面：地方碑刻、纪念建筑、地方志书等，使每个生存在这个城市的人们都能时刻感受这些历史文化名人的存在。这也是一个城市文化传承的过程，在这个文化传承的过程中，一个城市的文化自信也得以不断完善。

笔者于此参照顺德博物馆的历史文化名人陈列、顺德名人民俗馆的顺德名人陈列、佛山市顺德区人民政府网站"历史名人"栏目及1929年版《民国顺德县志》，筛选列出24位顺德历史文化名人。选取的主要标准为开创性与全国性。所谓开创性是指某一历史人物在顺德历史发展中是否具有开风气之先的特殊地位；所谓全国性是指某一历史人物在某一历史时期或在某一领域在全国范围是否具有相当影响。开创性与全国性只要能居其一即可收入目录，收录中若有遗漏疏忽，当为笔者的孤陋寡闻。为便于问题的说明，现将此 24 人按年代先后分类排列如下：

第一阶段：顺德最早的名人

吕嘉，汉武帝时南越国相。为越族人首领，公元前 111 年，杀南越王赵兴，与中央朝廷抗衡。同年，被汉军擒杀。

第二阶段：宋代顺德名人

张镇孙（1235—1278），宋咸淳七年（1271）状元，是顺德历史上的第一个状元。宋亡后，回粤举兵抗元，兵败被俘自尽殉国。

第三阶段：明代顺德名人

黄萧养（？—1450），明正统十四年（1449）在县境龙眼村率众起义，自立为"顺民天王"，建元"东阳"，后起义失败，阵亡。

陈邦彦（1603—1647），与南海陈子壮、东莞张家玉并称"明末岭南三忠"。明亡后举兵抗清，兵败被俘，拒降被杀。平生工诗，与番禺黎遂球、南海邝露并称"岭南前三家"。

黄士俊，明万历三十年（1572）在科举会考中夺魁，为顺德建县后第一位状元。一度入阁担任宰辅。

朱可贞，崇祯元年（1628）武科殿试以一甲第一名及第，为顺德历史上文武四状元之武状元。

孙蕡（1338—1394），被推为"岭南明诗之首"，其诗作开创了明代岭南雄直的诗风。

欧大任（1516—1596），明代著名的岭南诗人，与黎民表、梁有誉、李时行、吴旦并称"南园后五先生"。

区适子，宋末县境鲕洲人。据载，童蒙课本《三字经》为其所撰（一说为浙江学者王应麟）。

第四阶段：清代中前期顺德名人

陈恭尹（1631—1700），陈邦彦长子。与屈大均、梁佩兰合称"清初岭南三大诗家"。

苏仁山（1814—1849），平生愤世嫉俗，人称"画怪"。近人又称之为中国梵·高。

苏六朋（约1798—1862），以人物最擅长，兼工山水、花鸟、虫鱼。被称为广州漫画之父。

黎简（1747—1799），以诗、书、画、印"四绝"驰名于世。与张锦芳、黄丹书、吕坚并称"岭南四家"。他是第一个将木棉绘入山水画的画家。

第五阶段：近现代顺德名人

梁廷枏（1796—1861），咸丰时赐内阁中书。林则徐督粤，曾为林规划形势，绘海防图以进。以其著《海国四说》《粤海关志》《夷氛闻记》等闻名近代中国。

梁耀枢（1832—1888），清同治辛末科进士，钦点状元，授翰林院侍讲、提督山东学政等职。

李文田（1833—1895），咸丰九年（1859）中进士。累官至礼部右侍郎、工部右侍郎，入值南书房。其碑派书法自成一体，为岭南一代书法名家。

麦孟华（1874—1915），康门弟子，与梁启超交往最密切，时称"梁孟"。为戊戌维新运动中的著名人物。

简朝亮（1851—1933），1875年求学于广东名儒朱九江，是近世有名的鸿儒。

黄节（1873—1935），早年曾从学简朝亮，近代教育家，我国进步报业的开创人之一。

梁敦彦（1857—1924），清廷派出的第一批留美学生。曾任北洋政府交通总长。

千里驹（1886—1936），著名粤剧表演艺术家，创立"驹派"表演艺术，是戏剧大师梅兰芳最崇拜的粤剧名人。

白驹荣（1892—1974），著名粤剧表演艺术家，现代粤剧"白派"的始创人。

薛觉先（1904—1956），著名粤剧表演艺术家，能编善演，"薛派"创始人。

李小龙（1940—1973），独创武功"截拳道"。以卓越的武术技击和出色的表演为中国武术赢得崇高的国际声誉。

从以上人物分类列表，经对比分析后，会发现如下特征：

一是顺德可供文化记忆的历史人物虽然可溯自汉代的吕嘉，但从汉至宋的漫长岁月中，顺德基本没有一位可堪记忆的历史文化名人。关于其中原因，其实也很简单，因为"与中原一些地区历代人才辈出，烂若星辰相比，古代广东在中华民族这一大家庭中，有着重大影响的杰出人物相对比较少"①。广东全省如此，顺德在漫长的历史时期中历史文化名人的缺位也就可以理解了。历史发展到宋代，顺德的城市记忆开始丰富并引人入胜。宋咸淳七年（1271），顺德人张镇孙高中状元。笔者于此将张镇孙称为顺德历史文化名人第一人，其原因有二：一是张镇孙是顺德历史上的第一个状元。二是张镇孙在宋亡之际，回乡抗元，败被俘自尽殉国，为顺德历史上第一忠烈。在传统中国社会中，科场得售不仅是个人荣耀，也是家族故里的荣耀，其功名更会被录入家谱、地方志而代代相传。据统计，科举时代，顺德科甲居于全省前列，出过318名文进士，2088名文举人，111名武进士，394名武举人。文武状元有4名，文状元为南宋张镇孙、明代黄士俊、清代梁耀枢，武状元为明代朱可贞。此四人资料现均为顺德博物馆收藏陈列，成为顺德永久的城市文化记忆，在顺德区人民政府网站"历史名人"栏，专辟"文武四状元"一栏以彰显此四人。张镇孙开顺德状元先河，为顺德人代代景仰，称之为顺德第一名人并不为过。

二是顺德历史文化名人中的"忠烈"形象至为感人。张镇孙为抗元忠烈、陈邦彦为抗清忠烈，其忠烈之举为顺德人辈辈缅怀。抗元、抗清忠烈列入地方历史文化名人是岭南地区明代以降地方方志的一个重要特征。在中华传统文化的发展长河中，岭南文化因在空间上与中原文化的遥远距离，故能自成一体。岭南地区曾因偏在南疆而被中原文化斥之为"蛮夷之地""化外之地"，但当儒家文化流播至岭南地区并为岭南地区所接受后，在空间上自成一体的岭南地区反而成为坚守中原文化的坚固堡垒。可以这样认为：自成一体的岭南文化的文化

---

① 广东省地方史志编纂委员会：《广东省志·总述》，广东人民出版社2004年版，第208页。

特征不仅表现在独具特色的地方性特征上，还体现在岭南文化在历史的转折点对以儒家文化为中心的中华传统文化的坚守。堪称中原文化活化石的"客家文化"是为一证；东莞南社至今保留完好的宗祠群亦为一证；宋亡之际与明亡之际岭南地区军民步步为营式的顽强抵抗亦为一证。在广东各市县的明末、清初地方方志中，细查人物卷，均可发现抗元、抗清的忠烈记载。

三是顺德历史文化名人主要集中在近现代。包括简朝亮在内，顺德近现代阶段的历史文化名人占去了总数的半壁江山，其原因当与近代以来广东最早大规模接受西学的洗礼有关。自19世纪以来，岭南地区从蛮夷之地一变为面向西学的前沿，与之相应的就是近代以来岭南地区文化名人辈出。从区域文化的发展轨迹看，某一文化区域在面对异质文化冲击的时候，与之伴随的就是文化的大跨越与文化人才的不断涌现。还需提及的一点是：在这种文化冲击与变化的过程中，不仅是"新文化"的日新月异，还同时伴随此区域的"旧文化"的一个发展高峰。其中缘由不难解释：文化保守主义的"情结"存在于任何一个国家、地区抑或民族的文化基因中。在"旧文化"面对"新文化"冲击的时候，文化保守主义者回击的一种方式就是对"旧文化"的全面总结。晚清一段，一方面是西学的加速传入，一方面则是儒学发展的一个高峰。

广东在这一时期，除了产生梁启超这样的新学巨子，同时也有朱次琦、简朝亮这样的儒学大家。近代广东不仅催生了《海国图志》这样介绍西方的巨著，也有学海堂这样的经学传播重镇。晚清广东传统学术阵营中的东塾学派和九江学派就共存于学海堂。九江学派后来又分化出康有为一系和简朝亮一系。

九江学派分化后，康有为走向今文经学。康有为借今文经学发维新变法之声，与近代中国社会思潮发展主流相吻合，一跃而为时代的思想巨人，而简朝亮则承继老师的治学之路。九江之学在朱次琦的手中已经光华毕现，简朝亮继续墨守旧学的道路就有些落寞了，更何况近代中国日益艰巨的救亡重任，让学术的聚焦点不可能长时间地停留在儒家旧学上，近代中国的时局与社会发展趋势注定是西学而不是中学是知识分子包括民众在内的关注点。

简朝亮顺着老师的路走了下去，走得也不错，但这条路比康有为选择的路要寂寞许多，简朝亮的名声较之康有为也黯淡了许多。但从学术角度看，任何学术路径都必须也值得学者去摸索与坚守，简朝亮在经学上的坚守也使顺德的历史文化目录中多了一位学者，少了一位政客，这于地方学术的弘扬不也是一件好事？

在近现代时期，简朝亮于顺德具有特殊的文化意义：他是这一时期顺德唯一的具有全国性影响的儒学大师。一个城市的标志性建筑也许会被后人渐渐冷落遗忘，但学术大师则会永远为一个城市所铭记。简朝亮的学术思想于顺德后人来说也许已经晦涩了，但简朝亮的名字还常常为顺德后人所缅怀，这种缅怀不仅饱含了对地方先贤、对中华传统文化的崇敬，还饱含了区域文化中的人们的文化自豪。

二 不同的视角：关于简朝亮的不同记忆与描述

文章的第一部分主要是基于顺德的地方角度进行考察，这样的单一视角毕竟显得没有说服力。为了使对问题的说明显得圆满，笔者将选取不同的视角来考察，看看处在不同地域的人们有关简朝亮的记忆与描述有何不同。

1. 广东省的视角

如果要跳出顺德审视简朝亮，首先就是站在广东省的视角去分析了。笔者于此首先选取了广东省志。2004 年出版的《广东省志》是广东省地方史志编纂委员会编纂的一套大型省志丛书，该志由《人物志》《地理志》《丝绸志》等众多分志组成。《广东省志》关于广东地方历史文化名人的选取，自然体现了与县市史志不同的视角。2004年版《广东省志》各分志由《广东省志·总述》统领，《总述》第六章为《著名人物》。在这一章中，编纂者对古往今来广东的历史文化名人进行了顺序梳理。在这个广东历史文化著名人物的序列中，没有简朝亮的名字，但他的老师朱次琦和同门康有为均忝列其中，关于朱次琦的介绍是，"朱次琦是一位关心百姓疾苦、热爱国家、道德文章皆为人称颂的大师"；关于康有为的介绍是，"康有为是近代中国向西方寻求真理的先进人物之一"①。在选取近代广东学术的著名人物时，康有为、朱次琦入选，而简朝亮落选，原因很简单：一是在近代经学研究领域，朱、康二人确是排在简朝亮前面；二是名额有限，入选太多，就不能称之为"著名"了。加之简朝亮又以文化保守著称，故又与"先进人物"无缘了。这样看来，简朝亮不能入选广东省著名历史人物，也在情理之中。

2008年，由广东省人民政府文史研究馆、南方报业传媒集团、广东省地方史志办公室、广东省博物馆联合主办了"广东历史文化名人巡礼图片展览"。该展览选取了从古代到近代时期，岭南大地在过去几千年历史上有过卓越贡献、产生过深远影响的116位历史文化名人代表。为了能从广东浩如烟海的历史人物中精选出这116位最具代表性的历代先贤，广东文史界集中相关专家学者，运用了最新的研究成果，据称："如此大跨度地梳理、挑选、系统展示还是头一次。"其挑选的标准，一是是否贴有"第一人"的标签；二是是否见证了广东自古开风气之先的史迹。顺德入选的历史文化名人为陈恭尹、梁廷枏、李文田、黄节。这四位顺德名人所以入选，原因如下：陈恭尹不仅是清初诗坛的"岭南三大诗家"，其书法更是名动一时，他的隶书在清初为广东第一。梁廷枏的著作《海国四说》《粤海关志》《夷氛闻记》《广东海防汇览》就足以让他位列广东名人之列。李文田是广东碑派的鼻祖，为晚清享誉全国的一代书法名家。黄节为近代中国报刊的拓荒人之一，曾参与创刊《政艺通报》《国粹学报》《神州日报》等，《国粹学报》倡导国学，宣传民生、民权，在近代中国影响甚大。此四人的一个共同特征是具有全国性的影响，并各自在书法领域、新闻领域、文学领域贴有"第一""拓荒人""鼻祖"等的标签。黄节的老师简朝亮没有入选。没有入选的原因很简单，简朝亮身上没有"第一"也没有"开风气之先"的标签。

其实，对于学术大师的评价，既不能以排行榜的眼光去对待，也不能全然以新为判断标准。学术无论新旧自有其价值，真正有价值的

---

① 广东省地方史志编纂委员会：《广东省志·总述》，广东人民出版社2004年版，第209页。

学术在历史的长河中自会渐显其光彩。其实历史发展有时很让人推敲，在旧的道路上走久了，人们盼望着走上新路，但走上新路后，人们又时时会回忆起旧路的好处来。

2. 全国性的视角及学者的视角

关于全国性的视角，笔者主要选取有广泛影响的权威学者的观点。权威学者所以权威，就是他能跳出地方的种种局限，从更高的无偏见的角度分析问题。

简朝亮为儒学大师，最关注他的自然是学者了。限于篇幅，笔者于此不面面俱到摘取近代以来学者们关于简朝亮的评价，只选取梁启超与钱穆的相关评价来说明问题。梁启超与钱穆为近代学术研究两大家，他们的评价应有相当的代表性。

梁启超在《清代学术概论》中论及清代经学时，专门论及简朝亮："吾乡简朝亮，著《尚书集注述疏》，《论语集注补正述疏》，志在沟通汉宋，非正统派家法，然精核处极多。"①

钱穆在《朱九江学述》中也论及简朝亮，他说：朱次琦"论学，在当时要为孤掌之鸣。从学有简朝亮最著，然似未能承其学，仍是乾嘉经学余绪耳"②。

从以上两学者有关简朝亮的论述，我们会发现，学者们所以关注简朝亮，是因为简朝亮在近代学术中不可缺少的位置与作用。此需要从两个层面来论述：

一是简朝亮在清代经学岭南学派九江之学传承序列中的重要作用。朱九江创清代经学岭南一派，其传人为门人简朝亮，简朝亮的弟子黄节、邓实又继续了这个学术传承链条。在中国传统文化中，学术的传承主要通过师生关系代代相传，简朝亮作为岭南学派学术传承中的重要一环，在中国传统学术中理应占有一席之地。近代以后，由于现代学堂的兴起加之西学传播的燎原之势，中国传统学术的传承序列逐渐断裂消逝。惟其失去，我们今天对传统中国中的师生关系与学术

---

① 梁启超：《清代学术概论》，《饮冰室合集》专集之 34，中华书局 1989 年影印本，第 37 页。

② 钱穆：《朱九江学述》，《钱宾四先生全集》第 22 册，联经出版公司 1998 年版，第 507 页。

传承才歆羡不已。

二是简朝亮对儒学近代转型的间接贡献。儒学近代转型是近代中国学术发展中的重要节点，在这个过程中，不能不谈到国粹派，谈到国粹派，就不能不谈到黄节和邓实，黄节与邓实均是简朝亮的学生，是岭南一派学术的再传人。故学者们在论及国粹派与近代儒学转型时，也就自然会论及简朝亮。在近代中国，国粹派曾经风云一时，其中的代表人物有章太炎、刘师培、黄节、邓实等人。他们各有师承。章太炎是皖派戴震的传人俞樾的弟子，刘师培是扬州学派刘文淇的曾孙，黄节和邓实则是岭南学派传人简朝亮的门人。他们在学术方法上都接受过传统学术的严格训练，在经学方面有着坚实深厚的功底。他们在接受西学的影响后，尝试运用西方近代学科的理论和研究方法来梳理包括儒学在内的中国传统文化，推动了中国传统文化的近代转型。

文化、学术本无新旧，即便要强作划分，新文化的生长也离不开旧文化的基础。近代中国的文化转型，相当程度上也有"旧文化"知识分子的参与。从上面所论，可见在近代中国的文化发展中，即便是"旧文化"中人，也在无意中为新文化的路径作了铺垫。这样的知识分子，我们能够忘记他们吗？即便有短暂的遗忘，我们在重新梳理自身学术、文化发展的时候，又会重新回忆起他们。缺少了他们，中华民族文化发展的链条就连不起来。

本文为 2008 年简朝亮学术研讨会参会论文。

从近代化的演变轨迹看当代广东
面临的危机与挑战

在近代中国，一个地区的近代化程度与对西方文化的学习程度紧密相关，广东作为近代中国最早向西方文化打开大门的省份不仅是中西文化交汇最为激烈的地区，也是近代化步伐最快的地区。广东在近代时期所走过的近代化历程为当代广东的高速发展奠定了基础，这种基础不仅决定了广东在当代中国改革开放版图中的特殊地位，也使广东在改革开放之初时即能迅速启动改革开放的步伐。随着当代中国改革开放与现代化进程的不断推进，广东的发展进入到一个新的阶段，这个新阶段最大的特征就是危机与挑战的日益显现。本文旨在通过对广东在近代中国学习西学及近代化历程中的独特地位的探讨来发掘广东何以能在改革开放大潮中独领风骚的缘由，也试图由此探讨当代广东面临的危机与挑战。对这些问题的探讨，有助于对一百多年来广东近代化进程的整体了解，有助于对广东当下困境的认识，也有助于为广东未来的可持续发展提供历史与文化上的思路。

一

从 16 世纪开始，随着海上航线的不断开拓，整个世界的发展进入海洋时代。随着海洋时代的来临，世界上任何一个国家都不可能孤立于世界之外。从当时的情况看，西方国家处于发现者的地位，而包括中国在内的整个东方则处于"被发现"的被动地位。与海洋时代同时来临的是资产阶级革命与工业革命。工业革命在英、法等国的相继完成，标志着人类文明史的进程由古代跨入近代，由农业文明跨入工业文明。这一进程具有不可逆转与不可抗拒的特征，一个国家如果不主动汇入这一历史进程，就只能被动地卷入这一历史进程。

在海洋时代与工业革命相继来临的时刻，中国的朝廷却"果断"地采取海禁政策关上了通向海洋的大门。闭关锁国的海禁政策始于明朝，当中国朝廷与海洋一刀两断的时候，西方各国正在大踏步迈入海洋时代。虽说明代的民间海上贸易并未完全中断，还产生过规模可观的私商集团，但中央政府层面的海禁决策却使中国与海洋的距离越来越远。明清易代之后，为打击台湾郑成功的反清活动，清政府于1656年开始实施海禁政策，坚壁清野的海禁政策使中西贸易近乎停滞。台湾收复后，海禁政策解除，一度还出现了清朝对外贸易的黄金时期。可惜这样的黄金时期未能延续下去，1757年，因英国商船接连北上宁波，为防范可能的危险，乾隆皇帝决定只许广州一口通商。乾隆的决定对于即将跨入近代的中国的命运具有决定性，这一决定使中国在历史转折的关键点上没能汇入到近代化的浪潮中，为中国的未来生存埋下了巨大隐患。近代化之于17、18世纪的任何国家、民族的意义不仅是发展的问题，还是关涉生存的大问题。

当清王朝费尽心思封闭国门时，英、法两国正在为争夺海上霸权而大打出手。经过数年战争，英国取得了海上霸权。当这个富于侵略性的海上霸王的触角伸展到中国海疆时，中华文明面临着来自近代工业文明侵袭的空前威胁，乾隆决定关上海疆的大门时，是否是预感到了对手的强大？面对危险，关上大门自然是一种防范措施，但关上文化交流的大门就等于与近代化失之交臂，可谓是各种选择中最不明智的选择。当然，乾隆绝不会将自己的决定与不明智联系起来，独裁者的任何决策在其当政的时代"必然"是英明的，但历史的发展规律并不理会这种"必然"，近代中国的百年屈辱史就是闭关锁国政策结出的苦果。

事情总有其正反两面，明清时期的"闭关锁国"政策虽使中国在近代化最关键的时刻自我隔绝于世界之外，无缘于工业革命，无缘于近代化转型，却使偏在华南一隅的广东省获得了封闭中的中国"唯一"与世界沟通的机会。从1757年至1840年鸦片战争爆发，在这段近百年的时光中，广东实行当时中国唯一的对外通商的特殊政策。

"一口"意味着独占性，意味着唯一性，作为当时中国唯一的对外通商口岸的广东几乎由此获得了输入西方文化与迈向近代化的垄断权。

当然，这种特殊政策在当时的中国可不是什么优惠。广东之所以被选为"一口"，更多的原因恐怕是因为偏在一隅，无关帝国大局。历史发展充满了太多的变数，落后在转眼间可能变为领先，偏僻也可能在转眼间变为前沿。在鸦片战争前一百年左右这个关键的近代化"时间窗口"，整个中国只有广东跨入了近代化的进程。

论及中国的近代化历程时，学者们一般都以1840年发生的鸦片战争为起点。如果以此为标准进行衡量，广东较其他地区几乎提前一百年"启动"了近代化步伐。一百年是一个什么概念，我们可以作一简单对比：论及近代中国的历程时，我们常常冠之以"百年"的时限，这一百年的时间里，中国大致完成了从物质文化到制度文化、思想文化近代化的嬗变，而在这段百年近代化史开始前，广东已经先行一百年了。当然，这里所言的"先行一百年"，并非指广东的近代化提前一百年，而是指在鸦片战争前一百年的时间段中，作为唯一的通商口岸，广东在持续接受西方文化的输入与影响。这种潜移默化的长期影响与积累，使广东这片土地在近代化的前夕在物质文化、制度文化、思想文化等方面都作好了前期的铺垫与积累。一旦中国迈开近代化的步伐，广东必然走在学习西方与近代化的前列。

二

广东之所以在近代中国最先启动近代化步伐，追溯起来，与鸦片战争也有一定关联。鸦片战争的爆发将东南沿海特别是广东地区推到了近代化的最前沿。

战争是文明冲突最激烈的一种表现形式。1840年爆发的鸦片战争是中西方文明在中国沿海特别是在广东地区的一次正面冲突。这场鸦片战争对于中国来说具有双重意味，一重意味是由殖民侵略所带来的耻辱感；另一重意味则是古老的中国自此开始了近代化的历程。鸦片战争是中国近代史的开端，自然也是中国近代化的开端。近代化与耻辱感相伴随，注定近代中国在近代化历程上坎坷崎岖。

鸦片战争后，中国被迫开放广州、福州、上海等地为通商口岸。"被迫开放"显现出中国的近代化从一开始就具有"被动"的特征。两次鸦片战争后所开放的通商口岸基本上都位于东南沿海，这是近代中国最早向西方世界洞开的地区，也是最早全面接触西方文明的地区。中国近代化的步伐从东南沿海起步，一百多年来，东南沿海地区引领了中国近代化浪潮的风骚，这种格局直到今天也没有改变。近代中国的近代化在空间上明显呈现出由东南沿海逐渐向内地扩展的渐进特征。这个渐进的过程不是以年计量而是以十年、数十年来计量的。这种漫长的渐进过程意味着在近代中国的近代化版图上，先发地区的近代化步伐可能较后发地区提前数十年甚至一个世纪。东南沿海地区是近代化先发地区，而广东又是东南沿海地区中率先迈开近代化步伐的，广东作为两次鸦片战争的主要发生地，西方文明在战争的裹挟下以暴力的方式陡然侵入，广东以"硬启动"的方式开始了近代化的进程。鸦片战争使广东被迫"突然"与西方文明大规模接触，"不得不"启动近代化的步伐，故可称为"硬启动"。较之近代中国近代化的缓慢转型，"硬启动"方式使广东的近代化步伐与全国大多数地区相比是遥遥领先了。

从文化分层的角度看，近代中国文化的发展大致经由了物质文化、制度文化、思想文化三个层面的演进。物质文化层面上的变革以洋务运动为代表，制度文化层面上的变革以维新变法为代表，思想文化层面上的变革以新文化运动为代表，这三个层面的演进也与中国的近代化历程相叠合。从现在的视角反观历史，历史演进的线索非常清晰，但在具体的历史场景中，历史的线索对于历史的当事人来说就不是那样清晰了。前景不清晰就会有迷茫、有争论，这种迷茫、争论极大地延缓了中国近代化的步伐。中华文明历经数千年的发展，其自成一体的发展方式及高度成熟的文明所形成的"夷夏"思维对外来文明具有强烈的排斥倾向，正是这种倾向使17、18世纪的中国长久地徘徊在近代化的门口。鸦片战争使国人的"夷夏"思维开始悄然转变，当"夷务"变为"洋务"的时候，中国人对西方文明的态度就由俯视渐变为仰视了。俯视虽高傲自豪，却有保守封闭的一面；仰视虽自卑自贱，却有谦虚开放的一面。从大历史的角度看，近代中国的这个转变过程很缓慢,一个老大帝国要改变文化思维可不是一朝一夕的事情。掠食者没有耐心等待你的转型与改革,缓慢的转型过程使近代中国蒙受了太多的屈辱与苦难。

相比整个中国近代化转型的缓慢步伐,广东的近代化进程具有启动早、步伐快的特征。不管是"一口通商"之地的特殊历史还是作为鸦片战争的主战场,都迫使广东摆脱了对近代化的漫长思考与争论而迅速开启了近代化的伟大航程。纵观近代广东历史的每一个环节,广东都引领时代风潮。当国人还在思考近代化是否有必要的时候,广东的近代化已经在刺刀与不平等条约的强力下"被迫"启动;当大多数国人惊讶于洋枪洋炮的威力时,广东的思想家已经在为维新变法而奔走呼号;维新变法的浪潮还没有散去,革命民主主义的思潮又在南粤大地风起云涌。

三

近代广东文化以"开近代中国学习西学之先河"的特征早就引起了学人的注意。早在 20 世纪 30 年代,陈序经就在《中国文化的出路》等书中指出西方文化对中国近代的发展具有根本性的影响,而广东恰好是西洋文化的媒介,是"新文化的策源地"①。历史的发展往往具有巨大惯性,广东在近代时段所取得的先发优势在最近三十年又被重新激发起来。当代广东之所以能在改革开放中取得令人瞩目的成就,是因为这片土地具有对外开放的"基因",这种基因包含两个方面,一是地理上毗邻港澳、面向南洋的先天"地理基因",二是近代以来长期对外通商所形成的后天"开放基因"。得天独厚的"地理基因"及"开放基因"再加上国家层面上的政策扶持,使广东成为改革开放的排头兵,一枝独秀。但也应注意到,随着改革开放的不断推进,广东的发展优势正面临前所未有的危机与挑战。危机其实与机遇并存,当挑战来临的时候,其实也正是面临重大机遇的时刻。为使论述不流于泛化,笔者于此主要从近代化与近代文化的角度阐述问题。

① 陈序经:《中国文化的出路》,中国人民大学出版社 2004 年版,第 153 页。

第一，随着改革开放的不断推进，"广东的近代红利"已经逐渐消退。

所谓"广东的近代红利"是指广东作为中国近代化启动最早、近代化程度最深的地区为当代广东的发展所积累下的有利于改革开放的文化基础。文化包含物质、制度、思想多个层面，"文化基础"自然也就包含物质文化基础、制度文化基础与思想文化基础。当代广东所以能取得迅速发展，与"近代红利"不无关联。改革开放三十年使当代广东借助国家政策及"近代红利"的支撑获得了难得的发展机遇，三十年的发展时段也使广东有相对充足的时间在物质、制度、思想等多领域深入探索中西文化兼容并蓄之道，为当代中国的发展提供了一个成功的文化样本。但红利具有期效性，任何红利都有被耗尽的时候，三十年的时间既是广东不断发展的过程，也是"广东的近代红利"不断消耗的过程。随着时代的不断推进与改革开放的不断深入，"近代红利"对当代广东发展的推动力正日益减退。在某种程度上可以这样认为，改革开放三十年，也就是近代国人关于现代化梦想在当代中国逐渐实现的三十年。国人关于现代化的"梦想"从19世纪中叶就开始萌芽，历经百年坎坷逐渐成形。这个成型的"梦想"是近代中国留给当代中国一份珍贵的精神遗产与思想"红利"。当代中国改革开放的宏大计划不是平地起高楼，而是一份用了一百多年时间来设计的现代化方案。改革开放的宏业虽然启动仓促，却不乏深思熟虑；虽然有争论怀疑，却一直向前。潜藏在国人心底对现代化的百年渴望是一种巨大的能量，当代中国的改革开放给这种能量的爆发提供了契机，广东作为近代化萌芽最早的地区自然站在了这个历史机会的前列，获得了超常规的发展。历经改革开放三十年的发展，珠三角作为广东的核心地区已经初步达到中等发达国家的发展水平，基本实现了现代化的目标，近代国人关于现代化的种种设想在当代广东正逐步得以实现。当广东及部分沿海地区在物质文化层面逐渐接近现代化的目标时，近代中国文化所能提供的文化资源也就见底了，近代梦想逐渐实现之时正好就是近代红利消耗殆尽之时。在物质文化层面上逐渐实现了富强的目标后，何去何从，才真正成为一个问题，这是一个关系到未来广东与未来中国命运的大问题。当中西部地区还在为物质文化层面的现代化而奋斗时，广东思考的问题则是：物质文化接近现代化后，下一步将怎么办？这个问题在近代文化资源库中找不到答案。广东要想继续担当改革开放的排头兵，必须直面物质文化之外的问题，必须在制度文化、思想文化的现代化上作出自己的思考与实践。红利没有之时，才是真正见证广东敢为人先的时刻。

第二，中西文化冲突交融的"文化交汇线"正从广东逐渐铺向全国，广东文化上的特殊优势正在丧失。

近代中国文化的一大特征就是中西文化的冲突交融，这种冲突交融主要集中在东南沿海一线的口岸城市，其过程具有从东南沿海逐渐向内递进的特征。东南沿海一线的区域就是近代中国中西文化冲突交融的"文化交汇线"。由于近代中国社会发展的特殊性，处于"文化交汇线"的地区往往也是近代中国发展较快的地区。从近代以来，广东都处于这条"文化交汇线"的最前沿位置，故广东在近代以来天然地领先于全国。即便是在新中国成立后到改革开放前，与港澳毗邻的区域优势也使广东没有失去与外部文化的联系。改革开放之初，广东所以能成为对外开放的窗口，也与其特殊的"文化交汇线"的文化位置有着密切关联。值得注意的是，广东"文化交汇线"的文化优势正面临丧失的危机。产生这种危机的原因很多，但国家发展战略的调整与大交通时代的来临当是主要原因。所谓大交通时代的来临，是指高速交通网络在当代中国的迅速推进所带来的交通格局与地理空间上的变化。航空、高速公路与高铁的迅速发展必将使东、中、西地区的发展走向一体化。随着全国高速铁路网的延伸，"文化交汇线"会加快从东部沿海地区向内地的推进步伐，在这个过程中，东部地区在文化、地理上的优势将逐渐减弱。关于国家发展布局政策的变化，在科学发展观与和谐社会的建设目标中已经得到了体现。各个地区的协调发展、平衡发展、科学发展将是未来中国社会发展的主题。在这一发展主题之下，"文化交汇线"也将加快由东部沿海发达地区扩展至中西部地区的节奏。

第三，"政策红利"的逐渐淡出也使广东面临发展推动力减弱的危机。

改革开放之初国家发展政策向东南沿海特别是向广东地区的倾

斜，使当代广东坐享了三十年的"政策红利"。最早设立的四个经济特区三个在广东，可见广东在国家改革开放发展布局中的重要地位，国家层面的"政策红利"对广东地区发展的推动作用不言而喻。随着改革开放的不断推进，局部突破的发展战略逐渐让位于整体协调发展的发展战略。继上海浦东新区后，国家已先后批准八个国家综合配套改革实验区，涵盖了东、中、西部和东北地区，八个国家综合配套改革实验区，广东仅入围一个。除了国家层面的改革试点外，全国也有21个省开展自主试点，设立的省级综合配套改革实验区有70多个。由此看来。在国家发展的"通盘考虑、统一布局"的整体战略布局中，广东已从改革开放之初的一枝独秀变为国家发展战略中的一枚棋子。政策红利的变化使广东面临着国家层面政策推动力逐渐减弱的危机。

四

从当代中国国家发展战略决策的角度看，和谐社会构建的一个重心就是要打破不平衡的发展格局，逐渐建立起东、中、西部地区平衡发展的和谐大局。广大的中、西部地区将是国家未来的发展重点，广东在内的东部发达地区在相当时期内仍将保持领先地位，但由于国家层面上地区发展决策的变化，决定了东、中、西部地区之间的差距会逐渐缩小。虽说这个过程可能会很漫长，但这个过程的趋势不可逆转。在这个不可逆转的过程中，对于包括广东在内的东部地区来说是危机与机会并存，所谓危机，是面临中、西部地区赶超的危险；所谓机会，则是在国家全面协调发展的战略中寻找机会。和谐发展、均衡发展也是一种机会，在这一轮国家发展战略调整的新机会中，一定有城市、省份抓住发展的机会，脱颖而出。

从近代城市发展的轨迹看，发展机遇与合适的地理位置往往是一个地区得以超越式发展的重要因素。如近代上海的发展就很有代表性，鸦片战争前，上海仅为江苏省松江府属下的一个县，发展程度远逊于苏杭等地。鸦片战争后，上海成为第一批通商口岸。以此为契机，上海迅速发展为远东著名的近代化大都市。上海由于地处长江出海口,具有对外贸易的地理优势,在闭关锁国的时代,这种地理优势显现不出来,一旦中国启动近代化的引擎,上海地处长江三角洲龙头,面向太平洋的地理优势与发展潜力就凸显出来了。1846年,上海的出口贸易额就占到全国出口贸易总额的七分之一,十年之后,这一比例更变为二分之一还强,至19世纪50年代中期,上海超越广州成为全国对外贸易中心。深圳的快速发展也说明了发展机遇与合适的地理位置对于一个城市或地区腾飞的重要性。

从发展机遇、地理区位、发展基础考察,广东仍然具有超越式发展的条件与可能性。

从地理位置看,时间的流逝并没有改变广东的地理优势。不管是作为中国面向南海的南大门,还是作为泛珠三角地区的龙头和出海口,都决定了广东在国家发展战略中的重要位置。在发展机会均等的情况下,地理位置具有优势的地区仍然具有更多的发展机会和更好的发展条件。

从发展机遇看,通盘、均衡发展的国家发展战略可以说是一种平等的发展模式。在机会均等的发展模式下,只要能抓住发展机遇,就有机会脱颖而出,成为这一轮发展机会中的胜出者。从这个角度看,在新的发展阶段,广东仍然有机遇,只不过这是平等的机会,若能抓住机会,广东仍能延续高速发展之路。机会不会永远垂青于一个地区,能赢得改革开放三十年的大发展就是当代广东获得的一次难得机遇。在新一轮的发展机遇中,广东失去的是一枝独秀的政策扶持,获得的却是平等竞争的新机会。政策扶持所带来的发展绝对不是可持续的发展,平等竞争中奋勇争先闯出来的路才是真正的可持续发展之道。

从发展基础看,在均等发展的模式下,基础丰厚的地区具有更大的发展潜力。如果说"近代红利"为当代广东的发展提供了必要的基础,那么,改革开放三十年的大发展则为未来广东的发展准备了更为雄厚的基础。已有的基础是广东发展的最大优势,也是广东寻求突破的重要条件。从这个角度看,发展经济仍然是经济高速发展后的广东的最重要的任务。没有经济的健康发展,制度层面的探索与变革就缺乏物质层面的有力支撑。众所周知,广东的经济发展已经面临转型的瓶颈。"转变经济发展方式是破解发展难题,实现科学发展观的根本之策、关键之举"①。广东作为先发达地区,转变经济发展方式的任务显得更为紧迫。在制度层面的破冰尚有待时日之时,将注意力集中在经济发展方式的转型上不失为明智之举。经济发展模式的成功转型会对制度文化、思想文化的转型起到积极的推动作用。广东经济最近三十年的高速发展,推动政府的管理模式及人们的思维模式发生了相应的变化,说明物质文化与制度文化、思想文化之间不是隔离的而是具有互动的关系。若广东能率先在经济发展方式的转型上走出一条新路,也就自然为政治体制的改革做好了铺垫。

五

"解放思想、改革开放"是广东改革开放 30 年来形成的文化特点,亦是当代广东高速发展的重要推动力。② 但当今中国,不管是东部地区还是中西部地区,无不以"解放思想、改革开放"为旗帜奋勇争先,敢拼敢闯已经不再是广东的专利。在这样一种竞争态势下,敢拼敢闯的精神只是发展的必要条件而不是出奇制胜的法宝了。其实,对于未来的广东,需要的不仅是改革开放初期敢拼敢闯的精神,更需要的也许是踏踏实实的实干精神与步步求证的科学精神。敢拼敢闯与严谨务实并不矛盾,当未发达地区急于在物质文化追求大发展的时候,广东作为先发达地区反倒应该不急不躁、严谨务实地全方位向前推进社会发展与变革。

经过近代中国先进分子及新中国成立以来的长期探索,物质文化现代化的路径与目标对于当代中国来说其实很明确,但对于制度文化的现代化及社会发展的全方位现代化,近代文化思想库中的资源不多,实现的途径甚至具体的目标都不是很清晰,故在制度层面的变革比单纯的追求物质文化发展具有更大的难度与更大的挑战性、风险

---

① 《以只争朝夕精神转变经济发展方式》,《南方日报》2010 年 7 月 12 日 A01 版。

② 《"解放思想、改革开放"是广东文化的精髓》,《南方日报》2010 年 7 月 17 日 A03 版。

性。在这样一种情形下，必须继续发扬敢拼敢闯的精神，没有这种精神，广东就会停留在物质文化现代化的成果上裹足不前。敢于跳出物质文化现代化的思维局限，展开制度层面的探索，就是当代广东敢拼敢闯精神的最生动体现。但是，在具体展开制度文化层面探索的时候，鉴于其挑战性与风险性，反倒应保持一种如履薄冰的谨慎态度。在制度文化层面改革这一全新的改革重任面前，大胆假设、小心求证、谨慎探索、局部实践、逐渐推进也许是一种可行的推进方案。大胆假设就是敢拼敢闯精神在思维层面的具体体现。中国特色社会主义的制度文化层面的变革没有经验可以依循，必须对实现目标、实现路径进行大胆探索、大胆假设。但也正是因为制度文化层面的变革没有经验可循而又事关未来中国的社会政治格局，故对改革方案的任何细节都务必小心求证、谨慎探索。在改革的具体实践上则应先局部实验再逐渐推行。大楼修不好可以推倒重建，而制度层面上的变革稍有失误则易引起多米诺骨牌式的连锁反应，故不可不慎。如果说物质文化层面的现代化更多地体现为"硬实力"的话，制度文化层面的变革则更多地体现为"软实力"。高楼易建、公路好修，"软实力"的构建则需要更多的政治智慧。广东在"硬实力"的建设中已经证明了自己的能力，在"软实力"的探索与构建中必将见证自己的智慧。

原载《广州大学学报》（社会科学版）2011 年第 10 期。

从近代中国文化演进的轨迹看当代
中国文化发展的趋势

从历史发展的大脉络来看，任何一个国家的发展都会呈现出时起时伏的状态。在历史发展的不同阶段，一个国家所面临的主要任务也有所不同，如果说在近代中国的主要任务是走出历史低谷，其依靠的主要手段就是学习西学，而当代中国面临的主要任务则是如何实现中华民族伟大复兴的问题。不管是历史发展阶段的不同，还是发展任务的不同，都决定了当代中国的发展轨迹及趋势与近代中国有很大的不同。当然，当代中国的发展道路是近代中国发展道路的延展，在当代中国文化的发展轨迹中处处可以看到近代中国文化发展所留下的烙印。

一 近代中国文化演进的轨迹与特征

梁启超在《五十年中国进化概论》中将近代中国学习西学的进程分为三期："第一期，先从器物上感觉不足"；"第二期，是从制度上感觉不足"；"第三期，便是从文化上根本上感觉不足"[①]。这里所说的"文化"是指"心理"或"人格"[②]。如此看来，梁启超是从文化分层的角度将近代中国的演进分为了器物、制度、思想三期。梁启超此文写成于1922年，如果以此时间点计，"五十年"的时间段大致在

---

① 梁启超：《五十年中国进化概论》，《饮冰室合集》文集之39，中华书局1989年影印本，第43—44页。

② 同上书，第45页。

19 世纪 70 年代至 20 世纪 20 年代。梁启超对时段的上限限制并不严格，他在论及第一期的起点时这样说道："第一期先从器物上感觉不足，这种感觉，从鸦片战争后渐渐发动。"① 在梁启超看来，鸦片战争的爆发应为近代中国学习西学的时间起点。迄今为止，史学界对近代中国学习西方历程的起点也基本持这一看法。

梁启超从器物、制度、思想文化三个层面对自鸦片战争以来的中国历史进化分期方式自其提出以后，即成为解读近现代中国发展轨迹的一种重要模式。目前我国史学界以鸦片战争、洋务运动、戊戌维新、辛亥革命、新文化运动等大事件来梳理近代中国的历史发展主线，其中所隐含的就是文化发展的三阶段论。从文化分层的角度将近代中国的历史发展分为三大段，虽有生硬之嫌，却也在相当程度上反映出近代中国历史发展与文化演进的基本特征：

其一，近代中国社会与文化的发展在演进上呈现出三个有序递进的阶段，这三个发展阶段不管在内容还是在指向上均以学习西方文化为主要特征。

从文化分层理论的角度看，近代中国的发展大致被分成三大阶段，这三个阶段即可视为近代中国自鸦片战争以来在物质文化层面、制度文化层面、思想文化层面上的自强与变革。这三个阶段在发展演进上呈现出明显的有序递进，物质文化层面的自强大致与洋务运动相对应；制度文化层面的变革则大致与戊戌维新相对应；思想文化层面的开新则大致与新文化运动相对应。

近代中国所以要在此三个层面上谋求自强与变革，梁启超在《五十年中国进化概论》中所言的"感觉不足"四字已经表述得很明白，所谓"不足"，是与当时强势的西方文化相比而言。既然感觉不足，就要迎头赶上西方。正是在这样的不足"感觉"的驱动下，学习西方文化成为近代中国文化的一大主题。近代国人强调学习西学，其指向是希望中国能最终成为西方式的强国。维新派人士

---

① 梁启超：《五十年中国进化概论》，《饮冰室合集》文集之 39，中华书局 1989 年影印本，第 43 页。

麦孟华曾说："安在今日之衰亡，不可为美日之强盛哉！"① 麦孟华这句话将近代中国文化的学习对象与发展指向说得很清楚：学习对象就是美日等欧美强国，学习的目的与未来中国的发展指向就是要由衰亡而入强盛。需要指出的是，梁启超所言的"不足"显然是指向中国文化。在梁启超看来，与西方文化相较，中国文化在器物层面上不足，制度层面上不足，精神层面上不足。在近代中国，包括梁启超在内的绝大部分知识分子通过对中西方文化的对比，从整体上表现出贬中崇西的文化倾向与文化选择。梁启超曾用"舍己从人"来曲折表达这种弃中取西的文化选择，② 这种文化选择不仅意味着近代中国对学习西方一边倒的倾向，还同时意味着中学在近代中国被贬斥、被放弃的命运。

其二，近代中国人学习西方文化的阶段性决定了每一个学习西方文化的阶段都会被下一个阶段所抛弃、淘汰。

近代中国对西方的学习经历了从物质文化到制度文化，再到思想文化层面的三个阶段，这三个文化阶段的有序递进正反映近代中国人对西方文化的认识与学习是一个递进与深化的过程。递进与深化有时就体现为抛弃与淘汰。梁启超对此曾有详细的论述："第一期，如郭嵩焘、张佩纶、张之洞等辈，算是很新很新的怪物。到第二期时，嵩焘、佩纶辈已死去，之洞却还在。之洞在第二期前半，依然算是提倡风气的一个人，到了后半期，居然成了老朽思想的代表了。在第二期，康有为、梁启超、章炳麟、严复等辈，都是新思想界勇士，立在阵头最前的一排。到第三期时，许多新青年跑上前线，这些人一趟一趟被挤落后，甚至已经全然退伍了。"③

在近代中国，今日为"新"物，明日即可能被斥为"旧"物；今日还是学派"中兴"，转眼即可能成为明日黄花；今日还引领思想潮流，明日即可能被斥为思想保守。从近代中国社会与文化的发展轨迹看，就是社会思潮越来越趋于激进，不仅传统文化被步步淘汰乃至

---

① 麦孟华：《论义民与乱民之异》，《清议报》第52册（1900年7月26日）。
② 梁启超：《五十年中国进化概论》，《饮冰室合集》文集之39，中华书局1989年影印本，第44页。
③ 同上书，第45页。

从整体上被否定，就是在学习西学上稍有迟疑就有"老朽""退伍"的危险。所以如此，当与接连的失败有关，洋务运动的失败，国人随即期盼以维新来救亡图存；维新失败后，国人开始寻找别的道路与手段。当"所希望的件件都落空"后，演进的最后结果就是对传统文化的"整套"否定与对西方文化的"整套"学习。①

二 当代中国在真正意义上开启了文化
全面现代化之旅

总体来看，近代中国在物质文化、制度文化、思想文化三个阶段的发展都不充分或不成功。洋务运动是近代中国在物质文化层面上的近代化尝试，这场持续了近半个世纪的运动并未能实现富国强兵的初衷。中国在甲午战争中的惨败，特别是作为洋务运动最高成就代表的北洋舰队在甲午战争中的全军覆没更是使国人对器物层面的富国强兵之道产生了怀疑，正是这一怀疑使近代中国从物质文化层面转向了制度文化层面上的尝试与努力。甲午之战后，维新变法成为时代思潮，但维新变法最终因以慈禧太后为首的保守派的镇压而流产。辛亥革命虽使近代中国完成了从专制王朝向现代民主共和国的转换，但这种转换并不彻底。正如当时的《泰晤士报》所发表的评论："革命的最后阶段是否已经达到目的，这是未来的秘密。一些最了解中国情况的人不能不怀疑，在一个拥有四亿人口的国家里，自从最遥远的历史早期以来，皇帝就像神一样统治着他们；在这样的国家里，是否能够突然用一个同东方概念和传统格格不入的共和国政府形式，来代替君主政体？"② 中国毕竟是一个有着数千年皇权专制历史的国家，要在政治制度层面以及思想层面完成向民主共和的跨越可不是一朝一夕的事情。即便是在中华民国建立了十余年后，与此新制度相适应的新思想也未能建立起来，梁启超对此颇为失望："要拿旧心理运用新制度，

① 梁启超：《五十年中国进化概论》，《饮冰室合集》文集之39，中华书局1989年影印本，第45页。
② 广东省政协文史资料研究委员会编：《孙中山与辛亥革命史料专辑》，广东人民出版社1981年版，第327页。

绝计不可能。"① 新文化运动所以发生，其发起者就是希望在新"心理"即新"思想"上有所作为。新文化运动的基本口号是民主和科学。客观而言，民主和科学对于近代中国人来说是一个太遥远的概念。当新文化运动的发起者明白在军阀专制、民智不高的社会中宣传新文化，鼓吹民主、科学的难度后，他们将重点从"立"新文化转到"破"旧文化上。从"立"到"破"的转换，在相当程度上也就意味着新文化运动在新心理、新思想层面的建设上其实也不成功。

由上所述，可以看出近代中国文化的发展与嬗变具有两大特征：一是近代中国在物质文化层面、制度文化层面、思想文化层面上的发展都不成功，每个阶段的不成功的叠加自然就是近代中国在文化发展上的整体的不成功。二是近代中国虽然经历了这三个文化层面的嬗变，但每次嬗变都是在上个阶段发展不顺利乃至失败的基础上展开，故近代中国文化演进的每一阶段都具有先天不足的特征，每一发展阶段先天不足的叠加就是近代中国社会及文化在整体发展上的不成熟、不充分。

与近代中国在文化发展演进上的不成功、不成熟、不充分相较，当代中国的文化发展显然超越了发展不成熟、不充分的阶段，在真正意义上开始步入文化全面现代化的崭新发展轨道。

从文化发展的大背景看，当代中国的社会与文化发展的大背景与近代中国相较已是迥然不同。近代中国文化发展的大背景是救亡图存的现实压力，这种压力迫使近代知识分子不得不将眼光投向西方文化。其中的逻辑也很简单，西方打败了中国，中国若要救亡图存，就必须学习西方，故西学在近代中国大行其道。当学习西学与挽救危亡的重任相关联的时候，对西学的学习就具有政治上的意味了。学习西学意味着进步，而对中学的学习、传承则意味落后、保守。主张学习西学的新知识分子在近代中国历史上独领风骚，而传统知识分子则被视为保守派乃至被斥为"妖孽""谬种"就是明证。在当代中国，救亡图存已经成为历史的记忆，经过新中国成立以来六十余年的建设与

---

① 梁启超：《五十年中国进化概论》，《饮冰室合集》文集之39，中华书局1989年影印本，第45页。

发展，一个繁荣富强的中国已经实实在在展现在国人眼前，如果说救亡图存是近代中国文化发展的大背景的话，当代中国文化发展的大背景则是繁荣富强。在此背景下，中华民族的伟大复兴正成为当代中国的发展目标。中华民族伟大复兴的实现必然包含中华传统文化的复兴，伴随着中华民族伟大复兴步伐的加快，中华传统优秀文化的复兴节奏也将加速。随着中华传统优秀文化的复兴，西学自近代以来在中国一家独大的文化现象将会彻底改变。

从文化发展的阶段性看，与近代中国文化由物质层面到制度层面再到思想层面步步向前推进的阶段式发展不同，当代中国的文化发展呈现出文化的各个层面齐头并进的崭新面貌。1997年，党的十五大报告就经济、政治、文化建设的全面发展作出了战略部署。十五大报告所提出的经济、政治、文化"三位一体"的建设目标与具体战略部署就清晰地体现出当代中国在文化的各个层面展开全面建设的时代特征。2006年，中共十六届六中全会作出《中共中央关于建设社会主义和谐社会若干问题的决定》，这个决定在政治建设、文化建设、经济建设之外又提出社会建设，"三位一体"的社会发展总体布局提升为更为全面的"四位一体"的社会发展总体布局。2013年，党的十八大报告在经济、政治、文化、社会建设的基础上又增添了生态文明建设，"四位一体"建设进一步提升为"五位一体"建设。所谓"五位一体"即指经济建设、政治建设、文化建设、社会建设、生态文明建设的全面推进。"五位一体"较之物质文化、制度文化、思想文化三层面的传统提法更为系统、全面。要实现全面建成小康社会与中华民族伟大复兴的宏伟目标，必须有赖于在物质文化、制度文化、思想文化、社会文化、生态文化等层面的共同推进。

文化的各个层面在当代中国的全面推进，意味着当代中国社会与文化的发展终于超越了阶段性的追求。文化阶段性的发展与追求不仅是近代以来中国文化发展的一大特征，也在相当程度上成为近代中国人的一种文化思维。在这种文化思维的桎梏之下，社会及文化的阶段性发展在近代中国在相当程度上被上升为一种历史发展规律，近代中国人循着物质文化、制度文化、思想文化的阶梯亦步亦趋地寻找救亡图存之道。社会发展其实是多层面的协调发展，试图通过物质、制度、思想文化三个阶段渐次完成现代化的任务，看似从简到难，从文化外层到文化核心，但仔细推敲，近代中国从物质文化到制度文化，再到思想文化的阶段性发展中的每一个阶段其实都是一种不全面、不完整的发展，这种不全面、不完整的发展既使近代中国的发展从一开始就未能站在一个较高的发展起点上，也决定了近代中国社会、文化发展的曲折性。当代中国的社会与文化发展则彻底跳出了自近代以来的文化阶段性发展的局限，从"三位一体"到"四位一体"，再到"五位一体"的发展目标与战略部署，当代中国在真正意义上在文化的各个层面全方位地开启了文化全面现代化的伟大旅程。

三　从对西方文化的全面学习逐渐转向文化自信与文化输出

近代中国文化的一个特征就是对西方文化的全面学习。近代中国文化在物质、制度、思想文化三个阶段的发展在相当程度上就是对西方文化的分阶段学习，洋务运动主要是在器物文化层面上学习西方；维新变法则主要是制度层面上学习西方；新文化运动则是在思想文化方面学习西方。与对西方全方位学习相对应的则是中学在近代中国的命运。对西方物质层面的学习意味着对中国传统物质文化的否定；对西方制度文化层面的学习意味着对中国传统政治制度文化的否定；对西方思想文化层面的学习则意味着对中国传统思想文化的否定。关于这一点，胡适表述得很清楚，"我们必须承认自己百事不如人，不但物质机械上不如人，并且道德上不如人，艺术上不如人，知识不如人，文学不如人，音乐不如人，艺术不如人，身体不如人"，要拯救我们这个"又愚又懒"的"一分像人九分像鬼的不长进的民族"，唯一的出路就是"死心塌地地去学习西洋的近代文明"①。胡适有关全盘西化的观点其实并非他的首创，"西化"、向西方学习是自鸦片战争以来中国文化发展演变的一条主线，胡适全盘西化的论点无非就是

---

① 胡适：《介绍我自己的思想》，《胡适文集》2，人民文学出版社 1998 年版，第 171 页。

近代以来学习西学思想的一种极端观点而已。

近代以来，除了新知识分子对西方文化趋之若鹜外，传统知识分子在强势的西方文化面前也多是屈身俯就，乃至竭力鼓吹，吴汝纶就是一典型代表。吴汝纶是桐城派末代大师，他在担任莲池书院主讲期间就曾倡导书院改革，并将西文课程引入书院。吴汝纶曾如此论及书院开设西文课的问题："西学捷径，但读已译之书，其弊则苦于不能深入。其导源之法，则必从西文入手，能通西文，然后能尽读西书；能尽读西书，然后能识西国深处。"① 连吴汝纶这样的传统知识分子都主张"尽读西书""识西国深处"，可见欧风美雨对近代中国浸染之深。

在尽醉西风的时代，西方文化自然得以大行其道。与之对照的则是中国传统文化的生存空间日益逼仄，其结局唯有"黯然而逝"一途了。② 传统文化在近代都将"黯然而逝"，传统知识分子在近代中国的境遇也就可想而知。光绪二十四年（1898），光绪帝下旨将书院改为学堂，得知消息后，吴汝纶在致友人的信中这样写道："书院改学，兼习中、西，下走不通西学，岂敢强作解事！昨已托保定沈太守代辞，但本年之局，不可不终，已禀知师相（李鸿章——笔者注），欲别谋一馆地，但恐滔滔天下，无地容此废物耳。"③ 吴汝纶此处用"废物"来形容自己的境遇，倒是很形象地刻画出传统文化与传统知识分子在近代中国的文化地位，特别是凸显出近代中国传统知识分子在面对强势的西方文化时的文化自卑感。从本质上讲，这种文化自卑感并非源于文化对比，而是源于近代中国与西方列强武力较量的失败。战争失败常常会引发失败方对自身文化的全面反省，近代以来中国在物质文化、制度文化、思想文化层面对自身文化的全面反省与近代中国在历次涉外战争的失败不无关系。

国与国之间在武力层面的较量最主要体现为器物文化层面的较量。对于近代中国而言，物质上的强大与否不仅仅关涉国家强大，关

---

① 吴汝纶：《答贺松坡》，《吴汝纶全集》（三），黄山书社2002年版，第129页。

② 林纾：《送文科毕业清学士序》，《畏庐文集·诗存·论文》（二），沈云龙主编《中国近代史料丛刊》第94辑，文海出版社1973年版，第514页。

③ 吴汝纶：《与李季皋》，《吴汝纶全集》（三），第202页。

涉救亡图存，还涉及制度文化及思想文化的近代化转型。物质层面是一个社会得以全面发展的基础，近代中国所以难以走出国家危亡的泥沼，难以在制度层面、思想层面上得以有效突破，就与近代中国在物质层面一直未能成功完成近代化转型有着密切关系。物质文化层面上的强大与否还涉及一个文化的自尊与自信。一个物质上落后、挨打的国家谈不上文化上的自尊与自信。

当代中国与近代中国相比，最大的一个不同就是当代中国在物质文化层面已经完全摆脱了近代中国积贫积弱的状态。目前，我国的粮食、棉、肉、钢铁、煤等主要农产品和工业品产量居世界首位；至2010年8月16日，中国超过日本，戴上了世界第二大经济体的桂冠。排名与数据虽枯燥，但这些排名与数据不仅包含着国人近百年来的艰辛与努力，还意味着当代中国在物质文化层面终于初步完成了近代以来对于物质文化现代化的梦想。当中国在物质文化层面日益走向繁荣富强后，将对中国社会及文化的发展产生重大的影响。这种影响体现在以下几个方面：

其一，物质文化日益走向繁荣富强后将会极大地推动中国在制度文化及思想文化层面变革与进步的步伐。

物质文化、制度文化、思想文化是相互联系、层层深入的三个文化发展层次，物质文化是这三者中最为基础的层次，当物质文化的发展发生显著变化后，与之相联系的制度文化与思想文化也必将产生联动式的变化与发展。需要强调的是，近代中国的制度文化变革、思想文化变革均是发生在物质文化变革不成熟、不成功的基础上，在这种不成熟、不成功的物质变革基础上，后续的制度变革、思想变革自然难以顺利展开。从近代中国文化演进的这种特征与规律看，当代中国在物质文化层面上取得的成就之于未来中国社会及文化的发展具有重大意义，它意味着未来中国的制度文化建设及思想文化建设都将在繁荣富强的物质文化基础上展开。物质层面上的繁荣富强必将极大地推动中国在制度文化及思想文化层面变革与进步的步伐。

其二，物质文化的繁荣富强将会增强国人的文化自尊与文化自信，这种自尊与自信的不断增长与强化将会极大地改变自近代以来的中国文化的发展方向。

物质文化层面上的落后是近代以来中国文化的发展方向所以朝西转的一个主要原因。近代国人由于物质上不如西方，进而认为制度上不如西方，思想文化也不如西方。综观近代以来中国文化的发展，不管是对自我文化的反省，还是对西学的全面学习，其中都包含着近代中国人对西方文化的仰慕与对自我文化的深刻自卑。当中国在物质文化走向自强繁荣之后，近代以来国人对中国文化产生自卑的最根本因素就出现了颠覆性变化，这种变化对当代及未来中国的文化发展具有深远影响，其可以预见的影响将有两个方面：一是国人的文化自尊与文化自信将会日益增强。近代中国的文化自卑最初缘于器物文化层面的落后，当代中国在物质文化上的发展与腾飞必将极大地增加国人对自我文化的自信。可以预见的是，随着当代中国在物质文化建设上的不断推进，当代中国人的文化自信会不断走强，中华传统文化的价值将会不断显现出来并成为未来中国发展的文化源泉。二是当代中国的制度文化及思想文化变革将与近代以来的文化变革呈现出不同的发展轨迹。近代中国文化发展的最大特征就是向西方学习，在物质上向西方学习，在制度上向西方学习，在思想文化上向西方学习。当代中国在物质文化层面上的成功，不仅增加了当代中国人的文化自信，还使中国人看到了文化成功发展的多种途径与多种可能性，既然中国人能凭自己的力量实现物质文化的现代化，那么也有可能在制度文化与思想文化上摆脱向西方学习的旧有轨迹，走出有自己特色的制度文化及思想文化的建设发展道路。关于这一点，当代中国的制度建设实践与思想文化的建设实践已经作出了回答。

结　语

中华文化自其产生以来，薪火相传五千余年。在这五千余年的流变中，中华文化虽屡经挫折，却从未中断，弦歌不绝，在世界文化流变史中谱写出独特的文化篇章。中国文化发展至近代阶段，在欧风东渐及国家危亡等因素的影响下，中国文化的发展一度呈现出向西转的趋势。但从中华文化发展的大线索来看，近代文化一百余年的流变史仅仅是中华文化发展流变史的一个阶段而已，这个阶段必将成为历史，不能因为近代阶段具有向西转的趋势就对中国传统文化作出否定性的判断，也不能就此作出未来中国文化发展的趋势必然向西转的判断。

中华文化不是不能向其他文化学习，中华文化在流变过程中对外来文化多有学习与兼容，兼收并蓄本来就是中华文化的一大特征。笔者于此所强调的是，中华文化的兼收并蓄仍是以丰富、发展中华文化为核心，而非让外来文化取代中华文化的主体地位。中华文化的传承自有其内在规律与生命力，正是这种规律与生命力决定了中华文化的文化特性与文化发展路向，正如钱穆所说："一民族文化之传统，皆由其民族自身递传数世数十世数百世血液所浇灌，精肉所培壅，而始得开此民族文化之花，结此民族文化之果。非可以自外巧取偷窃而得。"①

针对近代国人一味醉心西风，林纾曾经有过如此批评："不必心醉西风，谓欧人尽胜于亚。"② 此语在近代中国学习西学的思潮大行其道的背景下显得很是不合时宜，学习西学唯恐不及，何谈不必心醉西风呢？现在看来，林纾的这番话倒是颇有些道理，西风不是十全十美，也多有"可哂可鄙之事"③。未来的中国要真正走向自强，最终还得靠自己的努力，其中就包含对自我传统学术文化的认识与传承。人的认识总是受到时代的限制，在近代中国那个特殊的时段，学习西学就是时代主题。随着时间的推移，时代主题也在逐渐转换，今天的中国人不仅已经逐渐走出"必醉西风"的阶段，还开始憧憬胜于欧人的新阶段。国家的自强必然伴随着国人文化自信的复苏，在这一文化自信复苏的过程中，中国传统文化的价值必将为国人所重新认识与重视。

本文部分内容原载《深圳特区报》2015 年 4 月 26 日 C2 版，原标题为《近代以来中国文化发展的轨迹与趋势》。

---

① 钱穆：《国史大纲》，商务印书馆 1997 年版，第 30 页。
② 林纾：《块肉余生述前编·序》，迭更司《块肉余生述》（一），林纾、魏易译，商务印书馆 1930 年版，第 2 页。
③ 同上。

近代以来儒家文化圈的裂变与式微

儒家文化圈是指深受儒家文化影响，曾以儒家文化构建基础社会，至今仍然保留了儒家文化的主要或部分文化传统的区域统称。儒家文化圈所包含的国家及地区在不同的历史时期虽名称有所不同，但其所含区域并没有太大变化，在近代以前，儒家文化圈主要的地区有中国、日本、朝鲜、越南等。进入近代以后，由于遭到西方列强的殖民侵略，儒家文化圈内各国或沦为殖民地、半殖民地，或走上军国主义道路，儒家文化圈处于历史的发展低潮。第二次世界大战以后，随着儒家文化圈内各国相继走向独立及国际政治格局变化的影响，目前儒家文化圈包含的国家大致主要有中国、蒙古、越南、朝鲜、韩国、新加坡等。关于近代以来儒家文化圈变迁的探讨，学界主要有两种研究路向，一种是从微观、个别的角度展开研究，即对儒学在儒家文化圈各主要国家变迁情况的个案考察；一种是从宏观、整体的角度展开研究，即对近代以来儒家传统在儒家文化圈各国的命运与前景的综合思考。本文也采取宏观的研究方法，通过对儒家文化圈发展历史的整体考察，试图揭示近代时期的儒家文化圈发生裂变并逐渐式微的原因，并附带论及古代时期儒家文化圈的特征及现当代儒家文化圈的现实状况。对这些问题的讨论，不仅有助于对儒家文化圈历史发展的认识，也有助于我们认识儒家文化圈在各个历史时期的不同特征及区别，使我们能客观地把握儒家文化在当今东亚及东南亚的影响。

一

既然儒家文化圈为"圈"，就有一个核心的问题，这个核心包括文化核心与区域核心两个方面。古代中国儒家文化的高度成熟与文化上的连续传承使儒家文化在不断向周边国家及地区扩展的过程中自然成为儒家文化圈的文化核心；古代中国在疆域上的长期相对稳定与朝代的更迭有序也使古代中国成为儒家文化圈的不可动摇的区域核心。

中华传统文化的一大特征是早熟性与超前性。这种文化发展上的早熟性与超前性不仅体现为中国文化在春秋战国时期即已高度发展与成熟，还体现为古代中国文明的发达程度在相当长的一段历史时期内远远高出周边地区。古代中国文明发达程度领先于周边各国的态势一直持续到 19 世纪中叶才开始发生变化。从文化学的视角来看，当相邻国家或地区之间的文明程度不一的时候，文明程度高的地区的文明会对周边地区产生强烈的示范效应，文明程度高的地区的文明会逐渐向文明程度低的地区扩展、渗透。与中华文明的发达程度在相当长的一段历史时期内远远高出周边地区的态势相应的就是中华文明的对外输出与影响，其中，日本、朝鲜、越南等东亚国家作为古代中国的近邻受到的影响最大。这些国家在古代时期在语言文字、教育制度、考试制度等诸多方面均程度不同地受到了以儒家文化为核心的中国文化的深刻影响。不管是"儒家文化圈"的说法，还是"汉字文化圈"的提法，① 正是对古代中国及东亚诸国在文化上高度近似的形象概括。为进一步说明问题，现将古代时期的朝、日、越等国受以儒家文化为核心的中国文化的影响作一简略的陈述。

相当程度上可以这样认为，古代越南是"儒家文化圈"中与古代中国及儒家文化关系最紧密的。其一，古代越南在相当长的一段时期内与中国王朝有着至为密切的关系。汉朝政府曾在今越南境内设立日南、九真、交趾三郡。唐朝政府曾在今天的越南中、北部设立郡县，史称安南。元末战乱时，安南独立。1407 年至 1428 年，明成祖出兵占领越南，并在升龙设立了交趾布政司。1454 年，明朝皇帝正式册封黎仁宗为安南国王。1802 年，清嘉庆帝册封阮福映为越南国王。1885 年，也即在中法战争后，清政府与法国订和约，越南不复为清

---

① 关世杰：《浅谈世界文化格局中的东北亚文化——从历史和现状看其发展趋势》，《国际政治研究》2001 年第 2 期。

藩属。其二，古代越南与中国的密切关系在文化上也有诸多表现。早在公元前 3 世纪左右，儒家思想就传入交趾地区。在考试制度上，自李朝（1010—1125）开科取士，越南以后历代王朝均采取科举制，越南的科举考试以《四书》《五经》为考试范围，直到 1919 年才废除；在文字上，在 18 世纪以前，越南官方文字一为汉字，二为根据汉字创造的喃字。

朝鲜作为与中国东北山水相连的邻国也曾深受中国文化的影响。早在公元前 1 世纪至 7 世纪，朝鲜半岛的高句丽、新罗、百济就已先后采纳中国的制度。大致在高丽时代（917—1392），儒学传入朝鲜半岛，这一时期的高丽王朝不管是在政治制度还是在考试制度、教育制度等方面都模仿中国。在随后的朝鲜王朝（1392—1910），儒学尤其是朱子学更是在朝鲜取得了国家意识形态的地位。这种态势直到 1910 年日本全面入侵朝鲜才得以改变。

日本列岛与中国隔海相望。自《论语》约在 4 世纪传入日本后，儒学对于日本社会发展的各个方面都产生了深远影响。604 年，圣德太子颁布了取法于儒家思想的《十七条宪法》，其中所规定的"君、臣、民"关系准则，就反映了儒家"德治""仁政"思想的影响。6 世纪中叶开始推行的大化革新是古代日本的一次重大变革，这次变革的一大特征就是全面模仿唐代的政治制度。在 8 世纪到 12 世纪间，日本还模仿唐朝的科举制度，实行以贵族子弟为选拔对象的贡举制度。在江户时代的两百余年间，朱子学成为官学，直到 1867 年德川幕府还政，明治天皇即位为止。在文字上，5 世纪前后，汉字传入日本，日本正式开始了文字记载的历史，9 世纪前后，日本人又在汉字的基础上创制了假名。

新加坡作为儒家文化圈的一个重要组成部分情况有些特殊。新加坡开埠始于 1819 年，此时已经临近近代的关口，故谈不上什么古代时期儒家文化在新加坡的传播与影响问题。新加坡所以与儒家文化渊源甚深，主要与华人为其人口构成的主体有关。新加坡自 1819 年开埠后，华人纷纷移居此地并成为主要居民。中国文化对新加坡的影响从人口结构就可以看出端倪。据统计，1853 年左右，新加坡的中国人达 4 万人，印度人、马来人和其他亚洲部落共 2 万人，全岛欧洲人才 300 名。① 至 1890 年，新加坡的 25 万人口中，中国人达 16 万人，其比例达 64%，这一比例到 20 世纪 30 年代时更是上升到 75%。以华人为主体的社会决定了中国文化对新加坡社会发展的深刻影响。

综上所述，大致到近代以前，儒家文化圈具有以下特征，其一，古代中国是儒家文化圈的核心，儒家文化的早熟性、稳定性使其对周边国家具有强大的文化向心力。其二，儒家文化圈中的各个主要国家均位于东亚、东南亚，地域上的相邻与文化上的相近性相互叠合强化了古代时期儒家文化圈的稳定性与持续性。其三，儒家文化圈中各国文化的相似性具体体现在文字、考试制度、教育制度、政治制度等方面，其中最能体现儒家文化圈特征的是儒学在东亚、东南亚各国的尊崇地位：儒学在中国自汉朝以后就取得了国家意识形态的地位；在后黎朝（1428—1784）至阮朝中期的四百余年间，儒学在越南也处于国家主流意识形态的地位；朱子学在朝鲜也居于国家意识形态的地位；朱子学在日本江户时代居于官学地位。

二

进入近代以后，随着西方殖民势力在亚洲的扩张，儒家文化圈面临重大危机。不管是西方列强的武力入侵，还是西方文明的全面输入，都使儒家文化圈的既有格局在步入近代以后开始发生裂变。在近代中西文化的大碰撞中，"中败西胜"的现实不仅动摇了中国作为儒家文化圈核心的地位，也使儒家文化圈中的各个国家相继展开对儒家文化的反思与批判。

第一，近代以来，儒家文化圈最大的变化其实来自于儒家文化圈的核心国家中国。这种变化包含两方面，一是儒家文化在近代中国学习西方文化的浪潮中日渐失去其文化独尊的地位，二是中国在近代化进程中对以儒家文化为核心的中国传统文化的反省、批判甚至抛弃。

儒家文化在近代中国的命运其实只是近代中国社会巨变中的一个变化而已。近代中国面对"三千年未有之变局"，这个变局就是近代

① 贺圣达：《东南亚文化发展史》，云南人民出版社 1996 年版，第 447 页。

以来来自西方列强的侵略与西方文明的全面侵袭，包括儒家文化在内的一切中国文化都得为应对这一变局而让路。当一个国家面临亡国灭种的时候，救亡图存一定是比保全传统文化更为紧迫的任务。近代以来，中国在与西方诸强武力较量中的接连失败在使近代中国人日渐失去文化自信的同时，也使近代中国人日渐将寻求富国强兵、救亡图存的眼光投向西方。所谓"开眼看世界"，其主要的目的就是要到西方文化的库存中去寻找救国方案。从鸦片战争后的经世致用思潮开始，直到后来的洋务思潮、维新变法思潮、革命民主主义思潮，近代中国学习西方的步伐越来越大、越来越快。与近代中国人不断加大学习西方文化力度相应的就是中国传统文化的被质疑。近代以来，持续不断的中西文化论争在相当程度上其实就反映了中国传统文化被西方文化步步紧逼、逐渐退缩的尴尬境地。清末新政时期，科举制度的废除与以西方知识体系为主要教学内容的新式学堂的大量建立，从考试制度、教育制度两个方面中断了儒学在中国社会传承的主要手段与途径。清朝以程朱理学为国家意识形态，当清王朝成为辛亥革命的目标时，意味着作为清王朝国家意识形态的程朱理学必将成为批判与革命的对象。辛亥革命的成功，不仅意味着中国两千年帝王专制统治的崩溃，也意味着长期作为中国历代王朝国家意识形态的儒学的神圣地位的终结。辛亥革命以后的新文化运动则从文化角度完成了对以儒学为中心的中国传统文化的批判。如果说辛亥革命使中国完成了从旧王朝向新国家的转换，新文化运动则使中国完成了从旧文化向新文化的转换。当以儒学为中心的传统文化被基本定格为旧王朝、旧时代的文化代表时，儒学也就被置于新文化、新时代、新国家的对立面而不断受到质疑、批判与否定。新文化运动健将钱玄同如此批判儒学，"孔经里所讲的什么三纲、五伦、礼乐、刑政，是和共和国绝对不能共存的东西"①，从道德、制度的角度彻底否定了儒学。胡适在《介绍我自己的思想》中还由文化批判扩展到对中国人的全面批判，认为要拯救我们这个"又愚又懒"的"一分像人九分像鬼的不长进的民族"，唯

① 钱玄同：《姚叔节之孔经谈》，《钱玄同文集》第一集，中国人民大学出版社1999年版，第318页。

一的出路就是"死心塌地地去学习西洋的近代文明"。胡适后来对自己"全盘西化"的观点虽多有反省，但客观看，"全盘西化"就是近现代中国对国家发展道路的现实选择。在新文化运动前，先进的近代中国人追求的目标是欧美式的富强道路，维新派人士麦孟华的一句话很有代表意义："萃四万万人之思想以谋之，合四万万人之材力以赴之，安在今日之衰亡，不可为美日之强盛哉?"① 新文化运动后期，随着马克思主义的传播，部分先进的知识分子开始转向研究和宣传俄国十月革命和马克思列宁主义，欧美式的资本主义道路与俄国式的社会主义道路从此成为 20 世纪上半叶的中国的两大政治选择，在选择国家的未来发展道路时，近代中国人并没有给包括儒学在内的中国传统文化以太多的空间。不管是辛亥革命的成功，还是新文化运动的洪流抑或马克思主义的广泛传播，都意味着儒家文化在中国作为主流文化地位的丧失。新文化运动中，桐城派作为程朱理学的坚守者被斥为"谬种"就是儒学在 20 世纪初的中国的地位的真实写照。

第二，近代以后，随着西方列强对亚洲侵略的加深及中国作为儒家文化圈核心国家地位的日渐动摇，儒家文化在日、朝、越等国家的影响也日渐式微。

儒家文化在古代中国高度繁荣并具有至高无上的尊崇地位，这是古代中国所以成为儒家文化圈核心的一个重要条件。近代以后，当儒家文化在作为儒家文化圈核心的中国逐渐失去其尊崇地位并被作为旧文化的代表而被批判的时候，中国作为儒家文化圈的核心地位就不可避免地动摇了。中国作为儒家文化圈的核心地位的动摇只是整个儒家文化圈在近代命运的一个缩影，伴随中国作为儒家文化圈核心地位的动摇，儒家文化在日、朝、越等国的影响也渐趋式微，它们以主动或被动的方式展开了各自的近代化历程，走上了"向西转"的道路。

近代中国是以被动方式展开自己的近代化历程的，晚清王朝出现的三次重大社会思潮都与西方侵略的加深有关，第一次鸦片战争、第二次鸦片战争、中日甲午战争大致与经世致用思潮、洋务思潮、维新变法思潮相对应，每一次战争的失败都推动近代中国学习西方的步伐

---

① 麦孟华:《论义民与乱民之异》,《清议报》第 52 册（1900 年 7 月 26 日）。

向前迈进一步，在这个被动学习西方的过程中，近代中国通过从物质层面到制度层面，再到文化思想层面的渐次变革与传统文化渐行渐远。

与清王朝的被动不同，近代日本则对西方文化采取了相对主动的姿态。鸦片战争以前，中国文化对日本有着长期、深刻的影响，唐代的政治制度、科举制度一度成为日本政治革新模仿的对象，朱子学也曾成为日本的官学。至19世纪初期，随着由荷兰传入的西方文化的逐渐传播，荷兰成为近代日本人更新文化道路上的新的学习对象，"抛弃汉学，学习兰学"的口号就是这一时期日本知识分子急于摆脱汉学，学习西学的最生动写照。中国在鸦片战争中的表现与败局不仅震动了近邻日本，也使日本人对中华文化的景仰与模仿发生了根本逆转。1853年发生的"黑船事件"，更使日本人深切感受到日本与欧美的巨大差距。为了弥补差距，迎接西方强势文明的挑战，"脱亚入欧"成为近代日本人的新选择，明治维新也就在这一背景下展开，吉田茂曾如此述说明治维新时期领导者与广大民众对西方文明的热心态度：面对西方文明的冲击，明治维新的"领导者决定开放门户，汲取西方文明之后。一般国民对此不仅没有抵抗，反而采取了欣然引进西方文明的态度"①。经过明治维新的逐次变革，日本成为亚洲第一个立宪国家，在政治制度上实现了由中央集权向立宪政体的转变；在教育制度上则建立起近代教育体制，自然科学取代传统儒学成为各级学校教学的主要内容。自19世纪80年代以后，日本教育开始强调对自我传统的继承与结合，强调对民族主义的灌输及传统道德的传承，在近代化过程中，日本完成了从"和魂汉才"向"和魂洋才"的转换。从"汉才"向"洋才"的转换，可以看出自近代以来，日本离中国越来越远，离欧美则越来越近了。正是缘于此，学界有时也将现当代日本划入到欧洲文化圈的范围。在亨廷顿的《文明的冲突与世界秩序的重建》一书中，日本文明更是被单列出来，成为与中华文明并列的一大文明。按亨廷顿的定义，文化上的区别，一般通过"祖先、宗

---

① ［日］吉田茂：《激荡的百年史》，孔凡、张文译，世界知识出版社1980年版，第12页。

教、语言、历史、价值、习俗和体制"等方面表现出来。① 如果将日本文明与中国文明并列起来，也就意味着日本文化在语言、历史、价值等方面均区别于中华文明，日本也就与儒家文化圈没有多大瓜葛了。从日本及儒家文化圈发展的整个历史进程来看，这一结论显然有失偏颇，但从近代以来日本"脱亚入欧"的文化演进过程来观察，这一结论又有其道理。

越南与朝鲜作为清朝的藩属国，进入近代以后，这两个国家与中国一样也被外来侵略改变了国家的命运，它们与清朝的关系也随之发生了重大变化。

朝鲜在步入近代之初所走的学习西学之路与近代中国颇有近似之处。19世纪40年代以后，朝鲜也屡遭西方列强入侵，朝鲜的有识之士开始将眼光转向"洋事"，魏源的《海国图志》传入朝鲜后曾在士大夫中引起不小震动。1876年，朝鲜被迫与日本签订不平等的《江华条约》。面对亡国危机，近代朝鲜也开启了对外学习的步伐。其时日本与中国是朝鲜学习的两个目标，激进开化派主张仿效日本明治维新进行国体变革；温和开化派则主张仿效中国的洋务运动，他们还提出以"东道西器"论来协调本土文化与外来文化的关系，道即为体，器即为用，"道器"之论与"体用"之论其实异曲同工。不管是激进派对日本的学习，还是温和派对中国的学习，学习的目标其实均指向了西方文明，只不过一派强调学习西方的政治制度，一派强调学习西方的器物罢了。近代朝鲜作为一个未完全独立的国家并没有太多机会将改革步伐推进下去，1894年1月，朝鲜爆发了东学党起义。日本以保护侨民和使馆为借口出兵朝鲜。1894年7月23日，日军包围朝鲜王宫，成立了以大院君李罡为首的傀儡政权。中日甲午战争后，在1895年签订的《马关条约》中，清政府承认日本对朝鲜的控制，朝鲜不复为清藩属。1910年，朝鲜与日本签订《日韩合并条约》，朝鲜半岛被并入日本领土，直至1945年8月15日日本无条件投降，日本对朝鲜半岛的强占期长达35年。

---

① ［美］塞缪尔·亨廷顿：《文明的冲突与世界秩序的重建》，周琪等译，新华出版社1998年版，第6页。

近代越南命运多舛。1862 年,法国强迫越南签订《西贡条约》,将南圻变为其殖民地。1883 年,法国攻陷越南首都顺化,强迫越南政府签订《顺化条约》,条约否定中国对越南的宗主权。1885 年,也即在中法战争后,清政府与法国签订和约,其中规定:"越南诸省与中国边界毗连者,其境内,法国约明自行弭乱安抚。其扰害百姓之匪党及无业流氓,悉由法国妥为设法,或应解散,或当驱逐出境,并禁其复聚为乱。"越南从此成为法国的殖民地,不复为清藩属。1940 年 9 月,日本军队趁法国战败之机占领越南北部,次年又占领越南南部。日本无条件投降后,越南民主共和国于 1945 年 9 月成立。在随后的二十年间,越南又先后遭到法国、美国的殖民侵略,直至 1975 年 7 月,越南才赢得抗击外来侵略的彻底胜利。

三

综上所述,可以看出儒家文化圈自近代以来发生了重大变化,其最大的变化就是儒家文化圈内的各国均以不同方式、不同程度地走上了"向西转"的道路,不仅在器物文化向"向西转",在制度文化、思想文化也走上了"向西转"的道路。引发这些变化的直接原因是欧洲列强发动的殖民战争,而根本原因则在于近代以来的全球化进程。从 16 世纪开始,整个世界的发展进入到海洋时代,由西方所主导的海洋时代使整个东方都处于"被发现"的被动地位,"被发现"不仅意味着被动挨打,还意味着儒家文化圈内的每一个国家都不可能再在封闭的环境中继续生存与发展,都必须面临西方强势文明的挑战。与海洋时代同时来临的是资产阶级革命与工业革命。工业革命是人类文明发展史上的一个转折点,标志着人类文明史的进程由古代跨入近代,由农业文明跨入工业文明。这一进程具有不可逆转与不可抗拒的特征,任何国家如果不主动汇入这一历史进程,就只能被动地卷入这一历史进程。儒家文化圈在近代的裂变及相关国家的近代命运正说明了这一点。

不管是近代以来西方列强及强势文明对儒家文化圈各国的侵凌,还是近代以来儒家文化圈各国"向西转"的进程,都会导致儒家文化圈在近代的衰败、萎缩。这种衰败、萎缩体现在三方面，一是作为儒家文化圈核心国家的中国沦为半殖民地及其作为儒家文化圈的核心地位的动摇；二是朝、越等儒家文化圈重要组成国沦为殖民地不复为清藩属，使儒家文化圈的影响面在近代以后逐渐萎缩；三是日本近代以来"脱亚入欧"的文化选择及对中、朝、越的军事侵略、占领都使近代日本从儒家文化圈中逐渐脱离出去。"二战"结束后，儒家文化圈内的各个国家都相继摆脱了殖民统治的命运，迎来了国家与民族的独立。但伴随着"二战"以后世界范围内政治格局的变化与冷战格局的形成，儒家文化圈又面临着一些新的挑战，其中，意识形态的冲突成为割裂儒家文化圈的最重要因素。

亨廷顿认为，"人民之间最重要的区别不是意识形态的、政治的或经济的，而是文化的区别"①。也许意识形态不是"人民"之间的重要区别，但意识形态的对立确会引发现代国家之间的长期冲突及各国人民之间的对立。冷战时期，社会主义阵营与资本主义阵营之间的长期对抗就导致了两大阵营国家人民之间的长久分隔与对立。自"二战"以后，意识形态的对立与冲突正是割裂儒家文化圈的最重要因素。意识形态的对立甚至还引发了儒家文化圈范围内的一系列战争，如1950年至1953年间的朝鲜战争；1959年至1975年间的越南战争，这些发生在儒家文化圈内的大规模战争多与意识形态的对抗有着密切关系，朝鲜战争与越南战争便是冷战时期两大阵营激烈对抗的集中体现。自东欧剧变、苏联解体后，目前世界上有5个社会主义国家，其中有3个在儒家文化圈内，因此，儒家文化圈恰好又是当前全球意识形态对立最为集中的地区。虽然意识形态的对抗强度自冷战结束后有所降低，但其政治上的对立状态并没有根本上的改变。在这样一种情况下，儒家文化圈各国的文化融合、和平共处的愿景都不得不面对意识形态对立所带来的一系列挑战。

是否可以认为近代以后儒家文化圈就渐趋崩溃、解体了呢？当然不是，不管是近代以来西方列强对儒家文化圈各国的侵凌，或是儒家

① ［美］塞缪尔·亨廷顿：《文明的冲突与世界秩序的重建》，周琪等译，新华出版社1998年版，第6页。

文化圈内各国对西方文化的学习，还是"二战"以后儒家文化圈内部意识形态的对立，都只是使儒家文化圈暂时处于发展低潮，从历史文化发展的大趋势考察，儒家文化圈终会走出历史发展的低谷，迎来新的生机。其一，从时间上看，近代以来儒家文化圈面临危机最为深重的时段也就百年左右，而儒家文化及儒家文化圈的形成与发展已有近两千多年的历史，自有其强大而坚韧的生命力，百年危机并不能彻底改变儒家文化及儒家文化圈的发展轨迹。其二，从地域上看，儒家文化圈各国山水相连，地理格局上的相邻特征决定了儒家文化圈的各个国家在文化上的相近性，这种文化上的相近性并不会因短期的政治、经济利益的矛盾、纷争而改变，相反，文化上的相近性有可能最终化解儒家文化圈各国间的矛盾与纷争，真正成为一个文化上的共同体及政治、经济上的利益共同体。欧盟的发展历程为儒家文化圈在当代的发展路向展现了一种可能性。其三，导致儒家文化圈在近代产生空前危机的原因已经消除或正在消退。西方强势文明的输入及西方列强发动的一系列殖民战争是引发近代儒家文化圈危机的两大原因。从战争角度看，至 1973 年 1 月 27 日美、越《巴黎协定》签订，美国承认越南民主共和国并退出越南战争，西方列强自近代以来对儒家文化圈的殖民侵略自此成为历史。从文化角度看，自 20 世纪 70 年代以来，儒家文化圈特别是"四小龙"的经济腾飞极大地提振了各国对自我文化的自信，西方文明对东方的单向输出逐渐成为历史，民族文化及儒学的复兴日益成为儒家文化圈各国关注的话题，儒学热在中国、韩国的持续兴起表明儒学的活力正在被激发出来，在儒家文化圈各国的现代化进程中，儒学的文化及道德价值必将日益显现。

原载《云南社会科学》2013 年第 5 期。

近代学人关于国学书目及大学
国学教育的思考

　　近代中国中西文化冲突交融异常激烈。随着西方大学体制的引入与建立，国学在近代中国的学习与传承面临前所未有的危机。为引导青年学子学习国学，近代中国大学中的国学大师常以开列国学书目的方式为后学指点国学学习的路径，其中较有名者有吴汝纶、梁启超、胡适等人。吴汝纶曾任京师大学堂的总教习，可谓是近代中国高等教育的奠基者之一，胡适、梁启超更是中国近代大学教育中领军人物，这些饱学之士在近代中国高等教育起步阶段关于国学学习及传承的思考具有开创性的意义。

　　目前学术界对近代中国学人有关国学书目的拟订及论争已多有研究，但已有的学术成果多集中在有关国学书目的论争过程及其文化影响的研究上，[①] 少有学者从近代中国大学国学教育的视角对相关问题展开考察。由于吴、梁、胡三家书目的拟订均以大学阶段的学生为针对对象，故本文在对此三家所拟国学书目本身展开具体考察的同时，还力图展现他们在为大学阶段的学生拟订国学书目时对国学范围的界定、书目筛选分类方法的选择、书目深浅程度的划分等具体问题上的不同思考。他们对这些问题的思考与解决方案在今天看来也具有相当

---

　　① 相关研究文章有：罗志田《机关炮与线装书：从"国学书目"论争看民初科学与国学之间的紧张》，《四川大学学报》（哲学社会科学版）2002 年第 5 期、2002 年第 6 期、2003 年第 2 期；张越《"最低限度的国学书目"之争与文化史观》，《史学史研究》2004 年第 3 期；董德福《简评二十年代的两份"国学书目"》，《复旦学报》2001 年第 3 期等。董德福的《简评二十年代的两份"国学书目"》一文从编制方法、著录形式、收书范围等方面对梁启超、胡适所拟书目的差异、优劣进行了深入对比，该文的研究重点在显示梁、胡"国学研究的异趣"而非解析两人大学国学教育之异趣，这也为本文的写作留下了空间。

的实用性与可操作性，对于当今中国大学的国学教育仍具有较高的参考价值。

<h1 style="text-align:center">一</h1>

中国近代意义上的大学当始自京师大学堂的成立。从京师大学堂创办的那一天起，如何在近代大学中展开"国学"教学就成为筹办者必须思考与解决的问题。京师大学堂总教习吴汝纶曾开列《学堂书目》，对如何在大学堂开展中西学教学做出了初步的思考与探索。

吴汝纶于 1902 年曾赴日本进行了为期四个月之久的学制考察，他开列的《学堂书目》就写于赴日本考察学制期间。这份书目详细列举了从小学堂、中学堂到大学堂各阶段应学的中西学书目，可谓是一份具体的"会通"中西学的具体方案。在开设学堂书目时将中、西学书籍并举正是近代中国中西文化冲突、交融的真实反映。其实，不管近代中国学人对中西文化的冲突、交融持有何种观点，落实到教育层面的一个具体问题就是在小学、中学、大学各个教育阶段，中、西学课程各应设立哪些具体科目。具体到学生的学习书目上就是在各个教育阶段中、西学书籍的选择与安排。这种选择与安排其实就是一个加减法的问题，在有限的学制时间内，中、西学书目不可能无限制开列。中学书目多（少）一点，则西学书目必然少（多）一点。这个多与少的问题好像很简单，但仔细推敲，这个问题事涉中西文化的具体交融，还关系到国学乃至中华传统文化的传承等诸多问题，在具体层面的安排与落实更不是一件易事。吴汝纶在这个问题上就颇为踌躇。

在日本考察学制期间，吴汝纶曾就如何安排中西学的兼习取舍问题多方咨询日本学界相关人士。他在会见日本学者长尾槙太郎时，开门见山就提出："此来欲取法贵国，设立西学。其课程过多，若益以汉文，则幼童无此脑力，若暂去汉文，则吾国国学，岂可废去？兼习不能，偏弃不可，束手无策，公何以救之？"[①] 在与日本学者大槻如

---

① 吴汝纶：《长尾槙太郎笔谈》，《吴汝纶全集》（三），黄山书社 2002 年版，第764 页。

的一次交流中，他提出的问题更为具体："教育之法，全用欧学，似尽弃汉文，亦未免过甚。敝国今开办学堂，不能全废本国旧学，但欧洲科学已多，再加本国旧学，学童无此脑力。若删减汉字，即与贵国无异，将来能汉文者亦少。若删减西学，若何删法？又汉学读书，必须倍诵，缘经史文理过深，不如是不能成诵，殊无益处。若倍诵温习，不能与西学同时并讲，且恐欲求两全，转致两失，如何而可？"①

在上述吴汝纶与日本学者对话的两段文字中，"国学""本国旧学""汉学"基本是三个并列的同义概念，与之相对的则是"西学""欧学"。从吴汝纶的提问，可以看出他思考的问题主要有两点：一是在欧学大举传入的情况下，"本国旧学"即"国学"是否需要继续学习？吴汝纶对这个问题的思考，本身就显示出国学在近代中国的尴尬处境。当然，吴汝纶对此问题作了肯定的回答。国学、汉学是中国所以为中国的重要文化支柱，"岂可废去？"作为桐城派古文大师的吴汝纶显然清楚国学之于传承中国传统文化的重要性。二是如果不弃"本国旧学"，又如何处理"欧洲科学"与"本国旧学"之间的关系及比例？学生的"脑力"有限，时间有限，中西学课程及相应书目的设置、开列就必须务实可行。吴汝纶在日本考察期间拟出的《学堂书目》就是对上述问题思考的一个答案。

按吴汝纶在《学堂书目》中对学生学习阶段的划分，小学堂为"七八岁入"，中学堂为"十二三岁入"，大学堂为"十六七岁入"，这种划分大致与现代学制中的小学、中学、大学三阶段相对应。《学堂书目》中开设的书目包含国学与西学两大类，由于本文主题所限，此处所论仅涉及该书目所举的大学阶段的国学书目。

吴汝纶所举大学堂国学书目包含经、史、文、诗四个部分，其具体为：

经部包含"《诗》、《书》、《易》、《周礼》、《仪礼》（资性钝者，去《仪礼》；更钝，去《周易》；更钝，去《周礼》）"。

史部包含"《史记》、《汉书》（资性钝者，选读各数十篇或十余篇）、《通鉴》（资性钝者，阅《通鉴辑览》，讲授胡文忠公所辑《读

① 吴汝纶：《大槻如问答》，《吴汝纶全集》（三），第802页。

史兵略》)、《大清通礼》、简本《会典》、蒋氏《东华录》、《圣武记》、《湘军志》、《淮军平捻记》、《先正事略》、《中兴将帅传》（朱仲武撰）、《海国图志》、《通商约章类纂》、正续《瀛寰志略》"。

文部包含"《古文辞类纂》（读序跋、书说、赠序、杂记诸门）"。

诗部包含"王、姚诗选（五古读阮公、二谢、鲍，七古读李、韩、黄诸公，五律读杜，七律读小李、杜及宋诗）"①。

吴汝纶所开大学堂国学书目包括"经、史、文、诗"四个部分，这种书目分类法显然是取法于传统中国图书经、史、子、集四部分类法，相当程度上保证了所列书目能系统、完整地传承国学。仔细推敲，也不难看出吴汝纶的书目分类法与古代中国图书的经、史、子、集四部分类法稍有差异。其差异一是剔除了"子"部，二是将"集"部中的文、诗分列出来。所以剔除诸子各家文章，显然与吴汝纶的学术立场有关。桐城派以古文名世，是清代影响最大的文学派别，桐城派还为清代理学的中坚，以维护程朱理学为己任。吴汝纶作为桐城古文一派末代领袖，对文、诗的重视与强调，对诸子之学的排斥都在情理之中。

吴汝纶所列书目带有很强的学派倾向，这种倾向不仅体现为对诸子的排斥，对诗、文的重视，还体现在对桐城派古文选本《古文辞类纂》的强调上。在其推荐的文部书目中，仅列《古文辞类纂》一书，足见吴汝纶对桐城派古文的重视。《古文辞类纂》为桐城派三祖之一的姚鼐所编，为桐城派的第一部古文选本。吴汝纶将桐城派始祖所编的古文汇集列为大学堂学生学习国学的重要内容，是试图在大学堂的教育实践中实现与传承个人与学派的文化观。

吴汝纶所开《学堂书目》还带有很强的政治倾向。吴汝纶在二十六岁时就进入曾国藩幕府，先后在曾国藩幕府、李鸿章幕府中长期任职，是晚清湘系军阀集团与淮系军阀集团的重要成员。这一特殊经历本身就带有很强的政治倾向，这种政治倾向在其书目中的史部表现得尤为明显。其书目史部所选书籍为15部，其中5部则与湘军、淮军有着密切关系，比例不可谓不重。这5部书籍分别为胡林翼所辑《读

① 吴汝纶：《学堂书目》，《吴汝纶全集》（三），第376—379页。

史兵略》；王闿运所著《湘军志》，该书为王闿运应曾国荃之请而作；周世澄撰《淮军平捻记》，赵烈文为该书作序；朱仲武所撰《中兴将帅传》，朱仲武曾为曾国藩幕僚；李元度所编《先正事略》，曾国藩为该书作序。

值得注意的是，吴汝纶在《学堂书目》中还特别举出"中国专门学"阶段。从吴汝纶的安排看，"中国专门学"的学习年龄在廿岁后，为大学堂阶段后的专门教学，有些类似今天的研究生阶段的学习。为说明问题，现将其书目列于后：

经部书目有："《十三经注疏》、《易》（李鼎祚《集解》、欧阳公《易童子问》、《程传》、《汉上易传》）、《书》（吴文正公《纂言》、阎氏《尚书疏证》、孙氏《今古文注疏》）、《诗》（欧阳公《诗本义》、吕氏《读诗记》、陈硕甫《毛诗传疏》）、《仪礼》（朱子《经传通解》、《钦定义疏》、胡竹邨《仪礼正义》）、《周礼》（王荆公《周官新义》、《钦定义疏》）、《礼记》（卫正叔《集解》、《钦定义疏》、夏氏《训纂》）、《左传》（顾氏《杜解补正》、顾氏《春秋大事表》、李氏《贾服注辑述》）、《公羊》（孔氏《通义》）、《穀梁》（钟氏补注）、《尔雅》（郝氏义疏）、《论语》（古注集笺、朱子集注）、《孟子》（朱子《集注》、焦氏《正义》）、《大戴礼》（孔氏补注）、《逸周书》（卢氏校本）、《说文》（段氏注、朱氏通训定声）、《广雅》（王氏疏证）、《韵学》（《广韵》、《集韵》、吴才老《韵补》、顾氏《唐韵正》、《佩文广韵汇编》）、《群经》（秦氏《五礼通考》、王氏《经义述闻》）。"

史部书目有："《后汉书》、《三国志》、《新唐书》、《新五代》、《明史》、《通鉴纪事本末》、李焘《续通鉴长编》、毕氏《续通鉴》、《明纪》、《宋名臣言行录》、《贞观政要》、《唐鉴》、《国朝开国方略》、《三朝实录》、《十朝东华录》、《国朝名人碑传集》、《三通》、《大清会典》、《两汉纪》、《唐六典》、《开元礼》、《唐律疏议》、《明律》、《大清律例》。"

子部书目有："《老子》、《庄子》、《荀子》、《楚辞》、《韩非子》、《吕览》、《管子》、《淮南子》、《法言》、《太玄》。"

集部书目有："《文选》、《古文辞类纂》（读碑志、辞、赋、哀祭）、曾文正公《经史百家杂钞》、《十八家诗钞》、王姚诗选（增杜韩五言古、韩致尧元遗山五七律）、韩集、柳集、李习之集、欧集、王集、曾集、三苏集、归太仆集（以上文）；曹子建集、陶集、杜集、李太白集、李义山集、杜牧之集、黄集、陆放翁集、元遗山集（以上诗，韩、柳、欧、苏等诗已具在文集中）、陆宣公奏议，程、朱、陆、王集。"①

吴汝纶在大学堂阶段之后设置"中国专门学"，显示出他对于传承中华传统文化的真知灼见。中国国学博大精深，有必要在大学阶段之后再设立"专门学"进行系统、深入的学习、研究。与吴汝纶为大学堂阶段开列的国学书目相较，"中国专门学"阶段的书目有所不同：一是书目数量大幅增多，所列书目几乎囊括了中国历代国学典籍精华。二是书目分类有所不同，大学堂阶段的国学书目是分为经、史、文、诗四类，"中国专门学"则严格沿袭传统图书经、史、子、集四部分类法，有效地保证了所选书目的覆盖面。三是书目的选择覆盖面广、系统性强，这在史部书目与子部书目中表现得尤为清晰，史部书目涉及自汉至清的历朝史书，子部则基本收录了诸子各家的代表之作。总体来看，吴汝纶为"中国专门学"阶段开设的书目的倾向性并不明显，但这种倾向性仍然存在，如在集部书目中所列的姚鼐所编《古文辞类纂》与曾国藩所编《经史百家杂钞》就是明证。

二

由于京师大学堂在近代中国高等教育发展史上先行者的地位，故吴汝纶在《学堂书目》中有关大学堂阶段国学读书书目的设计就具有开创性的文化意义。吴汝纶之后，专为大学"国学"学习开设读书书目的近代学者不乏其人，其中以梁启超与胡适所开书目最有代表性。

1922年，胡适应清华学校学生胡敦元等四人要求而开列了《一个最低限度的国学书目》。清华学校为清华大学的前身，原为留美预

---

① 吴汝纶：《学堂书目》，《吴汝纶全集》（三），第376—379页。

备学校，分为中等科与高等科。1921 年，高等科四年级改为大学一年级。至 1925 年，清华学校设立大学部，正式向完全大学过渡。

胡适所开书目列有 184 种书籍，其中工具书 14 种，思想史 92 种，文学史 78 种。胡适开列的书目在《读书杂志》1922 年第 7 期刊出后，当时清华学校学生主办的《清华周刊》的一位记者即来信质疑胡适所开书目范围过窄过深。1923 年 4 月 26 日，梁启超应《清华周刊》之邀撰写了《国学入门书要目及其读法》。梁启超撰写的这篇文章及开设的书目相当程度上也是对胡适书目的直接回应。

胡适、梁启超在 1922 年至 1923 年间就国学书目展开论争时均在大学担当教职。梁启超在 1920 年以后即将重心由政治转向大学教学，1921 年，他受邀在南开大学开设中国文化史讲座，1922 年 2 月他又被清华学校聘为讲师，后又在清华大学国学研究院担当导师。胡适开列《一个最低限度的国学书目》时在北京大学任教，加之胡适的书目为应清华学校学生之邀而作，梁启超的书目为应《清华周刊》之邀而作，故两人所列的国学书目当主要以大学生为主要对象。

吴汝纶与梁启超、胡适两人虽无交集，但吴汝纶作为近代中国大学的拓荒者之一，他在思考与设计大学国学书目时所面对的问题及思路与梁启超、胡适相较并无太大的差别。这种相似性是由大致相同的时代及文化背景、作为大学教育工作者的相同身份等决定的。仔细推敲，可以发现梁启超、胡适两人所开书目与吴汝纶所开书目有诸多相通之处。对这种相通之处的发掘有助于我们深化对大学国学教育相关问题的认识。

其一，三人为大学生开设国学书目均以传承国学为宗旨。

吴汝纶在日本考察学制期间思考的一个文化问题就是："吾国国学，岂可废去？"[①] 他在《学堂书目》中为各级学堂开列的国学书目就体现出一个传统知识分子在西学盛行的时代对不废国学的苦心与努力。胡适开列最低限度的国学书目也是为使清华学校的青年学子学习

---

① 吴汝纶：《长尾槙太郎笔谈》，《吴汝纶全集》（三），第 764 页。

"一点系统的国学知识"①。梁启超则以为，学生如果连国学最低限度之必读书目都不细读，"真不能认为中国学人矣"②，将国学的学习与传承上升到有无资格做"中国学人"的高度。

需要补充说明的是，吴汝纶于1902年在《学堂书目》中所开列的国学书目是学生的必读书，而胡适、梁启超所开设的国学书目则非必读书了。京师大学堂在成立初期只设速成与预备两科，并非严格意义上的分科大学。吴汝纶在《学堂书目》中所开列的中、西学书目近乎课程书目，是所有学生的必读书目。从这个角度看，吴汝纶《学堂学目》中的国学书目对于学生而言具有强制学习的意味。1910年后，京师大学堂开办分科大学，设经科、法政科、文科、格致科、农科、工科、商科共七科。在不划分专业的情况下，近代大学培养的是兼通中西的通才，而专业分科，则是培养各类专才而非中西汇通的通才了。大学专业分科的划分使国学的传承面临更大的挑战，梁启超对此认识很清楚，"惟青年学生校课既繁，所治专门别有在"③，国学的学习处于可有可无的尴尬位置。在这样一种情形下，胡适、梁启超所开列的国学书目并不具有强制性质，只是仅供对国学有兴趣的学生参考，属于"课外学问"④。虽说只具有建议性质，但胡适、梁启超都将自己的书目置于"必须""应该"的高度，胡适、梁启超所以将自己的书目命名为"最低限度"的国学书目，即有强调"必读"之意。这些书目"无论学机械工程的，学应用化学的，学哲学文学，学政治经济学，都应该念，都应该知道"⑤。对这些国学最基本书籍的学习不仅与"国学"的传承的有关，还与中国大学培养出的学生能否成长为"中国学人"，能否"对于中国文化有无贡献"有关。⑥

————

① 胡适：《一个最低限度的国学书目》，欧阳哲生编《胡适文集》(3)，北京大学出版社2013年版，第80页。

② 梁启超：《附录一：最低限度之必读书目》，《饮冰室合集》专集之71，中华书局1989年影印本，第21页。

③ 同上。

④ 梁启超：《附录二：治国学杂话》，《饮冰室合集》专集之71，中华书局1989年影印本，第23页。

⑤ 《附录一：〈清华周刊〉记者来书》，欧阳哲生编《胡适文集》(3)，第90页。

⑥ 梁启超：《附录二：治国学杂话》，《饮冰室合集》专集之71，第27页。

其二，三人为大学生开设的国学书目均有学习程度上的层级的划分。

所谓书目层级的划分，即根据学生智力程度的不同、学习时间的多寡等标准对国学书目的深浅、数量等方面进行层级划分，以适应不同类型大学生的需求。

吴汝纶所编《学堂书目》的层级体现在两个方面，一是按学堂的高低层次分，即按小学堂、中学堂、大学堂、中国专门学分为四级，这种划分法其实是以年龄与接受程度为划分标准。二是在上述四个层级中再以智力水平即他所言的"资性"予以细分。如在经部书目中，他以"资性"水平再将大学堂学生应读的经部书目分为四个层级："资性不钝者"，可读《诗》《书》《易》《周礼》《仪礼》；资性钝者，去《仪礼》；"更钝"，去《周易》；"更钝"，去《周礼》。①

与吴汝纶从"资性"为标准划分不同，胡适主要从学习时间的多寡角度予以划分。胡适开列的《一个最低限度的国学书目》刊出后，《清华周刊》的记者即致信以为该书目"太深"，且书目达184种，不合于"最低限度"四字。②胡适在答信中又拟出一个"实在的最低限度的书目"。如此一来，胡适所开的书目其实就分为"最低限度"与"实在的最低限度的书目"两个层级，其划分主要以"时间"为标准。"最低限度"的国学书目是为"有时间的"学生准备，而"实在的最低限度"的共40种国学书目则是为学习国学时间有限的学生准备的。

梁启超开列的书目本来就是对胡适国学书目的回应，故他仿效胡适的做法，在开列书目时也划分为两个层级。在《国学入门书要目及其读法》中，梁启超列出了141种书目，随即又开列了一个"最低限度之必读书目"共26种。梁启超所以开列两个层级的书目，主要也是从时间角度考虑。他在拟定"最低限度之必读书目"时就曾说："惟青年学生校课既繁，所治专门别有在，恐仍不能人人按表

---

① 吴汝纶：《学堂书目》，《吴汝纶全集》（三），第376—379页。

② 《附录一：〈清华周刊〉记者来书》，欧阳哲生编《胡适文集》（3），第90页。

而读。"①

其三，三人开设的国学书目均有分类，且分类方式各有不同。

根据上文所论，吴汝纶开列的《学堂书目》的国学书目分类法实有两种，在小学堂至大学堂阶段的书目均按"经、史、文、诗"分类，在中国专门学阶段则严格按经、史、子、集四部分类。这种分类法保证了所开书目的完整性与系统性。

胡适开设的"最低限度"的国学书目达 184 种，分为工具之部、思想史之部、文学史之部三大类。虽说是三大类，细究起来，其实也就包括中国思想史与文学史两大类。之后，胡适又在 184 种书目中圈出"实在的最低限度"的国学书目 40 种。虽说"实在的最低限度"的书目并无分类，但这 40 种书目基本是从 184 种"最低限度"国学书目中圈出，故两种书目的分类方法其实一样。"最低限度"的国学书目过多，此处不再一一列出，现将胡适所列"实在的最低限度"的国学书目分类列出：

工具之部有《书目答问》（张之洞）、《中国人名大辞典》（商务印书馆）。

思想史之部有《中国哲学史大纲》（胡适）、《老子》《四书》《墨子间诂》（孙怡让）、《荀子集注》《韩非子》《淮南鸿烈集解》《周礼》《论衡》《佛遗教经》（金陵刻金处本）、《法华经》《阿弥陀经》（鸠摩罗什译）、《坛经》（法海录）、《宋元学案》《明儒学案》《王临川集》《朱子年谱》（王懋竑）、《王文成公全书》《清代学术概论》《章实斋年谱》（胡适）、《崔东壁遗书》《新学伪经考》。

文学史之部有《诗（经）集传》（朱熹编）、《左传》《文选》《乐府诗集》《全唐诗》《宋诗钞》《宋六十家词》《元曲选一百种》《宋元戏曲史》（王国维）、《缀白裘》（传奇选本）、《水浒传》《西游记》《儒林外史》《红楼梦》。

另有《九种纪事本末》为"实在的最低限度"的国学书目中所新增，似不能纳入上述三部中。胡适在此新增此书，也有弥补"最低限度"的国学书目范围太窄的意味。

---

① 梁启超：《附录一：最低限度之必读书目》，《饮冰室合集》专集之 71，第 21 页。

梁启超在《国学入门书要目及读法》中开设国学书目时分为修养应用及思想史关系书类、政治史及其他文献学书类、韵文书类、小学书及文法书类、随意涉览书类共五大类。由于他在《国学入门书要目及读法》中开设的书目达141种，此处不再一一列出。梁启超开列的"最低限度之必读书目"虽无分类，但其26种书目皆是从他前列的"国学入门书要目"中择出，现根据他在《国学入门书要目及读法》中的分类法将其最低限度之必读书目分类列出：

修养应用及思想史关系书类有《四书》《易经》《书经》《礼记》《左传》《老子》《墨子》《庄子》《荀子》《韩非子》。

政治史及其他文献学书类有《战国策》《史记》《汉书》《后汉书》《三国志》《资治通鉴》或《通鉴纪事本末》《宋元明史纪事本末》。

韵文书类有《诗经》《楚辞》《文选》《李太白集》《杜工部集》《韩昌黎集》《柳河东集》《白香山集》。

随意涉览书类则从"其他词曲集随所好选读数种"。

对比在《国学入门书要目及读法》中的五大分类，梁启超在"最低限度之必读书目"中去掉了小学书及文法书类。之所以去掉，显然与其难度及过于专业化有关。

显然，梁启超与胡适关于国学图书的分类都试图超越传统图书经史子集的四部分类法。但细究他们所选书目，从总体上看还是从传统图书四部分类法脱胎而来，只是分类称谓、分类多寡稍有不同而已。如胡适的书目分类法，其所谓"思想史之部"大致对应于"经"部、"子"部；其"文学史之部"大致对应"集"部。又如梁启超的书目分类法，其所谓"修养应用及思想史关系书类"大致对应"经"部、"子"部；"政治史及其他文献学书类"大致对应"史"部；"韵文书类"大致对应"集"部。

尚需强调的一点是，胡适、梁启超等近代学人在开设国学书目时，之所以要在最低限度书目的基础上再开列"实在的最低限度"的国学书目，与近代中国高校中西学课程并举有关。在近代中国西风日炽的文化大背景下，所谓中西学并举其实是西学在近代中国各级学校课程体系中的步步紧逼与中学的步步收缩，国学在近代大学的空间日渐逼仄。胡适、梁启超在开设国学书目所以要特别强调"最低限度""实在的最低限度",在相当程度上就体现了国学在近代中国高等学校中的现实困境。

其四,三人为大学生开设的国学书目均有强烈的倾向性。

传统国学包含的书籍卷帙浩繁,从中选取百十种书目作为必读书目或最低限度的必读书目,其中必然包含着选择者的倾向性。吴汝纶在《学堂书目》中为大学堂阶段的学生开列的书目就体现出明显的倾向性。这种倾向性与吴汝纶本身的学术倾向、政治倾向包括人生经历都有着密切关系。这在上文已经详论,此处不再赘述。

胡适开设的国学书目的倾向性也很明显,其倾向性首先从其分类体现出来。胡适开设的《一个最低限度的国学书目》主要分为中国思想史及文学史两大类。胡适在选择书目时所以偏向于哲学与文学,"似乎是为有志专攻哲学或文学的人作参考之用的"①,显然与他自己的知识构成与学术倾向有关。正是缘于此,梁启超在评价胡适在为青年学生开设书目时就批评胡适"如何能因为自己爱做文学史便强一般青年跟着你走?"②

梁启超虽不满于胡适书目的倾向性,但他自己在开设书目时也不能避免相同的问题。如梁启超在"国学入门书要目"甲类"修养应用及思想史关系书类"中共开列了38种书目,其中清代部分书目就占13种,其中多与梁启超本人所著《清代学术概论》中重点介绍的人物及书籍相关,如黄宗羲著《明儒学案》《宋元学案》《明夷待访录》,顾炎武著《日知录》《亭林文集》,王夫子著《思问录》,戴望编《颜氏学记》,戴震著《东原集》,焦循著《雕菰楼集》,章学诚著《文史通义》,康有为著《大同书》,章炳麟著《国故论衡》。这些书籍的选择在相当程度上表达了梁启超对清代学术流变由复古而走向革新,由传统转向近代转型的独特理解。

胡适与梁启超开列的书目还有一个共同的特点,即都将自己的著

---

① 《附录一:〈清华周刊〉记者来书》,欧阳哲生编《胡适文集》(3),第90页。
② 梁启超:《附录三:评胡适之的〈一个最低限度的国学书目〉》,《饮冰室合集》专集之71,第30页。

述录入书目中。如梁启超在开列"国学入门书要目"时，就将自己所著《先秦政治思想史》《清代学术概论》录入"修养应用及思想史关系书类"，又将自己所著《中国历史研究法》录入"政治史及其他文献学书类"。胡适则将自己所著《中国哲学史大纲》《五十年来中国之文学》分别收入"思想史之部"与"文学史之部"。有意思的是，胡适在安排书目顺序时，将《中国哲学史大纲》列于"思想史之部"之首，将《五十年来中国之文学》列于"文学史之部"之尾，除去"工具之部"外，书目的一首一尾均是自己的著述，可见胡适的自信，当然，这种自信在相当程度上就表现为一种个人在学术乃政治上的倾向性。

结 语

近代学人关于大学生国学书目问题的思考之于今天中国的大学国学教育仍然有一定的参考与借鉴意义。如关于国学书目分级的问题。大学可为不同层次、不同需求的学生开设高低层次不同程度的国学书目。梁启超开设"国学入门书要目""最低限度之必读书目"就分别针对不同学生的需求，前者提供给那些希望在国学上有所造诣的学生，后者则是最基本的要求，即所有的学生都必须阅读的"课外书"。又如关于国学范围的理解与划定问题。吴汝纶、胡适、梁启超等近代学人从传统图书经史子集四部的分类角度去确立国学书目的选择与分类，既可以保证国学书目选择上的系统性，避免片面与偏见，也不至于将国学与中华传统文化相混淆。还有一点值得重视，即国学在中国近代以来的分科大学中的割裂状态。按上述吴汝纶、胡适、梁启超等近代学人的国学书目看，国学书目可大致分为经史子集四大类，是一个自成体系的整体知识。在今天我国的大学本科包括研究生阶段的专业设置中，经史子集事实上是被分隔到历史、文学、哲学诸专业中。国学的系统传承不仅需要开设"最低限度"的国学书目，更需要系统的专业的学习，让那些有志于国学传承的青年学生接受系统的国学教育。梁启超在百年前论及大学生的国学学习时就呼吁中国书也"最少也该和外国书作平等待遇"①，从此角度看，"国学"也应该在大学各专业中取得平等的待遇，占得一席之地，让"国学"以完整、系统、专业的方式得以研习与传承。这恐怕也是近年来国内一些高校开设国学专业的一个重要缘由。

原载《安徽史学》2016 年第 4 期。

---

① 梁启超：《附录二：治国学杂话》，《饮冰室合集》专集之 71，第 23 页。

梁启超"广中国历史研究法"探析

《中国历史研究法》与《中国历史研究法补编》这两部前后相继的史学著作是梁启超关于治史方法与史学理论的系统总结。《中国历史研究法》是 1922 年梁启超在南开大学的讲义整理稿，内容涉及史学研究的对象、范围、任务及意义，史书的主要体裁，史料的收集与鉴别等。《中国历史研究法补编》则是 1926 年至 1927 年梁启超在清华大学研究院的讲义整理稿，也就是在该书中，梁启超提出并阐述了"广中国历史研究法"的治史方法："真想治中国史，应该大刀阔斧，跟着从前大史家的做法，用心做出大部的整个的历史来，才可使中国史学有光明、发展的希望。我从前著《中国历史研究法》，不免看重了史料的搜辑和别择，以致有许多人跟着往捷径去，我很忏悔。现在讲'广中国历史研究法'，特别注重大规模的做史，就是想挽救已弊的风气之意。"① 梁启超在提及"广中国历史研究法"时将问题提升到挽救"史学界已弊的风气"的高度，说明他对这个问题的重视。关于"广中国历史研究法"这一具体提法，梁启超仅在《中国历史研究法补编》中提及，故学界对此问题的关注与研究成果并不多。② 本文就试图对梁启超"广中国历史研究法"的提出、内涵等问题作一具体的探讨。

---

① 梁启超：《中国历史研究法补编》，《饮冰室合集》专集之 99，中华书局 1989 年影印本，第 168 页。

② 已有学者注意到梁启超有关"广中国历史研究法"这一问题在中国近代史学史上的重要地位，吴怀祺先生在论及此点时曾说：梁启超"提倡史学史，就是提倡'广中国历史研究法'，想挽救已弊之风气，读之者，当长思之"（吴怀祺：《史学理论与史学史研究》，福建人民出版社 2006 年版，第 69 页）。但吴怀祺先生对此问题并未展开详细论述。

一

在《中国历史研究法补编》中，梁启超两次提到"广中国历史研究法"。在文章一开篇，梁启超即提及"广中国历史研究法"："诸君不要以为此次所讲的就是前次讲过的，我那旧作《中国历史研究法》只可供参考而已，此次演讲实为旧作的一种补充。凡《中国历史研究法》书中已经讲过的，此次都不详细再讲，所以本篇可名之为补中国历史研究法或广中国历史研究法。"① 梁启超此处所言"补中国历史研究法"或"广中国历史研究法"中的"中国历史研究法"特指自己在1922年所作的《中国历史研究法》一书。由此看来，梁启超此处提到的"广中国历史研究法"并非一个专有名词，而是一个动宾词组，"广"为使动词，为"补充"的意思；"中国历史研究法"为受动词，"广中国历史研究法"就是"关于《中国历史研究法》的补充讲义"的意思。第二次提到"广中国历史研究法"的一段文字出现在《中国历史研究法补编》分论三《文物的专史》一节结尾处，这段引言在文章开头已经引出，这里不再详引。在这段详细阐述"广中国历史研究法"的文字中，梁启超特别强调："现在讲'广中国历史研究法'，特别注重大规模的做史。"此处所提及的"广中国历史研究法"可以视为一个偏正词组，"广"为修饰词，为"大规模"之意，所谓"广中国历史研究法"其实就是"注重大规模"地研究中国历史的方法，其目的在"做出大部的整个的历史来"，并使"中国史学有光明、发展的希望"。

由上所述，可知梁启超在《中国历史研究法补编》中第一次所提及的"广中国历史研究法"是对《中国历史研究法补编》这本讲义名称的补充说明。从这个角度展开研究梁启超所言的"广中国历史研究法"，其实就是对《中国历史研究法补编》这本著作展开整体研究，学界在这方面的相关研究成果已经不少，这个角度不是本文研究

---

① 梁启超：《中国历史研究法补编》，《饮冰室合集》专集之99，第1页。

的侧重点。① 梁启超在《中国历史研究法补编》中第二次所提及的"广中国历史研究法"从相当程度上看则非指向对书名的说明了，更多的是指向一种关于中国历史的史学研究法。本文所要重点展开的正是对作为史学研究法的"广中国历史研究法"的研究，而非对作为著作的"广中国历史研究法"即《中国历史研究法补编》的研究。

梁启超对"广中国历史研究法"虽然并未作过多的具体阐述，但他所言的"挽救已弊的风气""跟着从前大史家的做法"②，在相当程度上就指明了"广中国历史研究法"的具体路径与方法，也为我们研究、梳理"广中国历史研究法"提供了线索。

二

梁启超直言提倡"广中国历史研究法"就是为"挽救已弊的风气"，理清梁启超所言的当时史学研究"已弊的风气"是什么，梁启超所倡导的"广中国历史研究法"是什么也就不言自明了。

关于这一点，还须从梁启超在《中国历史研究法补编》中对《中国历史研究法》的反省与检讨谈起。在《中国历史研究法》中，梁启超强调对史料的搜辑与别择，而在《中国历史研究法补编》中则表示对此"很忏悔"，认为史学界对史料的研究法的过于看重已成为一种"已弊的风气"，是一种"病的形态"，其典型表现一是"找小题目以求新发明"；二是只"作小的考证和钩沉、辑佚、考古③。既然将"史料的搜辑和别择"视为"小"，视为"病"，视为"已弊的风气"，梁启超所希望的健康的、正确的历史学研究法就应指向"大"，即他所言的"大规模的做史"。当然，作为史学大家的梁启超在这里并非是要否定考证，而是强调不要过于重视考证，反对将考证作为成名成家的捷径。

梁启超以为当时史学界所以沉溺于考证、辑佚有这样几方面的因

---

① 相关研究可参看：洪认清《中国史学思想通史·近代后卷》，黄山书社2002年版；蒋俊《中国史学近代化进程》，齐鲁书社1985年版等。

② 梁启超：《中国历史研究法补编》，《饮冰室合集》专集之99，第168页。

③ 同上书，第167—168页。

素：一是"受科学影响"："科学家对于某种科学特别喜欢、弄得窄，有似显微镜看原始动物。"二是与欧洲历史研究的影响有关，在梁启超看来，欧洲的历史研究者"因为大题目让前人做完了，后学只好找小题目以求新发明，原不问其重要与否。这种风气输入中国很厉害"。三是与名利的捷径有关。一般学者往往是为"成小小的名誉的方便起见，大家都往这方面发展"①。梁启超在《中国历史研究法补编》中对当时中国史学界过于注重"小的考证和钩沉、辑佚、考古"的"忏悔"和反对的学术态度在他这一阶段前后的历史研究成果中都有所表现。《中国历史研究法补编》写成于1926年至1927年，在这个时间点前后，即大约在1920年他从欧洲归来至1929年他去世为止，梁启超的相关学术著作主要有：1920年著成的《清代学术概论》，1922年所著《什么是文化》及《治国学的两条大路》，1923年至1925年著成的《中国近三百年学术史》，1922年至1927年著成的《中国历史研究法》与《中国历史研究法补编》等，这些著作都可视为梁启超在"大规模的做史"上的成功尝试。

还需指出的是，梁启超既然反对将研究重心集中在考证、辑佚上，就必然会将研究的时间范围重点放在近当代而非古代时期。关于这一点，他早在《中国近三百年学术史》中作过这样的表述："史事总是时代越近越重要，考证古史，虽不失为学问之一种，但以史学自任的人，对于和自己时代最接近的史事，资料较多，询访质证亦较便，不以其时做成几部宏博翔实的书以贻后人，致使后人对于这个时代的史迹永远在迷离徜恍中，又不知要费多少无谓之考证，才能得其真相，那么，真算史学家对不起人了。我想将来一部'清史'——尤其是关于晚清部分，真不知作如何交代？直到现在，我所知道的，像还没有人认这问题为重要，把这件事引为己任。"②

考证是历史研究的基本功，作为史学大家的梁启超在这里所表现出来的对考证的种种反思有些让人感觉意外。但若仔细考察，梁启超的"忏悔"与反思自有其内在理路。其一，梁启超"忏悔"的是自

---

① 梁启超：《中国历史研究法补编》，《饮冰室合集》专集之99，第167—168页。
② 梁启超：《中国近三百年学术史》，《饮冰室合集》专集之75，第84—85页。

己在《中国历史研究法》中对考证的过于强调，反对的是当时史学界对考证的过于重视。他曾说：如果研究历史的学者都看重史料研究法，"固然比没有人研究好，但老是往这条捷径走，史学永无发展"①。其实，《中国历史研究法补编》在一定程度上虽是对《中国历史研究法》的一种检讨，但既然是补编，就并非批判或背离，而是补充与调整。其二，梁启超对考证的反思是基于对近代学术变迁大势的把握与判断。在《中国近三百年学术史》中，梁启超曾说："总而论之，清末三四十年间，清代特产之考证学，虽依然有相当的部分进步，而学界活力之中枢，已经转移到'外来思想之吸受'，一时元气虽极旺盛，然而有两种大毛病：一是混乱，二是肤浅，直到现在，还是一样。这种状态，或者为初解放时代所不能免，以后能否脱离这状态而有所新建设，要看现时代新青年的努力如何了。"② 近代中国学术转型的最大特征就是"向西转"，在这一转型过程中，在中国传统史学中居于学术主流位置的考证的地位逐步动摇，所谓动摇，并非消失，而是逐渐从主流位置退了下来。正是基于对近代学术变迁大势的把握与判断，梁启超开始反思考证在史学中的地位，并尝试将史学研究与"外来思想之吸受"结合起来。在研究近代中国的学术流变时，他将近代中国的学术流变与欧洲的文艺复兴结合起来思考；在考察乾嘉史学时，他从中挖掘出近代科学的精神，种种结论虽然值得推敲，但正体现出梁启超在历史研究中对"外来思想之吸受"与具体的、积极的学术实践。

三

如何"大规模的做史"？梁启超特别提出要"跟着从前大史家的做法，用心做出大部的整个的历史来"。哪些史家合乎梁启超所言的"大史家"的标准？真正的"大史家"的治史方法是什么？对这两个问题的梳理与回答有助于对"广中国历史研究法"所涉及的具体治

---

① 梁启超：《中国历史研究法补编》，《饮冰室合集》专集之99，第168页。
② 梁启超：《中国近三百年学术史》，《饮冰室合集》专集之75，第31页。

史方法的理解。

在《中国历史研究法补编》中，梁启超以为在中国史学的成立与发展上最为关键的是刘知几、郑樵、章学诚三人。他们是中国两千多年来中国史家中最能代表时代特色而又能推进史学变化与发展的人。梁启超对此三人的史学成就虽是分别论述，但综合起来看，大致涉及史学研究范围、史料的收集与保存、史学的价值与评价标准等问题。综合相关论述，梁启超关于"广中国历史研究法"的具体内容与方法也就逐渐展现了出来。

第一，从时间的纵向角度讲，"广中国历史研究法"在研究范围上就是要从通史的整体角度研究中国历史。正是基于这个角度，梁启超对郑樵的史学成就评价甚高，他认为，郑樵通过自己的史学实践告诉后人"历史是整个的，分不开。由此，反对断代的史，主张做通史。打破历史跟着皇帝的观念，历史跟着皇帝，是不妥当的。历史如长江大河，截不断，要看全部"，郑樵的《通志》"虽未成功，或者也可以说是已失败，但为后学开一门径，也是好的"，郑樵还"将历史的范围放大了许多。我们打开《二十略》一看，如《六书》、《七音》、《氏族》、《校雠》、《图谱》，从来未收入史部的，他都包揽在史学范围以内"①。从纵贯古今的角度对历史展开研究，可以使史家更清楚地梳理出历史发展的脉络，梁启超的这种设想在《中国历史研究法》中就已经有清晰的表述，在《中国历史研究法》中，梁启超如此定义"史"："史者何？记述人类社会赓续活动之体相，校其总成绩，求得其因果关系，以为现代一般人活动之资鉴者也。"② 对历史发展"因果关系"的特别关注，与近代中国知识分子对中国社会发展道路的不懈探索有关，通过对中国历史的"整体""全部"的研究，求得历史发展的因果律，自然也可为未来中国的道路选择提供思路及借鉴。需要指出的是，虽然梁启超于此主张做通史，强调历史是整个的、分不开，但在具体的史学实践上，梁启超却表现出对晚清史的特别重视。这既体现了梁启超在思想上"所执往往前后相矛盾"

① 梁启超：《中国历史研究法补编》，《饮冰室合集》专集之99，第162—163页。

② 梁启超：《中国历史研究法》，《饮冰室合集》专集之73，第1页。

的典型特征,① 也与梁启超本人作为晚清史事的亲历者并将寻访质证晚清史迹"引为己任"有关。②

第二,从空间的横向角度讲,"广中国历史研究法"强调将研究范围从中央扩展到地方。梁启超以为,"从前做史专注意中央政治的变迁,中央政府的人物,中央制度的沿革",而"一国史尤其如中国之大,决不能单讲中央政治,要以地方史作基础"。章学诚在研究中国古代历史的发展时,就不单单以中央政治为中心,而是把历史中心分散,注重一个一个地方的历史;与之相对,在史料收集上,就"不单看重中央的左史右史,还看重地方的小史",史的基本资料,则要以各地方志为基础。③

第三,在史料的收集与保存上,应建立从地方到中央的保存史料的机关,为"大规模"研究中国历史收集、保存足够的史料。梁启超将章学诚有关史料保存的方法总结为以下几点:一是主张中央和地方都应有保存史料的机关,中央揽总,府、州、县,各设专员;二是"保存史料的机关,须用有史学常识的人,随时收集史料,随时加以审查而保存之,以供史家的探讨";三是在史料的保存上,"不但保存政治史料,各种都保存"④。当然,梁启超也明白,章学诚有关史料保存的方法虽值得称道,在当时的中国"不过是一种理想,未能实行",就是在外国,担当史料保存的机构也非行政机关而是"由博物院及图书馆负了一部分责任而已"⑤。

第四,将"自成一家之言"视为史家著史的追求目标与评价标准。关于这一点,梁启超曾说,史家要"自成一家之言,给我们自己和社会为人处事作资治的通鉴"⑥。也正是从"自成一家之言"的角度,梁启超对章学诚的史学成就做了高度评价:"他(章学诚——笔者注)主张,史家的著作,应令自成一家之言;什么学问都要纳到历

① 梁启超:《清代学术概论》,《饮冰室合集》专集之 34,中华书局 1989 年版,第 63 页。
② 梁启超:《中国近三百年学术史》,《饮冰室合集》专集之 75,第 84—85 页。
③ 梁启超:《中国历史研究法补编》,《饮冰室合集》专集之 99,第 163 页。
④ 同上。
⑤ 同上书,第 164 页。
⑥ 同上书,第 168 页。

史方面去；做史家的人要在历史上有特别见解，有他自己的道术，拿来表现到历史上，必如此，才可称为史家，所作的史才有永久的价值。所以关于史学意义及范围的见解都和前人没有相同的地方；他做史也不单叙事，而须表现他的道术。我们看《文史通义》有四分之一或三分之一是讲哲学的，此则所谓历史哲学，为刘知几、郑樵所无，章学诚所独有，即以世界眼光去看，也有价值。最近德国才有几个人讲历史哲学；若问世界上谁最先讲历史哲学，恐怕要算章学诚了。"① 梁启超本人在历史研究中就力求"自成一家之言"，其著作多观点鲜明，敢于展现自己对历史的独有见解。如在《清代学术概论》一书中，梁启超将中国近三百年视为"中国之'文艺复兴时代'"②，力图从中梳理出中国学术文化向近代转型的历史进程，其研究方法及结论均令人耳目一新。值得注意的是，梁启超还借对刘知几的评价表达了对官修史书的看法，梁启超在论及刘知几时有这样一段话："他（刘知几——笔者注）当代和以前史的著作，偏于官修，由许多人合作，他感觉这很不行，应该由一个专家拿自己的眼光成一家之言。他自己做了几十年的史官，身受官修合作不能成功的痛苦。"③ 看来，要"成一家之言"还是得靠作为"个体"的史家的努力，由"许多人合作"的史书不仅过程痛苦还难成"一家之言"。

梁启超以上所言的"广中国历史研究法"涉及史学研究的范围、史料的收集、史学研究的追求目标与评价标准等几个方面，这几个方面相互联系，环环相扣。从研究范围与内容上看，"广中国历史研究法"强调横跨古今，涵括中央与地方。不如此，就不是"大规模做史"。既是"大规模做史"，就必须有充足的史料支撑，这个支撑就是要建立从中央到地方的史料保存机关。"广中国历史研究法"不仅仅体现在"大规模"上，还要有灵魂，这个灵魂就是史家对历史有特别的见解，能"自成一家之言"。

既然提倡"大规模做史"，要做出"大部的整个的历史来"，与

① 梁启超：《中国历史研究法补编》，《饮冰室合集》专集之99，第164页。
② 梁启超：《清代学术概论》，《饮冰室合集》专集之34，第3页。
③ 梁启超：《中国历史研究法补编》，《饮冰室合集》专集之99，第162页。

之相关的"史"的理论问题包括史学史都成为史家必须关注的问题。在《中国历史研究法补编》中，梁启超提出了建立中国史学史学科的设想："史学，若严格的分类，应是社会科学的一种。但在中国，史学的发达比其他学问更利害，有如附庸蔚为大国，很有独立做史的资格。"① 他还从"史官""史家""史学的成立及发展""最近的史学的趋势"四个方面详论了他所设想的中国史学史。② 正是从这个角度，学者们多认为梁启超的《中国历史研究法补编》及其前著《中国历史研究法》在近代中国史学的发展史上具有重要地位，其意义就在于使史学理论从史学著作中独立出来，取得了独立发展的地位。③梁启超在《中国历史研究法补编》中关于史学史学科建设的设想与规划在近代中国史学的发展史上可谓"自成一家之言"，这本身就是他所倡导的"广中国历史研究法"的生动实践与体现。

---

① 梁启超：《中国历史研究法补编》，《饮冰室合集》专集之99，第151页。
② 同上书，第153页。
③ 蒋俊：《中国史学近代化进程》，齐鲁书社1995年版，第172页。

论梁启超的维新教育思想

——以《变法通议》为研究中心

梁启超所著《变法通议》写成于戊戌变法前夕，由一组政论文章组成，内容涉及维新变法诸多方面的改革设想。值得注意的是，《变法通议》除开篇自序外，其余十三篇文章有七篇论及教育问题，所论主题分别为"学校总论""论科举""论学会""论师范""论女学""论幼学""学校余论"等，由此可见维新时期梁启超对于教育问题的重视。这一组文章构成一套较有系统的维新教育思想，推动了近代中国教育的发展。本文拟以《变法通议》为中心，从教学目的、内容和师范教育三个方面来探讨梁启超的维新教育思想。

一

大力培养维新人才是戊戌时期梁启超教育思想的重要目标，他甚至将人才的培养视为变法的根本，这在他撰写的《变法通议》中有明确的表达。《变法通议》是梁启超宣扬其维新变法思想的重要著作，其中的大部分篇章都在论述教育的重要性。在《变法通议》中，他明确提出，"吾今为一言以蔽之曰，变法之本，在育人才"[1]，将人才培养置于维新变法之"本"的位置，可见他对人才培养的极其重视。

梁启超在戊戌时期所以对人才教育如此重视，原因也很简单。维新派所提出的一系列涉及政治、经济、军事、文教等方面的维新措

---

[1]　梁启超:《变法通议·论变法不知本原之害》,《饮冰室合集》文集之1, 中华书局1989年影印本, 第10页。

施，都与近代西方文明密切相关，这些对当时国人而言都是崭新的东西。要推行变法，必须有一批贯通中西，尤其是精于西学的精英人才去推行。再者，以康、梁为首的戊戌维新变法是一场依靠无实权的皇帝自上而下进行的政治改良运动。维新派以一个有名无实的皇帝为依靠，面对的政敌却是在政治、经济、军事方面均占绝对优势的守旧派，欲与其对抗，兴教育、培人才不失为一条有效途径。

教育之于维新派初创时期力量壮大所具有的重要作用，梁启超当有深切体会。1891年至1894年，梁启超的老师康有为在广东、广西等地聚徒讲学，培养出一批以后维新运动中的骨干，其代表有梁启超、麦孟华、韩文举、徐勤、汤睿等人。梁启超本人也于1897年执教长沙时务学堂，蔡锷就是梁启超在时务学堂时培养的得意门生。面对维新变法所需要的方方面面的人才，再靠个人聚徒讲学方式培养人才，未免杯水车薪。无人才，他们苦心筹划的维新措施无人去推行，等于空纸一文。要解决人才问题，必须广开学校，"亡而存之，废而举之，愚而智之，弱而强之，条理万端，皆归本于学校"①。

开学校以育人才，在今天看来是一件很平常的事情，但在梁启超所处的那个时代却不是件容易的事情。梁启超在当时就意识到，要开学校以育人才是牵一发而动全身的大问题，难度超乎想象。我们来看看他对于此问题的一段论述："人才之兴，在开学校。学校之立，在变科举。而一切要其大成，在变官制。难者曰：'子之论探本穷原，靡有遗矣。然兹事体大，非天下才，惧弗克任。恐闻者惊怖其言，以为河汉，遂并向者一二西法而亦弃之而不敢道，奈何？'"② 要开学校以育新才，需变科举、变官制，在那个时代要面临多大的阻碍可想而知。

梁启超以为要培养维新人才，必须冲破科举制度的障碍。科举制度就是当时中国诸病病源之所在，"得病源之所在，知非此方不愈此疾"③，这个药方就是要变革科举。传统中国的知识分子诱于功名，以科举为正途，对正统经学以外的诸子百家学问及迤沓而入的西学嗤

---

① 梁启超：《变法通议·学校总论》，《饮冰室合集》文集之1，中华书局1989年影印本，第19页。

② 梁启超：《变法通议·论变法不知本原之害》，《饮冰室合集》文集之1，第10页。

③ 同上书，第11页。

之以鼻。科举制度保证了传统专制政府源源不断地得到合乎其要求的人才，却断绝了维新派所渴求的新学人才的源头。变科举既可断绝传统专制政府的人才来源，又可吸引传统知识分子转到新学道路上来，所以梁启超把变科举提到了很高的位置："故欲兴学校，养人才，以强中国，惟变科举为第一义。"①

从"强中国"一语可看出梁启超主张变科举的最终目标指向"救亡图存"。他正是从此角度论及科举之害："近代官人皆由科举，公卿百执皆由此出。……然内政外交，治兵理财，无一能举者，则以科举之试，以诗文楷法取士，学非所用，用非所学故也。……故科举为法之害，莫有重大于兹者。夫当诸国竞智之时，吾独愚士人，愚其民，愚其王公，以与智敌，是自掩闭其耳目，断别其手足……人皆智而我独愚，人皆练而我独睹，岂能立国乎？"② 以科举所选之"人才"不足以立国，不足以抵外侮。变科举也就是要把"士人"从旧学中解放出来，以新学培养之，成为立国强国之才。

需要注意的是，梁启超提倡的是"变科举"，而非"废科举"，其实，他的内心还是希望全废为好，"大变则大效，小变则小效"③。既然"大变"则"大效"，何不废掉全变？这既与他担心顽固派激烈反对有关，也与他一生在政治上的温和态度有关。如何变科举，他提出了上、中、下三策。上策是以学堂制代替科举制；中策则是存科举之名，同时立各种实学考试，解决人才危机；下策是考试内容作本质上的变更。既然有下策，表明下策也可接受。梁启超所提出的下策是以新学作为科举考试的内容，即存科举之名，而去科举内容之实。此议与他存君主之名，行立宪之实的君主立宪思想同出一辙。

二

教师和学生是教育活动中相互依存的两个方面，要培养维新人才，

① 梁启超：《变法通议·学校总论》，《饮冰室合集》文集之1，第27页。
② 丁文江、赵丰田编：《梁启超年谱长编》，上海人民出版社1983年版，第114—115页。
③ 梁启超：《变法通议·论科举》，《饮冰室合集》文集之1，第27—29页。

必须要有培养维新人才的教师即教习。在梁启超的教育方案中，担任各级学校"总教习""分教习""教习"等教职的决不是"耆学名宿"或"同文馆、水师学堂"所聘之"西人"。前者"率天下士而为蠹鱼为文鸟，是欲开民智而适以愚之，欲使民强而适以弱之也"，后者"不知圣教之为何物，六籍之为何言，是驱人而焚毁诗书，阁束传记，率天下士而为一至粗极陋之西人"①。各级学校的教习从何而来？梁启超认为"必以立师范学堂"来培养。② 这个问题是培养维新人才的关键，也涉及"变革旧习"的大问题，③ 故在《变法通议》中，梁启超特设"论师范"一章专论师范教育。在其中，他把学校分为小学校、中学校、大学校三个次第。各级学校的师资不可能一蹴而就，他建议以日本为借鉴，自小学校教师开始循序渐进培养各级学校的师资。

第一步，培养小学校师资。梁启超建议"师范学校，与小学校并立，小学校教习，即师范学校之生徒"④。这实际是主张双管齐下，小学校与师范学校同时设立，既为师范学校提供了教育实习的基地，也保证了小学校教师的来源。这在中国近代教育一片空白的情况下，不失为一种可行之法。

第二步，培养大、中学师资。在师范学校设立三年后，通过"会而大试"，依其考试成绩，"择其尤异者为大学堂、中学堂总教习。其稍次者为分教习，或小学堂教习"⑤。

梁启超试图以三年之功，以师范学校为基础，为大、中、小三级学校培养出所需的师资。这些新培养出来的师资将分担"自京师以及各省府州县"各级学校的总教习、分教习、教习等教职。梁启超师范教育方案虽然宏大，毕竟停留于构想阶段。面对现实师资人才匮乏的窘境，梁启超不得不哀叹："而才任教习者，乃至乏人，天下事可伤可耻，孰过此矣。"⑥

---

① 梁启超：《变法通议·论师范》，《饮冰室合集》文集之1，第36页。
② 同上书，第37页。
③ 同上。
④ 同上书，第34页。
⑤ 同上书，第37页。
⑥ 同上。

总体来看，戊戌时期梁启超有关师范教育的设想显得有些简单、急躁，到了 1903 年，他在《教育政策私议》一文中所透露的思想则要成熟和实际得多了。师范学校的学生不再是边学边教的"速成"学生，而是从读过八年小学的学生中择优录取来的优秀生；中学堂的教师不再由师范学校的毕业生来充任，其师资的培养由四年制高等师范学校完成，其生源是八年制中学的毕业生；大学院的教师则要求由师范大学的毕业生充任。①

三

"以政学为主义，以艺学为附庸"②，梁启超这句话可谓概括了他对维新教育宗旨与内容的理解。强调"以政学为主义"是为了培养维新派所急需的政治人才，要维新救亡，首先要依靠政治人才。所以要"以艺学为附庸"，是因为有"艺才"而无"政才"，"绝技虽多"，"必为他人所用"。梁启超还以为："行政之人，振兴艺事，直易易耳。"③ 从这里可看出梁启超教育思想中"政学"至上、变法至上、救亡至上的特征。

（一）"政学"主要内容："西国之政本大法"

在戊戌维新时期，维新派试图通过政治改良运动的形式将西方近代政治、经济、法制等移植到中国来。与之相应，教育就应把"西国之政本大法"作为主要内容。有人认为梁启超所说的"政学"包括中西学两方面，但仔细分析，梁启超所说的"政学"中所包含的"中学"仅是"六经诸义"中符合资产阶级民权论、民约论的部分内容。他曾说："春秋大同之学，无不言民权者，盍取《六经》中所言民权者，编集成书，亦大观也。"④ 在梁启超这里，"六经诸义"仅是

---

① 梁启超：《教育政策私议》，《饮冰室合集》文集之 9，第 35 页。
② 梁启超：《变法通议·学校余论》，《饮冰室合集》文集之 1，第 62 页。
③ 同上。
④ 梁启超：《湖南时务学堂艺批》，《戊戌变法》（二），神州国光社 1953 年版，第 548 页。

用来诠释"西学"而已。

大致在鸦片战争前后，中国就开始了向西方学习的进程，但直到甲午战争以前，近代中国先进的知识分子大多只是对西方"艺学"采取拿来主义的态度，而对西方"政学"的学习则相对迟缓。梁启超从洋务运动的失败中看到了学习"西国政本大法"的重要性。洋务派由于"展其技艺之片长，而忽其政本大法"①，结果"不务其大，不揣其本，即尽其道，所成已无几矣！"②梁启超跳出洋务派中体西用的局限，把"西国之政本大法"放到了教育内容的首要位置。他明确提出："窃惟西国学校。种类非一，条理极繁，而惟政治学院一门，于中国最为可行，而为今日最为有用。"③正是在他的支持与鼓吹之下，时务学堂开设了西方的公理学、公法学等课程。他还亲订《湖南时务学堂学约十章》，其中第四条为读书，特别强调读书范围要涵括"上下千古，纵横中外之学"。梁启超一方面鼓励学生读书要"纵横中外之学"，另一方面认为传统中学良莠混杂，要注意取舍。在他看来，"伦礼纲常""贴括之学"之类的东西"独愚其士人，愚其民，愚其王公"④，直接导致中国在"胜败之原，由力而趋于智"的世界中不能"保国保种"⑤，必须抛弃，但对能够借以托古改制的"六经诸义"中的部分内容则须保留。⑥看来，梁启超是试图通过向学生传授附会有西方民权思想的"中学"，使学生在潜移默化中接受"西国之政本大法"。

（二）艺学：政学之附庸

梁启超虽主张"以政学为主义，以艺学为附庸"，但他并没有因为政治的需要而忽视艺学教育。中国要自强，不可忽视艺学与技术人才，梁启超对此有清晰的认识。他在《读日本书目志书后》一文

① 梁启超：《上南皮张尚书书》，《饮冰室合集》文集之1，第105页。
② 梁启超：《变法通议·学校总论》，《饮冰室合集》文集之1，第19页。
③ 梁启超：《上南皮张尚书书》，《饮冰室合集》文集之1，第105页。
④ 丁文江、赵丰田编：《梁启超年谱长编》，上海人民出版社1983年版，第114—115页。
⑤ 梁启超：《变法通议·学校总论》，《饮冰室合集》文集之1，第14页。
⑥ 梁启超：《湖南时务学堂艺批》，《戊戌变法》（二），第548页。

中批评了我国不重视振兴百工，不重视讲求实学的现象。为改变这种状况，他认为应把艺学列为教育不可缺少的一个内容。他曾经列举过一个智育纲目："一须通习六经大义，二须讲求历史掌故，三须通达文字源流，四须周知列国情状，五须分学格致专门，六须仞习诸国言语。"① 所谓"格致专门"即是艺学。要改变中国落后的局面，梁启超认为各行各业都应重视艺学，在谈到各行业不重视艺学所带来的恶果时，他说："凡国之民，都为五等：曰士、曰农、曰工、曰商、曰兵。士者学子之称，夫人而知也。然农有农之士，工有工之士，商有商之士，兵有兵之士。农而不士，故美国每年农产值银三千一百兆两……而中国只值三百兆两。工而不士，故美国每自创新艺，报官领照，二万二百十事。……而中国无闻焉。商而不士，故英国商务价值二千七百四十兆两……而中国仅二百七十兆两。兵而不士，故去岁之役，水师军船九十六艘，如无一船，榆关防守兵凡三百营，如无一兵。今夫有四者之名，无士之实，则其害且至于此。"② 把"农之士""工之士""商之士""兵之士"与传统的"士"并列，既说明梁启超对农学、商学、工业技术、军事这些传统士人所耻学的"艺学"的重视，也说明梁启超的人才观与传统的人才观已有了根本的区别。

从总体上看，较之于"政学"，梁启超对"艺学"的重视程度不够，他将"艺学"视为"政学"的附庸，也多有不妥之处。但他作为中国近代教育思想启蒙者，能够认识到艺学的重要性并将其放在相当的位置，较之于主张"立国之道。尚礼义不尚权谋，根本之图，在人心不在技艺"的守旧派，③ 已经有了一个巨大飞跃。

梁启超"以政学为主义，以艺学为附庸"的主张将"学"分为"政学""艺学"，这与时人多将"学"分为"中学""西学"显得有些不同。其实，细究起来，不难看出梁启超在谈论"政学""艺学"的问题时处处都涉及中西学的比较及取舍问题。中西文化的交

① 梁启超：《变法通议·论师范》，《饮冰室合集》文集之1，第37页。
② 梁启超：《变法通议》，《饮冰室合集》文集之1，第15—16页。
③ 《同治六年二月十五日大学士倭仁折》，《洋务运动》（二），上海人民出版社1961年版，第30页。

融汇通是近代中国文化发展的一大主题，如何处理中西学的关系是近代中国知识分子必须面临的一个问题。梁启超"以政学为主义，以艺学为附庸"的主张从表面看似乎倾向于将教育重点集中到西学上，但考察梁启超的维新教育思想，会发现他更强调在教育中要注重中西学并举。

其一，梁启超反对在教育中一味偏重西学或中学。他认为不管是洋务派创办的新式学堂还是科举制度下的士人都有割裂中西学及偏重一方的倾向。洋务学堂虽然强调学习伦理纲常，但其强烈的实用性倾向，决定了洋务学堂事实上对中学的忽视，"此中人士，阁束六经，吐弃群籍，于中国旧学，既一切不问，而叩以西人富强之本，制作之精，亦罕有能言之而能效之者"①。如此培养出来的人才于西学不精，中学也知之甚少。如果说科举出身的知识分子，于中学只知"八股而已，试贴而已，律赋而已，楷法而已"，"于西学辄无所闻知"。那么洋务学堂对西学的过于重视则会导致中学的衰亡，故梁启超说，"今日非西学不兴之为患，而中学将亡之为患"②。

其二，梁启超主张在教育中应中西学并重："舍西学而言中学者，其中学必为无用；舍中学而言西学者，其西学必为无本。无用无本，皆不足以治天下。"③ 中西学"二者相需，缺一不可"，只有将两者融成"一国之学"，方能培养出"兼能中西"的维新人才。在具体的教学实践中，他要求学生不仅要潜学攻读西学书籍，还应广学中国传统典籍。他在1897年所拟定的《湖南时务学堂学约》中就规定学生要中、西学间日为课，若能坚持，则"数年之力，中国要籍、一切大义，皆可了达，而旁证远引于西方诸学，亦可以知崖略矣"④。梁启超维新教育思想中对中、西学取舍的观点、方法至今仍有可借鉴之处，如他认为，为师者须指点门径，使学者辨明"古人之制度，何者视今日为善，何者视今日为不善，何者可行之于今日，何者不可行于今日。西人之制度，何者可行于中国，何者不可行于中国，何者宜

---

① 梁启超：《变法通议·学校总论》，《饮冰室合集》文集之1，第19页。
② 梁启超：《西学书目表后序》，《饮冰室合集》文集之1，第126—127页。
③ 同上书，第129页。
④ 梁启超：《时务学堂学约》，《饮冰室合集》文集之2，第26页。

缓，何者宜急"①。面对纷繁并存的中西之学，取舍之时以是否"可行"为标准，一定程度上似可做到"条理万端，烛照数计，成竹在胸，遇事不挠"②。

原载《黔东南民族师专学报》（哲学社会科学版）1998 年第 1 期，原标题为《论梁启超的维新教育思想》，收入本书时有所调整修改。

---

① 梁启超：《变法通议·学校余论》，《饮冰室合集》文集之 1，第 63 页。
② 同上。

麦孟华对义和团运动的评价及其
对外思想

　　麦孟华（1875—1915），字孺博，号蜕庵，广东顺德吉佑乡关村人。麦孟华于 1891 年至广州万木草堂求学，成为康有为的弟子。1895 年夏，在康有为创办的《万国公报》任撰述和编辑。1897 年与梁启超、汪康年等在上海创立不缠足会。1898 年 3 月参加康有为等创立的保国会。戊戌政变后，逃亡日本，协助梁启超创办《清议报》，宣扬君主立宪。1902 年任《新民丛报》撰述，1907 年任政闻社常务员。1913 年在康有为创办的《不忍》杂志任编辑，后充任冯国璋幕僚。1915 年 2 月 25 日逝于上海，终年四十岁。

　　义和团事件发生后，麦孟华在《清议报》上连续发表了《论义和团事中国与列强之关系》《续论义和团事》《论非皇上复政则国乱不能评定》《排外评议》等一系列文章。① 在麦孟华的文集中，很少有对一个具体的政治事件进行反复论说的现象，但义和团事件是一个例外，由此可见麦孟华对义和团事件的重视。义和团运动是发生在近代中国的一次大规模民众爱国运动。在这场运动中，民众的爱国激情得以空前释放，充分展现了组织起来的民众的巨大能量。笔者在本文中无意去评价义和团运动，只是试图从麦孟华有关义和团运动的评价中去观察事件本身。毕竟麦孟华的评价是历史事件发生"当时"的评价，而非后来的评价。"当时"的评价也许有更多的客观性，更能反映那个时代的人们对这个事件的评价。从外交的角度看，义和团运动又是近代中国一次重大的"暴力涉外事件"，麦孟华也由此伸展出

---

　　① 以上所列麦孟华所写有关义和团文章均署名为"伤心人"。

诸多关于当时及未来中国对外关系的议论与设想，笔者一并列入本文予以论述。

一 麦孟华关于义和团运动的评价与思考

其实，麦孟华对于义和团运动的具体过程描述并不多。毕竟当时他远在日本，对于国内发生的事情也是道听途说，故其对义和团发生过程的描述都很简单。我们来看一段他对义和团运动大体过程的描述："义和团起于山东，延及直隶，势日猖獗，遂焚毁京津之铁路，轰然暴动，而通商诸国，遂纷纷调兵至北京。"① 另外一段关于义和团的描述则有较强的倾向："义和团势既鸱张，扰乱于津沽东直之间，断电线、焚铁路，纵横肆扰，北京大震，且又仇视外人，焚毁教堂，肆其扰害，且有戕害日本公使馆书记官之事，于是各国雇骇，纷调兵遣舰，外兵之集于北京者，且将万人。"②

麦孟华更多的文字则是对义和团运动的评价，他对于义和团的评价与思考包含以下几个关键点：

一是关于义和团运动的总体评价。麦孟华以为义和团团民是"跳梁小丑"③"暴徒"④"野蛮生番""乱民"⑤，义和团"惟以生乱为宗旨，惟以杀夺为义务"⑥，其行为是"野蛮人""盗"的行为而非"文明人"的行为。⑦ 义和团的种种暴行给国民带来巨大"公害"，故义和团实为"国民之公敌"⑧。从这些评判，可以看出麦孟华对义和团运动总体上持否定、批判的态度。麦孟华还将义和团的种种"神功"称之为"邪术"："义和团有符咒，能咒枪炮使不燃，又能使处

---

① 麦孟华：《续论义和团事》，《清议报》第 47 册（1900 年 6 月 7 日）。
② 麦孟华：《论非皇上行政则国乱不能平定》，《清议报》第 49 册（1900 年 6 月 27 日）。
③ 同上。
④ 同上。
⑤ 麦孟华：《论义民与乱民之异》，《清议报》第 52 册（1900 年 7 月 26 日）。
⑥ 同上。
⑦ 麦孟华：《排外平议》，《清议报》第 68 册（1901 年 1 月 1 日）。
⑧ 麦孟华：《论义民与乱民之异》，《清议报》第 52 册（1900 年 7 月 26 日）。

子练术、可持灯行空中"，"伪政府极信之，以为足御西人，至为可笑"①。在《续论义和团事》一文中，麦孟华对义和团作了全面的评价："惟此暴徒窃发，莠民煽动，相率而为黄巾赤眉之事。依附奸贼，庇逆党之余威，仇视外人，为野蛮之举动，徒以招外人之笑骂，速列强之瓜分。中国虽大，宁得尚谓有人耶？此吾之所不能不深痛吾民之愚。"② 一个"愚"字，将麦孟华对义和团的否定态度表露得分外分明；一个"痛"字，又表现出麦孟华在否定的同时又包含着痛惜之情，既然有"痛"，则对我民众有无限的同情。正是这种同情感，使麦孟华又以为义和团运动的爆发也自有其合理一面。麦孟华曾如此表达自己对义和团的矛盾态度："吾不能不深痛我民之愚，而贸然以此亡我国也。义和团之举事也，以扶清灭洋为主义，岂不谓外人之割我土地，夺我利权，干我内政，陵迫侮辱，使我国势窘蹙而不能自立，人民穷屈而不能自伸，故积怨发愤，遂出此下策以求一泄其恨哉。"③

二是关于义和团运动后果的分析。麦孟华以为义和团运动给中国带来了严重后果，一个后果就是整个国家再一次遭到列强的蹂躏。关于这一点，麦孟华有一段字字泣血的文字：西方列强"挟七八国之势力，张十余万之兵威，入其国，荡其兵，蹂其民，覆其都，而中国者，力绌而不足与争，理屈而不能与辩，吞声低首，举四百余州之地而任其取舍，合四万兆余之人而听其死生，纵横肆恣，惟其所欲。俄取东三省、蒙古、直隶，英取川、藏、沿江诸省，法取云、贵、两广，德取山东，日取福建，其余瓯脱之地，待之以意奥诸邦，二千万方里之幅员，旬日之间，可以立尽"④。另外一个严重后果就是义和团运动使中国打上了"排外"的烙印："我中国以排外闻于天下也久矣，杀洋人、毁教堂、攻使馆、戕公使，使天下之人，莫不诋为人道之贼害，世界之公敌，为万国公法所不容。乃至覆其都、丧其民、歼

---

① 麦孟华：《论义和团事中国与列强之关系》，《清议报》第43册（1900年4月29日），署名"先忧子"。
② 麦孟华：《续论义和团事》，《清议报》第47册（1900年6月7日）。
③ 同上。
④ 麦孟华：《论列强对中国之政策及中国之前途》，《清议报》第62册（1900年11月2日）。

其兵，割地赔款，主权尽失。"①

三是对义和团运动爆发及蔓延原因的分析。麦孟华曾专门论及这个问题："义和团之事变，其蹂躏可谓惨矣。而原其祸始，其原因厥有数端：一曰由朝廷之授意。一赏团匪而公使见杀矣；一诏募团而数省闹教矣。上一萌排外之私意，下即肆焚戮之实行。一曰由见闻之蔽塞。戊戌之秋，禁绝新法，西法之政尽反，西学之校悉裁。耳目既所不经，猜忌即因而纷起。一曰由官吏之不肖。抑扬于民教之间，蓄酿其不平之气。故一朝暴裂，如水溃堤。"②麦孟华将义和团运动爆发与迅速蔓延的主要原因归结为清廷的纵容。在麦孟华看来，义和团无非是清廷借刀杀人的工具："譬之杀人，义和团者杀人之刃也，西后、贼臣者杀人之人也。"③

四是对义和团运动中清政府外交策略的评价。麦孟华以为清政府在处理义和团事件上不懂"自治""外交"之道，最后招致八国联军的武装干涉可谓是国家的"奇耻大辱"④。在处理对外关系上，麦孟华以为至高之道就是既能完自治之权，又能尽外交之道。清政府在处理义和团事件时，虽算尽心机，"托暴徒为党援，结莠民为羽翼"⑤，最终却是丑态百出，丧尽利权。麦孟华如是评价义和团运动中的清政府："行诡秘之丑谋，托奸宄以自保，招强邻之侵侮。……方自欣然以为得计，不知彼将有异谋，因而用之以为利耶。抑止求自保其歌舞之湖山、咫尺之园林，而国权之得失，国民之利害，固非所计耶。诚不知其是何居心？而必出此耻辱无聊之下策也？"⑥义和团运动爆发后，清廷试图借用具有"刀枪不入"神功的义和团达到其排外目的，其间清廷颇是费了一番心机：对义和团运动的控制明紧暗松；怂恿义和团进入京津；鼓动、支持义和团攻打教堂，甚而率先宣战等，虽心

① 麦孟华：《排外平议》，《清议报》第 68 册（1901 年 1 月 1 日）。

② 麦孟华：《论保证和平必当皇上亲政》，《清议报》第 64 册（1900 年 11 月 22 日）。

③ 同上。

④ 麦孟华：《论义和团事中国与列强之关系》，《清议报》第 43 册（1900 年 4 月 29 日）。

⑤ 麦孟华：《续论义和团事》，《清议报》第 47 册（1900 年 6 月 7 日）。

⑥ 麦孟华：《论义和团事中国与列强之关系》，《清议报》第 43 册（1900 年 4 月 29 日）。

机算尽，却欲盖弥彰，"中外各报，亦皆哗然谓北京政府实阴袒义和团，以与西人为难"①。其实，"以一国而敌数邦，虽愚者亦知其不敌"②。故麦孟华将"伪政府"的把戏称为"耻辱无聊之下策"，也确是一针见血。

五是对西方列强的评价。麦孟华认为西方列强的入侵有"合理"的理由，这个理由就是"我国之无礼于人"在先，③ 西方各国出兵自保在后："我有乱而彼受其害，我不护之，而彼乃自求护，此固不能责之外人也。物先腐而后虫得而败之，木先自朽，而后蠹得而生之。"④ 麦孟华对西方列强的态度颇值得推敲，在对义和团事件的所有评价文字中，基本上都是对义和团及朝廷权奸集团的谴责，几乎见不到他对西方列强的谴责。仔细分析，其原因当有二，第一，麦孟华以为事件的触发与义和团及清廷的排外有关，列强的入侵是为保护自我利益。第二，当与西方各国对戊戌变法及维新派的支持态度有关。即便是戊戌政变后，维新派也一直将西方列强视为复辟的支持力量，故麦孟华对西方列强的不批判态度也可理解。关于这一点，麦孟华曾有这样的一段文字："戊戌之变，各国人士，非不惜我新政之中途而忽废也，非不痛我皇上之圣明而见幽也，然以为此我之内政，故各国雇视，莫肯过而干预其事，今则害及其身。"⑤ 其言外之意有两层：一层是西方各国其实是支持戊戌变法与维新派的；另一层则是西方各国如果当时支持了维新派，维新成功，也就不可能有义和团的排外之举了。麦孟华建议各国，既然已经调兵遣舰，何不"顺便"救出支持维新、友待西方的光绪？如此之举是两全其美，一方面各国不用废一兵一卒，一饷一银即可助"我皇上复政"；另一方面则各国在华人

---

① 麦孟华：《论义和团事中国与列强之关系》，《清议报》第43册（1900年4月29日）。
② 麦孟华：《论今日疆臣之责任》，《清议报》第51册（1900年7月17日）。
③ 麦孟华：《论义民与乱民之异》，《清议报》第52册（1900年7月26日）。
④ 麦孟华：《论义和团事中国与列强之关系》，《清议报》第43册（1900年4月29日）。
⑤ 麦孟华：《论非皇上复政则国乱不能平定》，《清议报》第49册（1900年6月27日）。

民商利也"务必保全"①。麦孟华的政治谋略中有这样的安排,自然就不会谴责西方列强的入侵了。②

　　六是关于解决方案的设想。麦孟华在对义和团运动的发生、后果作了细致分析后,提出的具体解决方案就是铲除权奸、光绪归位、重行新政。他当时发表的一篇文章题目就是《论非皇上复政则国乱不能平定》,③ 这个题目就清楚地表明了他对解决方案的设想。在是文中,麦孟华提出:"欲中外之相安,莫如匪乱之速平,欲匪乱之速平,莫如请我皇上之亲政。盖皇上之亲政,固必能靖乱党而睦邻国,安人心而绝乱萌。"④ 为说明问题,麦孟华还特别举证,强调在戊戌新政时期,由于皇上亲政,无一起外交争端,无一丧权辱国之事变:"皇上变法,外人敛手,三月不闻要索之事,政变而后,奸贼篡国,于是鬻权卖地,日有所闻。"⑤ 麦孟华将皇上复政视为唯一的解决之道,"皇上不出,则事变必犹未已"⑥。光绪不复政,中国将无路可走,"若不锄权奸以去国蠹,扶皇上以复新政,则元气凋瘵,虽日傅千金之药,必无救于死亡"⑦。问题的关键是:如何才能铲除奸贼,复政皇上呢?麦孟华提出的方案有二,第一方案是说服列强借进兵北京之机"顺便"救出光绪,助光绪复政,此在上文已经论及。第二方案是鼓动南方疆臣北上勤王剿匪。义和团运动在北方肆虐时,东南各省督抚达成东南互保协议,此标志着晚清中央政权的式微与地方势力的扩张。麦孟华以为这正是鼓动南方督抚北上勤王千载难逢的时机,手握重兵的

---

　　① 麦孟华:《论非皇上复政则国乱不能平定》,《清议报》第49册(1900年6月27日)。

　　② 在《论保证和平必当皇上亲政》一文中,麦孟华直截了当地"邀请"列强干涉,以使光绪复政:"列强诚能秉公仗义,复我皇权,则和议既成,变动亦息。此固非独中人蒙其利益,即外国亦享其和平之福者也。"由于当时光绪皇帝已随西太后逃亡西安,麦孟华建议西方各国"坚请皇上之回跸,专以为议和之主权,凡百庶政,西后皆不得干涉其间,则皇上独断独裁"(麦孟华:《论保证和平必当皇上亲政》,《清议报》第64册)。

　　③ 麦孟华:《论非皇上复政则国乱不能平定》,《清议报》第49册(1900年6月27日)。

　　④ 同上。

　　⑤ 麦孟华:《续论义和团事》,《清议报》第47册(1900年6月7日)。

　　⑥ 麦孟华:《论非皇上复政则国乱不能平定》,《清议报》第49册(1900年6月27日)。

　　⑦ 麦孟华:《续论义和团事》,《清议报》第47册(1900年6月7日)。

东南督抚若能"登高而为顺风之呼，高屋而为建高瓴之势，一举手而可延我二千余年之国脉，可保我四万万人之生命者也"①。若二、三疆臣抓住机会，对国家将是功莫大焉，将为"兴国之伟人"，"他日论功，虽与兴德之俾士马克、建意之玛志尼，无以过之，此固千载一遇之时机也。天与不取，必受其咎"②。为了能说服南方重臣北上勤王，麦孟华还将此举上升到"忠君忠国"的高度，北上勤王，铲除奸贼，是为"忠君"；平灭团匪，拯民于水火，救国于危亡，是为"忠国"③。故麦孟华提出："今日疆臣之责任，以剿团匪而救皇上为第一义。"④麦孟华在文字中对当时的南方重臣又捧又杀，用意可谓良苦。

七是对清政府所以借义和团运动进行大规模排外的原因分析。麦孟华认为清政府所以要借义和团排外当与打压汉人、排斥维新有关。维新变法虽是一场意在推动国家政治体制变革的运动，但在清政府看来，维新变法则是一场以汉人为主体，意在颠覆满族统治的反叛活动。这场政治反叛以西方政治思想为支撑，故西方一并成为清政府急欲排斥的对象："近言新法者皆汉人，彼遂以为新法者，汉人之利，满人之害。诚绝新法，即可绝汉人之生路。而汉人之所行新法，所言新学，又皆输自西欧，彼不达外情，遂又以为西人者，固与汉人同其流派种类者也。"⑤维新变法思想源自西方，则"西人"就有支持汉人的嫌疑，西方各国对光绪皇帝的态度更强化了这种嫌疑："皇上幽废，西人每请觐之，新党捕逐，西人每保持之，则更触彼之大忌。故前此之丧师，未或以为痛也，前此之失地，未或以为恨也，前此城下之要盟，治外之法权，未或以为耻辱也，独至此而恶绝之。"⑥当慈禧太后立嗣废帝的算计为西方各国阻挠而未果时，所有的猜疑与仇恨

① 麦孟华：《论今日中国存亡其责任在于国民》，《清议报》第53册（1900年8月5日）。
② 麦孟华：《论今日疆臣之责任》，《清议报》第51册（1900年7月17日）。
③ 麦孟华：《论义民与乱民之异》，《清议报》第52册（1900年7月26日）。
④ 麦孟华：《论今日疆臣之责任》，《清议报》第51册（1900年7月17日）。
⑤ 麦孟华：《论义和团事中国与列强之关系》，《清议报》第43册（1900年4月29日）。
⑥ 同上。

都在短时期内上升到国家意志的高度以极端的形式爆发出来。

清政府本来就严分满汉界限，风雨飘摇中的晚清政府对汉人更是防范有加。"大清之入主中国，二百余年矣，虽不能尽泯满汉之界，而汉人久已浑然忘之，固未尝外视满人也。乃数年以来，彼突更自生分别，自划界限，自起疑忌。"① 这种界限的划分在清朝统治者那里不仅表现为对汉人的防范，还表现为对汉人利益乃至国家利益的漠视抑或放弃。麦孟华在分析清政府处理整个事件时的卑劣意图时就从种族角度入手："西后之与奸贼，其所以力庇团匪者，固欲假借其力，张满人之势而可锄我汉人也。且以其能言扶清灭洋，合彼愚谬守旧之见。"② 需要注意的是，麦孟华所提出的问题已与种族革命有关了，清政府严分满汉，弃汉人为牛马，自可革命以推翻，这是很简单的推理。其时种族革命成为时代潮流，不管是以孙中山为首的革命民主主义者，还是以知识分子为主体的国粹学派，都鼓吹种族革命。麦孟华作为保皇党派中人提及种族革命当有颇多顾虑，毕竟维新派所依靠的光绪皇帝是满人，公开提倡种族革命于保皇党人显然是一件尴尬的事情。

这里需要附带说明的是，义和团运动所以引起麦孟华的特别关注，当有两个原因。

一个重要原因就是义和团运动对光绪地位可能产生的严重威胁。关于这一点，麦孟华曾有较为完整的表述：戊戌政变后，光绪之权被"无端忽废而夺之，上加一人以代其政，下备一人以承其位。而权奸贼臣，日谋篡逆，招集逆匪，倚其羽翼之，资以行其篡弑之计。内有篡逆贼臣伏于肘腋，下有助乱匪徒震于辇毂，皇上之危，危于累卵"③。戊戌政变后，西太后之所以一直不废光绪帝位，一个重要缘由就是惮于西方列强的干涉。号称刀枪不入、扶清灭洋的义和团运动给了清政府一剂强心针，以为凭此就可一雪外耻，可一扫屈膝媚骨之

① 麦孟华：《论义和团事中国与列强之关系》，《清议报》第 43 册（1900 年 4 月 29 日）。

② 麦孟华：《论非皇上复政则国乱不能平定》，《清议报》第 49 册（1900 年 6 月 27 日）。

③ 麦孟华：《论义民与乱民之异》，《清议报》第 52 册（1900 年 7 月 26 日）。

恨。在这种情形下，"篡夺弑逆之谋，今将一举达之"①。这是麦孟华最担心的问题，如果这样的情况发生，于保皇党来说将是重大打击。这正是麦孟华对义和团运动持续关注并持强烈批判态度的原因。

另外一个原因是义和团运动可能带来的机会。义和团之乱，八国联军侵入北京，清廷执掌大权的顽固派受到沉重打击，麦孟华认为这是维新派卷土重来的大好时机："今日北京破矣，政府倒矣，守旧者既已失据，维新者必可代兴。"②北京为列强所破，貌似强大的"旧政府"在列强面前不堪一击，故麦孟华很自然地将眼光瞄准列强，试图依靠列强力量助光绪复政，在这一时期的文章中，麦孟华所以对入侵北京的列强颇有赞美之词，其缘由就在于此。

既是威胁又是机会，故麦孟华对义和团运动这一历史事件持续关注，并随事件进展跟踪报道、发表评论，这既体现了麦孟华作为一个新闻人的职业敏锐，又体现出一个政治家对突发性政治事件的关注与敏感。

二　麦孟华关于近代中国排外浪潮的思考

虽说麦孟华将义和团的排外定义为"野蛮人"的行为，但他又同时以为近代中国之排外有其合理的一面，他列举了以下理由：

一是列强的侵略过于急迫，中国人的排外是对外来侵略的自然反应。"数年以来，外人瓜分之心太急，侵略之谋太骤，操之过促，激而变生。"③麦孟华还从抵抗力与压力之间的关系来说明问题："天下抵抗之力，每与压力为反比例，列强之压抑中国也至矣，肆其凌侮，极其要求。"④数十年来，列强逼我中国割地赔款、尽夺我利权。列强所施加的压力增大，中国人的抵抗力也在不断累积，至义和团运动

---

① 麦孟华：《论非皇上复政则国乱不能平定》，《清议报》第49册（1900年6月27日）。

② 麦孟华：《论救亡当立新国》，《清议报》第56册（1900年9月4日）。

③ 麦孟华：《排外平议》，《清议报》第68册（1901年1月1日）。

④ 麦孟华：《论列强对中国之政策及中国之前途》，《清议报》第62册（1900年11月2日）。

前夕达到爆发的临界点:"中人不平愤激之气,与列强利益膨胀之力,同达于最高之度。今日排外之扰乱,非出于中人之本心,实列强召而贾之也。"①

二是排外是人类的天赋公性,近代中国人的排外有其产生的合理性。麦孟华以为,既然有群体、国家之分,就有群体之界限、国家之界限,即便是以文明闻名于世的欧洲,在国法上也严分内外,"其公民之权,惟内国臣民所应享,而外人必不能与其分毫"②。麦孟华对此颇有感慨:"排外者天赋之公性,人道之必不能已。既有国界,则虽耶稣为君,墨翟为相,亦岂能泯其界?"③故西方国家与中国一样都存在排外倾向,且国家文明程度愈高排外倾向就愈重。既然排外是一种普遍存在的现象,为何近代中国的排外又招致如此严重的后果呢?麦孟华有这么一段论述:"排外固亦有界者也。排之以政治者,虽严峻而仍在界之中,则伸国权而获美誉。排之于交际者,一举手而即溢于界之外,则被实祸而蒙恶名。我国民不审排外之界,昧于政治排外之术,不忍小忿,冒昧而为此野蛮之举动。……其排人也,逞私忿而非为国计。"④看来排外是有技巧的:第一,排外要注意界限。与争取"自由","以他人之自由为界"一样,⑤排外亦有一定的界限,这个界限就是野蛮与文明的界限,排外须是文明的排外而不能是野蛮的排外。第二,要排之以政治而非排之以交际。麦孟华并未对"排之以政治"及"排之以交际"作具体的解释,但仔细揣摩,所谓"排之以政治"就是通过政治策略、外交方式积极主动地处理对外争端,"排之以交际"则是以野蛮、暴力的方式盲目排外。

不管怎样,排外对于中国的影响是负面的,正如麦孟华所言:"排外之祸亦至酷矣。"⑥排外虽能逞一时之快却后患无穷:"彼之毁人租界,杀人人民,戕人公使,诚快彼排外之野心矣。然使外人日骂

---

① 麦孟华:《论列强对中国之政策及中国之前途》,《清议报》第 62 册 (1900 年 11 月 2 日)。

② 麦孟华:《排外平议》,《清议报》第 68 册 (1901 年 1 月 1 日)。

③ 同上。

④ 同上。

⑤ 同上。

⑥ 同上。

我为野蛮，日辱我为犷种。我四万万人遂无颜复对外人，且外人之损失既深，他日之赔偿必重。若有偿款，仍绞我国民之膏血也；若有割地，仍荡我国民之室家也。祸乱日深，驯至不国。"① 逞一时之快，却给中国留下难以收拾的残局。麦孟华对义和团的否定性评价虽有过激之处，但他对义和团影响的思考却是颇有见地。麦孟华曾用一段文字描述义和团之乱后清政府的窘迫之状："与敌相持，惟战与守。今言战乎？则团匪败而无可恃之党矣，武卫溃而无可用之兵矣。今言守乎？则津沽失而藩篱尽撤矣，京师陷而心腹受害矣。将言理乎？则衅自我开，故我曲而彼直。将言势乎？则精锐略尽，又我竭而彼盈。……虽积怨发愤，痛心切齿于外人，而势穷力绌，终不能不忍辱含垢，下心俯首以行成。"② 将清政府逞一时之快后的窘状刻画得入木三分。

麦孟华以为，近代中国欲富强，欲雪国耻，绝不能排外，而是要打开国门，"欲强国势，必谋富强；欲谋富强，必行新法；欲行新法，必采外长。采行外国之政治，仿效外国之工艺，延请外国之人士。输入外国之文明。不以外人为仇，而反以外人为师。……今日之势，不通商则国不富，不联交则国不强，不放开门户，则不能与列强并立，不遵守公法，不足与万国同风"③，故在义和团之乱后，有远见卓识的豪杰之士，绝不会以排外为救国手段，而是"日夜奔走，图谋百计，竭尽材力……惟求除顽固之首恶，以行改革之治，平野蛮之乱匪，以息仇外之风"④。如何修复被损害的中外关系，麦孟华作了很细致的设想："务当竭力尽心安其人民，使无风鹤之惊。卫其财产，使无荡析之忧。优其礼待，使无侵害之虑。急之如己国之事，亲之如己国之人。为之警卫以安其意，为之讨匪以雪其仇。"⑤

其实，早在1897年，麦孟华就开始关注中国的排外问题。1897年7月10日，在《尊侠篇》一文中，他专门论及反洋教的问题。在

① 麦孟华：《论义民与乱民之异》，《清议报》第52册（1900年7月26日）。
② 麦孟华：《论议和》，《清议报》第61册（1900年10月23日）。
③ 麦孟华：《论义民与乱民之异》，《清议报》第52册（1900年7月26日）。
④ 同上。
⑤ 同上。

是文中，他将组织、参与反洋教的民众定义为"乱民"，还借用孔子"一朝之忿，忘其身以及其亲"，"小不忍则乱大谋"的古语指斥盲目排外对中国所造成的严重后果。①

在这篇文章中，麦孟华还以中、日两国的排外及后果作了对比分析。首先来看明治初年日本的排外情况："日本于明治初年，藩士愤法人横恣，联众轰毙数人于东京，警既远欧土，法人以军舰轭海岸，索主杀者，将兴师问罪，乘机以蹿日本，而诸藩烈士上书自首二十一人，从容慷慨，同诣东市，相争先死，挥刀劈腹如流水。前者死，后者继，死至七人，而欧人观者，咸不忍视，拍手流涕，瞠目结舌，请止其杀，嗫然嗒然，非直不敢有非分之索，且谢不敏，就和议以去。"②

在麦孟华的笔下，日本人也曾因列强的侵略激发大规模的排外运动，其后果就是列强的报复。在国家面临危亡的时刻，日本"诸藩志士"舍身保国，使日本避免了列强的蹂躏。

对比中国发生的教案，麦孟华提出这样的质疑："今吾国历岁之教案，其始事也，与日本同，其卒事也，则与日本何相反也？"③ 为何教案发生后，中、日两国的结果截然相反？其原因就是中国之国民缺乏敢于承担责任的"志士"。日本"诸藩志士"既能奋起排外，又能为自己的行为负责。"堂堂丈夫，做得死得，宁粉身碎骨，夷家灭族，而必不肯始乱终弃，贻害于人。"④ 以个人的牺牲换取了国家的和平。对比中国，近代中国的历次教案都是民众一哄而起，而当列强借此兴兵问罪时，却少有敢于承担责任者。麦孟华对中国"乱民"的表现作了形象的描述："一哄而起，乌合庞吠，一哄而散，狼奔狐窜，畏死避匿。大索不获，始何勇锐，终何怯愚。"最后的结果就是"赔款谢过，株及国家。乌乎！吾中国之可耻，未有若教案之甚者也"⑤。

---

① 麦孟华:《尊侠篇》,《时务报》第 32 册（1897 年 7 月 10 日）。
② 同上。
③ 同上。
④ 同上。
⑤ 同上。

麦孟华对于排外有着很矛盾的态度，一方面以为排外是一种野蛮行为，另一方面又以为排外具有抵抗西方列强侵略的作用。细读麦孟华有关的言论，可以发现麦孟华对于一定程度内的排外是持支持态度的。在面对列强的欺凌时，一个国家的国民若甘于当亡国奴，则这个国家丧失的不仅仅是利权，还有民族的自信与自尊。若这个国家的国民面对列强，敢于"同心并命，发愤自伸"，虽有排外之嫌，然也"使彼知我国有人，固非波兰、印度衰敝之比而向之"①。

麦孟华以为，若要敢于排外，则要敢于承担责任，所谓"堂堂大夫，做得死得，宁粉身碎骨，夷家灭族"，此语虽是写日本志士，何尝又不是对近代中国人的期望："一人致死，万夫莫当。虽蜂虿之小，人犹畏之，而况神明之种，四万万之人，二万万里之地，二十六万余种之物产者乎?"② 一个敢于自我牺牲的人，就有万夫莫当的能量，若四万万人都敢于承担、敢于牺牲，不仅可以争回已经丧失的利权，还可以重新拾回民族的自信，赢得民族的自尊。

三 对外关系中的"腕力"与"心力"

在论及对外关系时，麦孟华谈到"腕力"与"心力"两种不同的应对思路。

所谓"腕力"即以"野蛮人"的方式排外，"深闭固拒"，排斥一切外来文化。所谓"心力"，则是以"文明人"的方式处理对外关系。从文字上我们就可看出麦孟华的倾向性：在处理对外关系时，要重"心力"而远"腕力"。一个外交上重"心力"的国家在外交上应展现出何种风采呢? 关于这一点，麦孟华有如此论述："其待外人也，礼貌有加，其善外交也，仪节不失。虽世仇夙怨之国，受其逼辱，举国所欲得而甘心者。其往来酬应，殷勤无以异于姻娅，且惟积怨怀仇之故，则弥师其政学，输其文明，外奉其敌以为师，内善其国之政治。至于自主之内政，国家之主权，下及国民享有之权利，则虽至小

---

① 麦孟华:《尊侠篇》,《时务报》第 32 册（1897 年 7 月 10 日）。
② 同上。

至弱之国，必不容他人有一毫之干涉，有一事之侵犯，而外人之耽逐窥伺其旁者，亦惮其心力，为所抵抗，不敢施其干涉侵犯之谋。"①

仅仅用韬光养晦、卧薪尝胆这样的词汇来概括麦孟华的这一段言论显然不够全面，因为在这一段文字中还包含有近代外交的可贵成分。由于不懂得近代外交，不善于在错综复杂的国际关系中折冲周旋，晚清政府在外交纷争中屡屡吃亏，八国联军之所以侵华就与清政府鼓动民众暴力排外的政策不无关系，故麦孟华如此感叹："我中人素不讲国家之学，绝不谙外交之术。"② 虽说国家实力是近代国际关系中是决定性的因素，但近代外交规则是近代中国不得不补的功课。

麦孟华所言处理对外关系时的"心力"，通俗地讲就是要注意外交的方式、策略。社会越发展，国与国之间的竞争越大，国家之间的排外其实就越厉害，恰如麦孟华所言："文明程度渐高，则排外之涨力愈大，而排外之手段愈巧，乃匿其排外之义，而易以美名曰爱国、曰自主、曰竞争权利、曰独立不羁。"③ 在这样一种全新的国际环境中，对一个国家的外交策略就提出了更高的要求，更需注重外交"心力"的运筹。

当然，对于强国来说，在外交上亦可凭"腕力"横行天下。如美国的野蛮排华，中国也无可奈何："文明之世，以道理为势力。野蛮之世，以势力为道理。美国蓄其国民之力，膨胀不已，横决四出，乃至触抵公理，虽犯天下之不韪，然势力盛而亦莫敢谁何。"④ 外交以国家的势力为后盾，强国之于弱国可以肆意排外，弱国则无可奈何任其欺凌。弱国若稍有排外举动，就会招致强国的加倍报复。麦孟华将弱国的排外举动形象地比之为"抗乌获之鼎"，鼎没有举过肩，"而骸已先绝也"⑤。近代中国从国家势力的角度看，就是一个弱国，弱国在处理对外关系时，更要小心翼翼，一旦触怒强国即有可能招致灭国亡种的危机。

---

① 麦孟华：《排外平议》，《清议报》第 68 册（1901 年 1 月 1 日）。
② 同上。
③ 同上。
④ 同上。
⑤ 同上。

弱国外交当小心翼翼，强国外交则可横决四出。在麦孟华的时代，中国是弱国，这是麦孟华分析近代中国外交关系的重要背景。麦孟华在那个时代看到的是一个弱小的中国，这样的中国只能小心翼翼地处理对外关系。如果中国强大起来，中国该如何处理对外关系呢？难道也可"横决四出"、无所顾忌？强大的美国可以如此，强大起来的中国应该怎样呢？麦孟华没有论及这个问题。近代中国知识分子在论及未来中国的强大时一般都是停留在口号式的概述上，至于强大的内涵及强大起来后"该怎么办"则少有人论及了。强大的中国对于近代中国的知识分子而言仅仅是一个梦想，当他们还停留在梦想的阶段时，就让他们去思考梦想实现以后"该怎么办"是一件很困难的事情。

四　麦孟华关于列强对华政策演变的梳理

自 1840 年鸦片战争爆发，到 20 世纪初八国联军侵入北京，在这半个多世纪的时间中，西方列强对华外交政策发生了不小变化。麦孟华通过对比分析，将西方列强的对华政策的变化分为三个阶段，且每个阶段的特征不同：

第一个阶段为鸦片战争至甲午战争时期。这一阶段西方列强的对华政策可用"和缓主义"四个字来概括。这一时期，中国作为东方大国，余威犹存，西方人对清帝国的实力也不是十分清楚。"咸同而降，吾国力日弱，国威亦已日替，然外人叩关之始，怵于庞然大国之外势，憎于政事腐败之内情。"① 故列强的侵略步伐虽步步紧逼，但惮于清朝余威，对华政策仍颇为和缓。清政府与列强打交道时，还有转圜的余地，麦孟华还以中俄之关于伊犁的交涉为例予以说明，如"索还伊犁之案，俄人横悍，一使臣理论而即可转圜矣"②。

第二个阶段为甲午战争至义和团时期。这一阶段西方列强对华政

---

① 麦孟华：《论议和后之中国》，《清议报》第 70 册（1901 年 2 月 19 日）、71 册（1901 年 3 月 2 日）。

② 同上。

策日渐强硬："和柔之政策，一变而为强硬；柔缓之手段，一变而为急激。"① 这一时期，列强看清了中国的底牌，开始肆无忌惮地瓜分中国，各国"携千手突集，争先恐后，日不暇给，盖深知中国之无复拒力，土地虽大，急取强夺，则可以立尽也"②。在这样一种情形之下，列强对中国的外交政策其实已经无所谓策略不策略，就是赤裸裸的强取豪夺，麦孟华用了"无端"一词来形容列强对中国的掠夺，很是恰当："无端而俄夺旅顺大连湾矣，无端而德夺胶州矣，无端而法夺广州矣，然犹曰酬劳报德也。无端而英索威海卫矣，无端而英索九龙矣，无端而意索三门湾矣，然犹曰抵制列强也。无端而英订扬子江一带勿让他人矣，无端而法国订两广云南贵勿让他人矣，无端而日本订福建勿让他人矣……"③ "无端"就是不需要任何理由，列强作为"无端"的主动方，就是恣意妄为，中国作为"无端"的被动方，则是无可奈何。人为刀俎，我为鱼肉，除了逆来顺受，也没有别的出路。

第三个阶段则始于义和团运动。义和团运动后，鉴于中国民众强烈的排外情绪，及由此引发的大规模排外运动，列强开始改变原有的强硬的侵略政策，从一味强硬变为软硬兼施，此为西方列强"外交之术又一变"④。麦孟华细述了其中的缘由："北方事起，东西列强，兵力毕集，宜可以遂其突飞进取之主义，而实行瓜分之事矣。然排外之强悍，惧欲速之不达……不若饮以鸩而自毙也。生摘之果，不适于口，不若待其熟而自落也。"⑤ 麦孟华以为，列强外交策略的变化并不意味着对中国侵略力度的减弱，反而有加剧的可能，"左手扑之，右手抚之，亡人国而人不自知之妙术也"⑥。这个"妙术"之"妙"就在于：西方列强由原来重夺地索款一变为谋图控制中国主权。对于中国而言，主权的失去将比土地的失去更为致命："国家之立，在于

---

① 麦孟华：《论议和后之中国》，《清议报》第 70 册（1901 年 2 月 19 日）、71 册（1901 年 3 月 2 日）。

② 同上。

③ 同上。

④ 同上。

⑤ 同上。

⑥ 同上。

主权、用人行政，一切皆可以自由，外人不得而干预，即外人不得而阻挠，此自主之国之所以异于藩属也。外人之干我内政也亦多矣，然威劫势胁，犹得据理以拒谢之也。今官吏之陟黜，衙署之创废，科举之停举，觐见之礼节，无不待他人之命令，受他人之指挥，载之盟章，立为成约，名虽帝国，实则藩邦。若是则失主权。"① 通过《辛丑条约》，列强控制了清政府的财政权、行政权、外交权等国家大权，中国已与列强的藩邦无异。

五　麦孟华给未来中国留下的外交建议

近代中国屡受外来侵略，故排外思想在近代社会思潮的流变中时或闪现。即便是思想开放者，在论及与列强的关系时多以排外仇外、侵略与反侵略为主题，少有近代知识分子从现代外交的角度去思考中国的外交问题。而对外交关系的重视，则是麦孟华政治思想中的一个突出点。他不仅提出要重视与列强的友好往来，讲信修睦，还将外交关系上升为强国方略，提出要抵制列强必先重视与列强的外交关系："国于大地之上，近无善邻，远无奥援，孑然危立。若是者，命曰孤国。独夫之不能抗众力，孤国必不能抵列强，此固理势之必然者也。"② 这是一种富于远见的观点，当中国日益以一种强大的姿态活跃于外交舞台的时候，我们才逐渐发现，国家越弱小，外交越封闭；国家越强大，外交越开放。开放原来不仅仅是一种姿态，它还是一种实力的体现。

不是外交家的麦孟华给未来中国留下了不少富于建设性的外交建议：

一是要将外交列为国策，"外交固与内政并重"③。麦孟华以为：国无外交不能自立自强，"天下无孤立之人，天下亦即无孤立之国。故立于列邦之间，无不有交际交涉之事。欲求自立，亦惟自强，从

---

① 麦孟华：《论议和后之中国》，《清议报》第 70 册（1901 年 2 月 19 日）、71 册（1901 年 3 月 2 日）。
② 麦孟华：《论救亡当立新国》，《清议报》第 56 册（1900 年 9 月 4 日）。
③ 麦孟华：《论义民与乱民之异》，《清议报》第 52 册（1900 年 7 月 26 日）。

未有绝人而可以自立者"①。在近代国际关系的大格局中，中国不可能再回到闭关锁国的时代，"已通者不能复塞，已开者不能复闭"②。国门一旦打开，哪怕是被动地打开，就很难"复塞"。既然不能"复塞"，还不如大开国门，将外交列为国策，国家也许还有复兴的机会。

二是在处理对外关系时，既要"尽外交之道"，又要"完自治之权"。关于这一点，麦孟华以为："夫国土无大小，国势无强弱，既为独立之国，即有自主之权。故吾国有害于他国者，则当竭力以除之，加意以卫之，而不令彼之稍受其祸。若他国有害于吾国者，亦可正言以斥之，严词以拒之，而不容彼之横溢其权。盖卫彼者所以尽外交之道，而拒彼者所以完自治之权也。"③ 完自治之权，这是施展外交之道的根本，麦孟华对此认识也很清晰："中国者，中国人之中国，中国人当自谋。"④

三是在对外交往中要慎提"爱国""竞争权利"等口号。从外交策略的角度，麦孟华以为爱国精神宜鼓舞，但不宜滥提爱国口号。"爱国""竞争权利"等口号极易产生排外的联想。"夫爱国也，独立也，与排外固异名同实。外人视之而斥为排外者，即内国视之血号为爱国者也。"⑤ 在麦孟华看来，"爱国"与"竞争"这类提法虽能振奋国民精神，却易给国家带来排外的负面形象。"爱国"与"竞争"自然不可缺失，但这样的提法又不利于现代外交，怎么处理这种两难关系呢？麦孟华以为换一种提法即可解决问题："不曰爱国，则曰自主"；"不曰竞争权利，则曰独立不羁"⑥。以"自主"替代"爱国"，以"独立"替代"竞争"，同样能"唤起国民之精神"。其实国家的强大与否，并不在于言辞上的争强好胜，而在于全体国民能怀自由、独立之追求，怀"求胜于外人"之志，"兢兢于优胜劣败之理"，持

---

① 麦孟华：《论义和团事中国与列强之关系》，《清议报》第43册（1900年4月29日）。

② 同上。

③ 同上。

④ 麦孟华：《论议和》，《清议报》第61册（1900年10月23日）。

⑤ 麦孟华：《排外平议》，《清议报》第68册（1901年1月1日）。

⑥ 同上。

之以恒，长此以往，自然"国权日伸""民力日涨"①。

四是欲外交强则要先自强。国家其实和个体的人一样，个体的人不愿屈居他人之下，哪个国家愿意屈居于他国之下，甘愿受其凌辱？但弱国无外交，若贸然反击，必将招致更大的屈辱。"万国角立之际，非竞争不足以生存。然黄河之泻，必先渟蓄，鸷鸟之击，必先戢翼。侥幸一击，宁岂有幸？"②在国力弱小时，在外交上当采取"守"势，卧薪尝胆，从各个方面提升国力："鼓其爱国之心，张其独立之气，厚其竞争之力，弃野蛮之覆辙，循文明之正轨。"③日积月累，国势必将强大。当国家走向强盛时，在外交上即可采取"攻"势。强大起来的中国就恰如渟蓄之黄河、戢翼之鸷鸟，必能一雪前耻。麦孟华以为，中国若要自强则必须"新政"，"新政"还得指望光绪帝。"夫国势之弱，谁不愤之，然必任贤才，行新政，赫然奋发，然后国体可兴，外侮可御，我皇上奋然变法，百日之内，未尝一闻外人要挟之事，此其明效大验。"④麦孟华这里又回到了维新派的老话题上。麦孟华所言虽不无道理，却无新意。维新派之所以在戊戌政变后渐渐为革命民主派所压倒锋芒，一个原因或许就是维新派在很长的时间内不能走出戊戌维新时所形成的定式思维，而近代中国社会思潮的一个特征就是新，新思潮转眼就成为旧思潮，不再具有当初的魅力与号召力。

五是要处理好"战"与"和"的关系。麦孟华以为外交关系虽以"和"为贵，但如果事关国家根本利益，则当寸步不让，即便诉诸战争也不足惜。麦孟华所言的国家根本利益即是国家主权，而土地则是国家主权的最重要象征。一寸国土也象征着国家的尊严与主权，故麦孟华以为寸土不可丢，为保寸土可以枯万人之骨，靡亿兆之财："两国并立，一里不毛之地，突为他国所踞夺，被害者其隐忍而默许乎？抑将决裂而搏战乎？夫博战者破坏和平之局，枯万人之骨，靡亿

① 麦孟华：《排外平议》，《清议报》第68册（1901年1月1日）。
② 同上。
③ 同上。
④ 麦孟华：《论义和团事中国与列强之关系》，《清议报》第43册（1900年4月29日）。

兆之财，甚者乃致其国之危，殆较之一里硗确之地，其轻重诚不可同日语矣。然遭无理之屈辱，尤默然而容忍，则今日可夺我一里之地者，浸可夺我百里之地，浸可夺我千里之地。其侵害无已时，其和平亦终不可保。驯而全土而入于他人之手，而国随以亡。故决裂而博战，非为一里而战也，为国民自体而战，为争其荣誉而战，为保其独立而战，实则谋其和平而战。是以权利之目的在和平，而所以达其目的之方法反在战斗。"① "战"即是"和"，麦孟华对战争的理解颇有见地。

六是欲御外侮必平内患。内忧外患是近代中国所面临的两大难题，既然是两大难题，就存在一个平衡的问题，存在一个孰轻孰重的问题。一种意见是外患重于内忧；一种意见是内忧重于外患；一种意见是内、外问题都迫在眉睫，须同等重视。观点不同，采取的内政外交的策略自然也不同，所收取的成效也有天壤之别。所谓思路决定出路，一个政治家的思路若在实践中落实则有可能决定国家的命运。麦孟华以为内忧重于外患，欲除外患必先平内忧："中国之祸在外侮，而其祸本则在内患。除中国之祸在御外侮，而除其祸本，则在先平内患。"② 麦孟华为说明自己的观点，还特别以人的疾病为例予以说明：人体肺腑患病，有可能引至手足溃败，医治时必先治肺腑之病，肺腑之病好，则手足之病自然痊愈。若本末倒置，只治手足之病，则对病情毫无益处。麦孟华将人的疾病与中国的国势相类比后，得出这样的结论："今之中国势亦类是，外国之侵割，手足之溃烂也，奸贼之纵横，心腹之腐败也。"③ 麦孟华所言的内忧就是"贼臣"，再具体一点就是扼杀了戊戌维新的顽固派。顽固派"亡我都城，弃我款地，失我内权。召乱致亡"，是为中国的心腹内忧，此内忧不除，则"虽外人不遣一兵，不加一镞，而国内鱼烂，人心瓦解，固自腐败溃决而底于亡矣"④。什么是医治中国心腹腐败的良药呢？麦孟华开出的直接药方就是"扶皇上以

① 麦孟华：《论中国今日当以竞争求和平》，《清议报》第72册（1901年3月11日）。
② 麦孟华：《续论义和团事》，《清议报》第47册（1900年6月7日）。
③ 同上。
④ 麦孟华：《论议和》，《清议报》第61册（1900年10月23日）。

复新政"。

内忧重于外患，这种观点在近代中国颇有影响。外患的引发必然与内忧有关，不除内忧必不能平外患，故内忧重于外患，这种思路的逻辑顺序也很自然。但这种判断是基于两个前提，一个前提是内忧或外患都还没有对国家政权及统一造成致命冲击与破坏，另一个前提二是内忧的程度重于外患的威胁。如果随着局势的发展，外患的威胁日益加深，甚至威胁到国家生存的程度时，前提就已经发生了变化，若再持内忧重于外患的观点，恐怕就不太妥当了。此时对于这个国家其实只有一种选择，停止内忧，先除外患。外患不除，国家必亡，国家都亡了，还有何内忧可忧？抗日战争前夕的中国面临的其实就是这样一种无可选择的选择。

结　语

从义和团运动爆发起，麦孟华就开始关注事件的进程。他既为中国民气的空前高涨而兴奋，又为团民的野蛮排外而痛惜。列强攻入北京后，他一方面痛心于国家再次受辱，另一方面又希望借列强之手助光绪复位。当《辛丑条约》签订的消息传来时，麦孟华痛心疾首，夜不成寐："中国毛羽摧锻，根株憔悴，数十年于兹矣。至今日而瘵疾已成，势将不起。读议和十二款之条约，不能不为之辍食推枕痛哭幽愤而不自胜也。"① 国家弱则国民哀，近代中国的历史既是一部国家的屈辱史，也是中国人民的伤心史。阅读近代中国知识分子所留下的文字，看到的都是焦虑、伤心、叹息甚至血泪。国家的不幸、时代的不幸，其实也就是国民的不幸，就是生活在这个时代的人民的不幸。麦孟华生活在那个不幸的时代，自然也就是不幸的人民中的一员，他为国家的不幸而时时"痛哭幽愤"，留给后人的就是一篇篇血泪写就的文字。阅读这样的文字，那个不幸的时代的不幸就如一幕幕悲剧真实地展现出来，并时时警醒现在的中国人：幸福与不幸其实只

① 麦孟华：《论议和后之中国》，《清议报》第 70 册（1901 年 2 月 19 日）、71 册（1901 年 3 月 2 日）。

有一步之隔，向前迈一步就是幸福，往后退一步就是不幸。唯有在警醒中不断前行，中国及中国人才会与强大、幸福的距离越来越近，距离衰弱、不幸越来越远。

　　本文选自作者所著《麦孟华研究》（人民出版社 2011 年版）一书，收入本书时有所调整修改。

细节与趋势

—— 关于甲午战争的观察与思考

1894年1月，朝鲜爆发东学党起义，这次发生在朝鲜的看似偶然的事件却引发了中国与日本之间的一场战争。这场战争不仅改变了近代东亚的政治格局，也改变了近代中国的发展轨迹。这场战争对近代以来的中国影响至为深远，其过程与结果都不禁让人长吁短叹。吁的是中国怎么就输掉了这场战争，还是输给"蕞尔小国"日本；叹的是中国从此沦为俎上鱼肉，而日本则一跃成为世界列强。吁也罢，叹也罢，都无法改变失败的事实，历史就定格在1894年，只要触及这一历史时段，对国人而言就是伤痛。今年是2014年，距离1894年恰值一百二十周年。时隔百余年后，再来回顾这场战争，我们在继续关注、梳理这场战争本身种种细节的同时，更要从历史发展大趋势、大脉络的视野去观察、思考这场对近代中国生死攸关的战争爆发的原因及其影响。

一

在历史研究中，细节的回顾与展现总是能让读者扼腕长叹。在有关甲午战争的话题中，诸如平壤之战、黄海战等有关战争的细节问题常常是研究、回顾的热点。这些细节的梳理归结起来最为中心的问题有两个方面：一是关于战争爆发前中日双方的态度与准备；二是战争期间中日双方军队的表现。

在第一个问题的梳理中，我们看到的是战争爆发前磨刀霍霍的日本与消极怠战的清政府，其中最有代表性的细节是甲午战争前西太后一心筹划自己的六十大寿而不惜挪用北洋海军军费，与之对比的则是日本明治天皇为扩张海军而节衣缩食。在第二个问题的梳理中，我们看到的是所向披靡的残暴日军与节节败退的清朝军队。其中最有代表性的细节就是平壤之战中清军统帅叶志超的狂奔溃逃，与之对比的则是日军攻入旅顺后的屠城事件。两相对比，谁胜谁负，原因何在已经不言自明。

细节的梳理不仅仅是对历史事件的细致表现，其中实包含着书写者们的态度与倾向。在对上面两大问题的反复梳理中，潜藏的结论其实很简单，战争失败的主要原因就是清政府的腐败、颟顸。这个结论在清政府掌权的时代如果再进一步的延伸，自然就会涉及对其政权合理性或合法性的质疑问题，不合理就须改革，不合法就得革命。以政治体制改革相号召的戊戌维新运动及以推翻清政府为目的的革命民主运动在甲午战争后的相继涌现正说明了这一点。

看来，对历史事件细节的梳理不仅仅是对历史事实的陈述那样简单，在对历史细节的梳理中自有梳理者情绪的宣泄与政治立场的表达。当清政府成为改革乃至革命的目标后，这种梳理的选择性、倾向性会更强，清政府在战争中的懦弱无能会被进一步渲染、放大，这种渲染与放大的目的也很清楚，其指向就是在表明清政府已经失去了领导中国继续前行基本能力的同时，还要激发起民众的悲愤之情，使阅读者产生一种必欲除之而后快的感受。

二

如果说晚清时知识分子对甲午战争的梳理多带有悲愤之情，而今天的国人对甲午战争的回顾则颇多惋惜的成分。何以由悲愤一转为惋惜，当与时代的变迁有关，时间是疗伤的良药，一百余年的时间足以慰平任何苦难，加之当今中国所面临的处境和任务与过往相较已经是天壤之别，列强环伺与国恨家仇对于正在迎接民族复兴的当代中国来说早已成为过眼云烟。国家强弱不同，国人心态也大不一样。面对甲午战败这一事件，彼时的悲愤之心已多转为惋惜之情。在回顾甲午之战的种种细节时，今天的我们既会为以光绪皇帝为首的帝党一派未能掌握实权惋惜，也会为北洋海军在黄海之战的失败而惋惜。惋惜背后其实还潜藏着诸多的一相情愿的假设：假如海军军费没有被西太后挪用修建颐和园；假如北洋海军统帅丁汝昌有独立的指挥权；假如没有这场战争，中国的现代化步伐将会大大提前……历史当然不能假设，但这种假设正反映出近代苦难在中国人身上的烙印之深、影响之大。

悲愤也罢，惋惜也罢，其实都无法改变甲午战争的发生及中国在甲午战争中战败的事实，过多的感情色彩反而有碍于我们对历史事件的真实把握。从历史发展的大趋势看，甲午战争的发生和中国在这场战争中的失败都是不可避免的大概率事件。从历史发展的大趋势、大脉络去观察历史事件，可以使我们从历史的细节中跳出来，也可以使我们在观察历史的时候少一些感情的因素。

从近代中国历史发展的大脉络来看，甲午战争只不过是发生在近代中国的无数次战争中的一次战争而已。近代中国积弱积贫的状况及近代世界的丛林法则使中国不得不接受一次又一次的战争蹂躏。近代以来，英、法、俄、美、日等列强或轮番或携手相继侵略中国，发生在 1894 年的甲午战争与近代中国遭受的历次侵略战争并无太多不同，要说特殊，无非就是发生年份的不同及侵略国家的不同。可以这样说，在 19 世纪末的中国，即便没有甲午战争的发生，也会有别的战争发生。

从近代日本的发展轨迹来看，随着日本在明治维新后的迅速崛起及其军国主义势力的不断增强，近代日本对中国的侵略也是预料中的事情。

日本作为东亚偏在一隅的岛国，领土面积的狭小，资源的匮乏，地质灾害的频繁都使其自古以来就对领土扩张具有一种近乎偏执的妄想。这种妄想在相当程度上就是近代日本军国主义萌生的基础。早在 14 世纪，丰臣秀吉就产生了"天皇居北京，秀吉居留宁波府，占领天竺"的念头。1716 年，并河天民向幕府呈献《开疆录》称："大日本国之威光，应及于唐土、朝鲜、琉球、南蛮诸国。"这是日本"大日本帝国"梦想和行动样式的最初版。1823 年，佐藤信渊的《宇内混同密策》更为日本设计了扩张的路径："皇国日本之开辟异邦，必先肇始自吞并中国。"由此可见，在日本还没有启动近代化步伐前，中国就已经成为日本领土扩张最为觊觎的对象。跨入近代门槛以后，

"脱亚入欧"的文化选择在推动日本社会迅速完成近代化转型的同时，还促使近代日本迅速走上了军国主义的道路。作为亚洲国家的日本选择"脱亚入欧"，不仅仅意味着自强，还意味着自强之后一如欧洲列强一样对亚洲国家特别是对近邻中国、朝鲜的殖民扩张。这种取向在明治维新启蒙思想家福泽谕吉的《脱亚论》中得到了清晰的阐述，他在该文中宣称，日本"不应为等待邻国之开明共振亚洲，而犹豫不决。莫如摆脱当前之处境，与西洋之文明国共进。对待中国、朝鲜，也无须因是邻国而有所顾虑，应按西洋人之方法而行"。

学术界一般认为，开始于1868年的日本明治维新，不仅开始了日本的近代化及自强之路，还开启了近代日本的军国主义大门，使日本迅速走上了侵略扩张的军国主义道路。以日本天皇为首的明治政府成立之初就制定出对外扩张的"大陆政策"。"大陆政策"把对外扩张分为五期：第一期征服中国的台湾，第二期征服朝鲜，第三期征服中国的满蒙地区，第四期征服全中国，第五期征服南洋、亚洲至全世界。在自明治维新至第二次世界大战的数十年时间里，日本军国主义步步推进，得寸进尺，将这一近乎狂妄的军国主义计划推及亚洲的大部分国家，给亚洲人民带来巨大的痛苦与灾难。近代以来日本军国主义的恶性膨胀是其邻国的噩梦，自1894年中日甲午战争至1945年8月15日日本天皇宣布投降，中国、朝鲜、新加坡、越南、泰国、菲律宾、印度尼西亚、缅甸等亚洲国家及地区都曾遭受过日本的侵略。

从近代日本军国主义膨胀的轨迹来看，近代日本对中国发动战争具有必然性。1894年1月，朝鲜所爆发东学党起义正好为日本出兵朝鲜进而进攻中国提供了一个契机。由近代日本殖民扩张的战略目标来看，出兵朝鲜仅仅实现其军国主义梦想的第一步，只要有第一步，就会有第二步、第三步。近代日本军国主义的战争机器一旦启动，战火必然燃及中国。就甲午战争而言，日本的军事行动具有严密的有序性、计划性，其行动一环扣一环，直至达到其战略目标。我们来看几个大的时间节点：1894年1月，日本借口保护侨民出兵朝鲜；6月，日本增兵朝鲜；7月，日军包围朝鲜王宫，成立傀儡政权，当月25日，日军在牙山口外丰岛海面袭击清军运兵船"高升号"；9月17日，日本联合舰队在黄海海面袭击北洋舰队；10下旬，日军由陆路攻入辽东；1895 年 1 月，日军分海陆两路向位于山东威海卫的北洋舰队基地发起总攻。从整个过程来看，由朝鲜而及中国，由海上袭击而及陆地进攻，最后通过逼签《马关条约》，初步实现了其"大日本帝国"的梦想。整个过程严密有序，步步推进。反观清朝方面，从头到尾毫无章法可言，北洋海军在黄海拼死一搏后则龟缩威海卫坐以待毙，焉有不败之理？

从历史发展的大脉络、大趋势分析，近代日本必将对清王朝发起军事挑战，而且这种挑战绝非以获取蝇头小利为目的，而是以征服中国为最终目标。以慈禧太后为首的清政府显然没有意识到或者说是不愿理会这场战争的凶险性，在战与不战之间左右摇摆拖延，最终失去了战争的主动权及获胜的可能。

三

史学界论及甲午中日战争的爆发，一般以 1894 年 7 月 25 日日军袭击"高升号"运兵船为标志，这种划分法是为了突出日本对清朝发动战争的主动性，突出这场战争的侵略性特征。"高升号"被袭事件后六天，即在 8 月 1 日，清朝正式对日宣战。既然是宣战，就意味着清朝正式视日本为敌对国并宣布双方进入战争状态，也同时意味着要承担战争的后果。这种后果主要有两种可能，或者胜，或者败。不幸的是，清朝最终面对的是失败。不管是大战之前清政府内部帝、后两党之间的内讧，还是当时的最高决策者西太后对战争风险的无视以及主战的帝党一派实权的缺乏，都早已决定了这场战争的最终结果。只是这个结果对于清朝而言代价可谓太过惨重，其代价大者有三，一是战争之后，中国正式承认日本对朝鲜的控制，这不仅意味着清朝自此失去了一个藩属国与战略屏障，也意味着作为大清"龙兴之地"的东北地区就此成为列强尤其是日本觊觎的对象。二是台湾及附属岛屿和澎湖列岛被日本强占，台湾从此孤悬海外，与祖国失联达半个世纪。在这半个多世纪的时间里，台湾人民饱受日本军国主义的欺凌。台湾电影《赛德克·巴莱》正是台湾这段悲情历史的缩影。三是日本向清朝索取的战争赔款达两亿三千万两白银，加上价值 1 亿两白银的战利品，合计相当于日本当时 7 年的财政收入。这笔巨额战争赔款不仅成为近代日本完成军事现代化的重要支撑，也为后来日本大规模侵华创造了条件。其实对清政府而言，损失何止这些，清朝在中日战争中的失败，以惨烈的方式宣告了清王朝自鸦片战争以来在政府层面自强努力的流产，也使各阶层人士普遍对清政府的权威、能力产生了怀疑。战争之后，戊戌维新运动、义和团运动、革命民主主义思潮相继涌现，这些运动多以改革或推翻清政权为目标。1911 年，也即在甲午战争之后仅十余年，清政府就最终为新生的中华民国所取代。对近代中国而言，甲午战争的失败不仅使中国面临空前的民族危机，也使近代中国人对物质文化层面上的近代化的作用产生了怀疑。这种怀疑促使当时的有识之士开始提倡制度上的变革，制度文化层面上的匆忙变革反而葬送了近代中国变法成功的可能性。

相较战败者而言，战争的胜利者不仅易于忘掉战争的创伤，更易于忽略自己给战败国带来的伤痛。今天的日本政府对历次侵华战争的暧昧态度就说明了这一点。在国与国的交锋中，胜利的喜悦容易让人遗忘，而失败的伤痛则难以忘怀。当一个国家处于发展低谷的时候，战争的失败及国破家亡的痛苦尤让国人撕心裂肺、难以自拔。若这个国家走出谷底，逐渐富强起来，过去的苦痛成了回忆，国人反能以平静、理智的眼光去回顾过去的苦痛。

原载《深圳特区报》2014 年 6 月 10 日 C2 版。

再论辛亥革命的历史地位与深远影响

　　1911 年爆发的辛亥革命在中国历史发展的长河中具有划时代的意义。这场伟大的革命宣告了中国两千多年专制皇权统治的瓦解，随着中华民国临时政府的成立，这个曾经古老的帝国焕然一新，新纪元、新国旗、新总统、新首都，新约法，一切都象征着旧时代的结束与新时代的开始。一场革命将中国历史判然分为新旧两个时代，可见这场革命在中国历史上的重要地位。当历史推进到 21 世纪，站在辛亥革命百年后的今天重新回顾这场"颠覆乾坤"的伟大革命，愈能感受到这场革命在近代中国所掀起的巨大波澜，对未来中国历史发展所产生的深远影响。

一　辛亥革命是中国历史长河中具有划时代意义的标志性事件

　　梁启超在论及晚清社会的特征时曾说："今日之中国，过渡时代之中国也。""过渡时代"的总特点就是国人既欲抛弃旧有的"专制之政"又未能找到"新政体"以代之，于是，"全国民族，亦遂不得不经营惨淡，跋涉辛苦，相率而就于过渡之道"①。在鸦片战争至辛亥革命前夕半个多世纪的漫长"过渡时代"中，一方面是"旧政体"的继续存在，另一方面是全民族对"新政体"的不懈追求。在辛亥革命没有爆发以前，"旧政体"虽然已经千疮百孔，但从太平天国革

---

　　① 梁启超：《过渡时代论》，《饮冰室合集》文集之 6，中华书局 1989 年版，第 27、29 页。

命失败，到维新党人亡命海外，再到黄花岗起义七十二烈士喋血街头，"旧政体"势力之强大仍然让国人看不到"新政体"的任何希望。

辛亥革命的爆发与成功使近代中国由此一举摆脱"过渡时代"的胶着状态，故辛亥革命是近代中国社会发展史上的具有划时代意义的标志性事件，这次事件标志着一个旧时代的结束与一个新时代的开始。所谓旧时代的结束，不仅指清王朝专制统治的结束，也意味着中国两千余年朝代相传的帝王统绪的终结。从这个意义上看，辛亥革命在中国近代史上甚至在整个中国社会发展史上都具有划时代的意义。与旧时代的终结相伴随的就是新时代的开始，"中华民国"这一崭新的国名，在中国历史上第一次将国家与"中华"联系起来，与"人民"联系起来。"中华"与"人民"从此成为凝聚与号召全体中国人的两面旗帜。从1912年成立的"中华民国"到1949年成立的"中华人民共和国"，再到当代中国的近百年间，"中华"与"人民"这两个神圣的字眼都以国名的形式清晰地呈现在国人面前，中国人从此将自己的命运与国家、民族而不是与皇帝之类的独裁者联系起来。

辛亥革命与中华民国的创立是华夏民族发展史上的两件大事，民主共和的观念从此深入人心。在以后的岁月中，不管有多少个袁世凯、张勋，中国的发展方向都不可能再回头了，毕竟中国人的步伐已经迈入了新的时代，到过新时代的人民还愿意退回到旧时代吗？试图复辟帝制的袁世凯最大的失误就在于没有看清历史发展的大势，没有理解近代国人对于帝制是何等的深恶痛绝。近代国人所以对帝制深恶痛绝主要是源于清朝专制政府在内忧外患面前的拙劣表现，清政府在接踵而至的危机面前所表现出的颠顸让国人不仅对清政府也对帝制最终失去了信心。推翻清政府、铲除帝制在辛亥革命前夕已经成为国人的共识，也正是有这种共识，辛亥革命才能在短短的时间内由武汉扩展至全国。

国难是独裁政府与专制帝王面对的最大风险，在国难面前，如果不能担当起救国救民的重任，独裁政府与专制帝王失去的不仅仅是神圣的面纱，还可能就此失去民众的支持，失去独裁的特权与帝王的宝座。民众作为推翻皇权的最主要力量何尝不曾是昔日皇权所依赖的基石？所谓"水能载舟，亦能覆舟"真是千古不易之训。对于辛亥革命之后的国人来说，复辟帝制不仅意味着旧政体的恢复，还意味着国人又将面临亡国亡种的威胁。历史有时让人感叹，昨日还是神圣不可侵犯的皇权一夜之间就从圣坛上跌倒在地，以后谁若试图再爬上这座已经失去神圣性的"圣坛"，他所收获的恐怕不是神圣而是耻辱。

二 辛亥革命是近代中国社会思潮流变中的一个转折点

社会思潮是指某些个人、集团、阶层、阶级在特定历史条件下围绕社会重大问题抒发并产生较大影响的思想主张、观点、意愿的总和。当国家、民族、社会面临重大危机的时候，不同层面的人往往超越集团、学派、阶层、阶级的局限，围绕迫在眉睫的社会问题进行思考并形成一定时代的思想潮流。近代中国由于面临国家危亡的威胁，故社会思潮迭起。考察从鸦片战争以来一百多年社会思潮发展的主线，会发现这样一个规律：在辛亥革命以前，中国近代社会思潮的演变有一条明显的主线。这条主线就是从嘉道时期的经世致用思潮，逐渐演变为咸同时期的洋务思潮，渐次演变为光宣时期的维新变法思潮及革命民主思潮等。这些迭次兴起的社会思潮都以救亡图存、振兴中华为鹄的。

近代中国面临亡国灭种的重大社会危机，这种空前危机使救亡图存成为近代中国的历史主题并推动着社会思潮的不断演进。在考察近代社会思潮演进的时候，我们不能忽略这个历史主题对社会思潮演变的影响。为说明问题，笔者于此引用陈天华在《警世钟》中对近代中国危亡局势的悲叹："长梦千年何日醒，睡乡谁遣警钟鸣？腥风血雨难为我，好个江山忍送人！万丈风潮大逼人，腥膻满地血如糜；一腔无限同舟痛，献与同胞侧耳听。嗳呀！嗳呀！来了！来了！甚么来了？洋人来了！洋人来了！不好了！不好了！大家都不好了！老的、少的、男的、女的、贵的、贱的、富的、贫的、做官的、读书的、做买卖的、做手艺的各项人等，从今以后，都是那洋人畜圈里的牛羊，锅子里的鱼肉，由他要杀就杀，要煮就煮，不能走动半分。唉！这是我们大家的死日到了！"亡国危险就像一把达摩克利斯之剑悬在每一个国人的头上，亡国灭种的危机感几乎成为那个时代的中国人的"时代焦虑"。正是在这种时代焦虑的催促下，近代中国不断寻找救亡图存的道路，社会思潮也如层层浪花不断向前推进，今日为新，明日则为旧。每种社会思潮初兴的时候都被视为纾解国难的灵丹妙药，一旦面临新的危难，已有的社会思潮则转瞬为新的社会思潮所替代。

嘉道以降，中国出现了千古未有的社会变局。内忧外患的困境唤醒了一部分士大夫的经世意识，他们纷纷把眼光投向现实，经世致用成为鸦片战争前后社会的主导思潮。传统的经世思想以补天救世、起衰救弊为目的，其主要内容是研究解决传统社会中面临的漕、河、盐、农诸大政及边疆问题，其特点是讲求实事、实功、实效。鸦片战争的爆发，面对西方的挑战与威胁，经世思想家从面向现实、讲求功利、注重实效的经世思想出发，认为要制驭"外夷"，必须了解"夷情"。在这样的背景下，研究世界史地与西方坚船利炮的著作相继涌现，这就使传统的经世之学在新的历史背景下注入了学习西学的内容。第二次鸦片战争的耻辱与太平天国运动的爆发推动经世致用思潮向洋务思潮转换。洋务思潮是经世致用思潮在新的时代背景下的直接延续，以学习洋枪洋炮为主要内容的洋务运动就是"师夷长技"思想在实践层面上的具体体现。甲午战争的爆发与失败则最终促成了洋务思潮向维新变法思潮的转换。甲午战争的失败不仅使近代中国人更深切地感受到亡国亡种的威胁，也使国人对洋务派的洋枪洋炮产生了质疑。既然西方的洋枪洋炮不行，学习西方的政治制度也许就是应急救国之道，维新变法思潮应运而生。在新的时代浪潮前，弊端日显的洋务运动转眼为时代所抛弃。在19世纪六七十年代，中国社会面临的是要不要向西方学习的问题，洋务思潮迎合了时代的要求，自然得领时代风气之先。但到了19世纪80年代以后，中国面临的已不是要不要学习西方的问题，而是向西方学什么的问题，学习西方的政治制度逐渐成为国人的迫切要求。当制度层面的问题浮现出来的时候，停留在物质层面的洋务思潮就成为过去时了。但政治体制的变革对于专制政府来说是一个敏感的话题，当维新变法进行到一定程度并超越了清政府的容忍范围的时候，镇压的到来只是一个迟早的问题。一百零三天，这就是以慈禧太后为首的清政府对变法新政所能容忍的期限！戊戌六君子喋血街头不仅说明清政府无法容忍"体制"内的变革，也说明清政府自此已经成为国人救亡图存的阻碍。历史演进到这个时候，以推翻清政府为宗旨的革命民主主义思潮顺理成章地登上了历史舞台。

不管是经世致用思潮，还是洋务思潮、维新变法思潮，其倡导者大都是清政府体制内的知识分子或开明的官僚群体。从倡导经世致用的魏源、龚自珍到倡导洋务的曾国藩、李鸿章再到倡导维新变法的康有为、梁启超，他们所倡导的革新内容虽各有不同，但其思想与活动都在清政府所容忍的范围内。维新变法试图在政治体制层面有所变革即遭到以慈禧为首的清政府的镇压。革命民主主义思潮标举起推翻清政府的旗帜，从而与以往任何以维持清政权稳定为基本目标的社会思潮有了根本性的区别。

晚清政府在面临内忧外患时，也曾做过一系列的努力，可以这样认为，起码在"清末新政"以前，清政府都试图扮演起改革主导者的角色。但历史的发展并不理会清政府的努力，末代王朝的任何努力似乎都事与愿违。甲午战争的失败使清政府数十年的自强努力瞬间成为泡影；戊戌政变则葬送了清政府内部改革派在体制层面变革的努力。清政府至此已成为"失败政府""反动政府"：洋务运动的失败说明清政府是一个无能、失败的政府，对维新变法的镇压则说明其是一个反动政府。失败政府、反动政府在其末日来临的前夕越是挣扎、自救，越让人民感受到它无能、暴虐的一面。反动的、无能的、暴虐的政府必须推翻它，政治高压下的民众一旦认识到这个道理，则会毫不留情地加入到推翻旧政府的洪流中。孙中山创立兴中会时所标举的"驱除鞑虏"的革命口号的伟大意义不仅在于将旧政府的反动、暴虐的一面展示了出来，还在于石破天惊地喊出了打倒清政府的口号。神圣的东西在神圣时自然是高高在上，一旦神圣的面纱被揭开就露出了木胚泥胎。在历史的关键点上，谁有勇气揭开这个面纱，谁就成为历史的英雄。年轻的革命者邹容在《革命军》中高呼"中华共和国万岁！""中华共和国四万万同胞的自由万岁！"一时"大动人心"。具有号召力的文字多么简洁、充满情感而又让人警醒。慢慢长夜中，当朦胧的希望突然清晰后，近代国人从此心向"中华共和国"。在这样的美好希冀前，旧政府不管如何亡羊补牢，如何"新政"，都无法弥补国人对它的失望，也无法阻止国人对新生活的渴望。

三　辛亥革命在相当程度上决定了 20 世纪中国社会的发展格局

辛亥革命的发生是近代中国的重大政治事件，它的发生不仅仅意味着清政府的垮台与中华民国的建立，还对 20 世纪中国社会的发展格局产生了深远影响。

第一，辛亥革命的成功为近现代中国开启了通向中华复兴的大门。

从历史发展的大脉络来看，任何一个国家的发展都会呈现出时起时伏的状态。当一个国家面临危亡的时刻，某种程度上也即这个国家即将走出低谷的时刻，当然这个时刻也正是最黑暗、最痛苦的时刻。从 1840 年鸦片战争爆发至 20 世纪初年，这半个多世纪就是中国历史发展中的一个低谷，也是中华民族所面临的最黑暗、最痛苦的时代。在这样的时刻，只有那些具有非凡洞察力的先行者与思想者才能在黑暗中窥见前方微弱的亮光，并以此鼓舞国人于绝望中仍存希望。"萃四万万人之思想以谋之，合四万万人之材力以赴之，安在今日之衰亡，不可为美日之强盛哉？"[1] 正是这种民族复兴的希望使近代中国人不至于沉沦而仍负重向前。从这个角度看，近代中国史就不仅是一部中华民族的血泪史，也是一部近代国人为了中华复兴而不断奋争的历史。为了抵抗西方列强的侵略，实现中华民族的伟大复兴的梦想，一代代中国人在他们的那个时代做出了他们所能做出的最大努力。为了这个梦想，嘉道时期的知识分子放弃了汉宋学术之争，在经世致用的层面上达成学术兼容的共识。为了这个梦想，近代中国人放弃了"华夷之辨"的文化优越感，开始俯下身来学习与引进西方的坚船利炮、声光化电。为了这个梦想，维新党人敢于冒触犯专制皇权的风险，开始尝试制度层面的变革。这一切的努力最终所以成了泡影，其根本的缘由

---

① 麦孟华：《论义民与乱民之异》，《清议报》第 52 册（1900 年 7 月 26 日）。

还是传统专制体制的阻碍。在国家民族的命运与小朝廷的安危之间，独裁者往往会选择后者。在国家危亡的关键时刻，清政府为了继续其独裁统治不惜一次次牺牲国家民族的大利益，近代史上的一个个不平等条约就充分说明了这一点。独裁统治不除，旧朝廷不灭，近代中国的复兴之梦就永远是一个空想。辛亥革命推翻了清王朝的统治，也就扫除了中国人复兴之路上的最大障碍，辛亥革命的成功为近现代中国开启了通向中华复兴的大门。自此以后，不管前方的复兴道路有多么曲折，全体中国人民在"中华"兴盛与"人民"富强两大旗帜的昭示下，为了中华民族之伟大复兴而不惜赴汤蹈火、奋勇向前。

第二，孙中山的思想：辛亥革命为后世中国留下的最宝贵遗产。

辛亥革命的成功与中华民国的成立是中国历史上开天辟地的大事。新纪元、新国旗、新政权、新国名、新总统、新首都、新法律，突然间涌现出的新事物让民国初年的国人眼花缭乱。一夜之间到来的新事物能够存在多久还需要时间的验证，许多当年的新事物在历史的长河中终究是昙花一现，而饱含着辛亥革命真精神的东西则在岁月的磨砺中愈显光华，成为激励与团结中华民族的精神财富。孙中山的思想是辛亥革命为后世中国所留下的最为宝贵的精神遗产。

李大钊在为孙中山所写的挽联中曾这样写到：孙中山"砥立于革命中流，启后承先，涤新淘旧，扬民族大义，决将再造乾坤；四十余年，殚心瘁力，誓以青天白日，红血红旗，唤起自由独立之精神，要为人心留正气"。这是对孙中山一生革命经历的浓缩，也是对孙中山所献身的近代中国革命民主伟业的高度评价。革命民主事业扬民族大义，顺应历史大潮，故深得民心。孙中山献身于革命民主事业，不仅为近代国人所拥护，也为后世国人世代敬仰。

革命民主伟业之于近代中国具有"再造乾坤"的历史意义，所谓"再造乾坤"就是推翻清政府，创立民国。这一目标在当时能凝聚民众就在于它是那个时代的中国必须完成的一个目标。不完成这个目标，等待中国的也许就是亡国亡种的命运。当孙中山标举起"再造乾坤"的大旗时，无数的海内外中国人所以不惜身家性命汇集在这面大旗之下，就在于这面旗帜指向中国的新生。这个目标是属于国家的，是属于全民族的，它超脱了个人名利与党派纷争的束缚与局限，故对这个目标的追求就是"扬民族大义",是"为人心留正气"。在这一奋斗过程中,孙中山逐渐成为海内外所有愿为中华民族的新生而努力的中国人的革命领袖。在今天,孙中山的思想与精神则成为凝聚两岸四地中国人与全球华侨华人的精神纽带。

孙中山所揭橥的"三民主义"以"民"为中心,意在唤起亿万国人的"自由独立之精神",顺应了近代中国"涤新淘旧"的历史潮流。虽然限于时代的限制,"自由独立之精神"在近代中国只能停留在文字上,但随着时代的不断进步,以"民"为核心的"自由独立之精神"这个目标越来越明晰,也越来越紧迫。当全体中国人以"自由独立之精神"为目标而不断向前迈进时,孙中山与"三民主义"就已经超越了政治人物、政治纲领的简单含义,而升华为一种具有民族精神的文化符号与象征,这是辛亥革命留给后世中国的珍贵遗产。

第三,辛亥革命的不彻底性决定了未来中国道路的曲折性。

从 1911 年 5 月四川保路运动爆发到 1911 年 10 月 10 日武昌首义,再到 1912 年 1 月 1 日中华民国成立,整个中国在这半年多的时间里发生了翻天覆地的巨大变化。变化所以这样快不仅仅是因为旧政权已经千疮百孔,还在于国人对旧政权的厌恶太深,一旦打响反叛的第一枪,则会引发多米诺骨牌式的反应。武昌首义后一月,全国就有十四个省区起义即是明证。胜利来得太快也为未来中国的发展留下了阴影,正如当时的《泰晤士报》所发表的评论:"历史上很少见到如此惊人的革命,或许可以说,从来没有过一次规模相等的、在各阶段中流血这样少的革命,革命的最后阶段是否已经达到目的,这是未来的秘密。一些最了解中国情况的人不能不怀疑,在一个拥有四亿人口的国家里,自从最遥远的历史早期以来,皇帝就像神一样统治着他们;在这样的国家里,是否能够突然用一个同东方概念和传统格格不入的共和国政府形式,来代替君主政体?"① 没有必要去质疑是否应该以共和政体代替君主政体,中华民国的成立已经回答了这个问题。需要质疑的问题是:中国需要多长的时间才能真正完成从君主专制到

---

① 中国人民政治协商会议广东省委员会文史资料研究委员会编:《孙中山与辛亥革命史料专辑》,广东人民出版社 1981 年版,第 327 页。

民主共和的转换？中国毕竟是一个有着数千年皇权专制历史的国家，要完成向民主共和的跨越可不是一朝一夕的事情。袁世凯复辟、北洋军阀割据、张勋的辫子军等政治闹剧见证了这个历程的艰难。

近代中国要真正迈入民主共和的新时代，不仅需要通过革命完成政权的转换，还需要经历一个思想启蒙的过程。自"五四"始，先进的中国知识分子就开始了启蒙民众的工作。于此需要强调两点：一是这个启蒙绝非短时期所能奏效，清除几千年历史的专制文化的影响需要一个相当长的过程。从辛亥革命至今已经一百年，一百年的时间看似很长，但把这一百年的时间与中国的专制历史相比就显得太短了。传统专制思想作为一种文化基因很难清除，它就如一个幽灵一样一不小心就会复活、泛滥。二是思想启蒙不仅指对民众的启蒙，还应包括对英雄人物的启蒙。民主、民权不仅应成为民众的追求，更应成为英雄人物的自觉追求。在历史的大转折关口，改变历史方向的不仅有民众，英雄人物对历史进程的巨大影响亦不可轻视。如果说对广大民众的启蒙缺位是维新变法失败的一个重要原因，那么英雄人物的启蒙缺位则是辛亥革命失败的一个重要原因。袁世凯对专制皇权的迷恋就几乎断送了近代国人的民国梦想。

"历史大势浩浩荡荡，顺之者则昌，逆之者则亡"，孙中山此语既是对他自己人生选择的一个说明，也是对辛亥革命、对中国历史发展大势的一个最好注解。孙中山之所以成为"建国山斗"而为世代中国人所敬仰，就在于他顺应了历史的大势，并敢于为之而奉献终生。辛亥革命所以能名垂千古，也在于顺应了历史大势。近现代中国历史的发展就如浩浩荡荡、奔流不息的长江，不管经历多少曲折，必将奔向中华复兴的伟大目标。

本文为广东省纪念辛亥革命100周年理论研讨会参会论文。

四川保路运动爆发及失控缘由探析

　　1911 年，鄂、湘、粤、川四省人民发起反对铁路国有的运动。鄂、湘、粤的反对运动在清廷的高压政策下逐渐偃旗息鼓，四川保路运动却愈燃愈烈，直至扩展衍化为颠覆清朝统治的辛亥革命。虽说清朝的灭亡有其历史必然性，但一个地方性的群体事件在短时间内迅速扩展为波及全国的暴力革命，却有令人深思之处。关于四川保路运动爆发并最终引发全国性革命，以往的学术研究成果多从历史发展规律的宏观角度进行探讨。[①] 本文在探讨四川保路运动爆发原因的同时，主要侧重从政府决策、官员任免、朝廷大员与地方官之间的分歧与矛盾、军队布防及应急措施等微观角度去探讨其最终失控的原因。在论述中，笔者特别强调清廷在处置突发性地方事件时与地方的隔膜。这种隔膜有诸多体现，一是朝廷在制定与地方绅民利益有关的重大决策时不顾及地方民众利益，当地方群体性事件爆发后仍以朝廷利益为

---

　　① 目前出版的有关中国近现代史的史学专著一般都将四川保路运动视为辛亥革命的先声，这其实是从历史发展规律的宏观视角考察四川保路运动。这种宏观视角在考察四川保路运动的爆发时，一般将清政府"把铁路权利出卖给帝国主义"，激起"民众的愤慨和反抗"视为运动爆发的主因（《中国近现代史纲要》，高等教育出版社 2007 年版，第 58 页）。近年来，有部分学者开始尝试从社会运动的角度去分析四川保路运动的爆发与失控。如薛霞认为：四川保路运动的爆发与失控就与清政府在解决社会矛盾时一味使用强力有关（薛霞：《从社会运动视角解读四川保路运动的爆发》，《成都理工大学学报》（社会科学版）2011 年第 5 期。该文侧重从社会学角度展开问题分析，但并未就清政府如何"使用强力"展开详述。何一民则从社会动员的角度对四川保路运动的爆发进行了分析（何一民：《现代化视野下的社会动员与辛亥革命——以四川保路运动为例》，《社会科学》2011 年第 10 期）。该文主要从民众角度探析保路运动的爆发与扩展，对清政府的应对措施则少有论及。本人在展开分析时，对清政府在处理四川保路运动的应对措施，即清政府如何具体使用"强力"，有详尽的论述。

重，态度与措施强硬，一意孤行；二是朝廷在处置地方群体性事件时过分倚重与信赖中央派出的"重臣"，忽视地方官员的判断，地方官员谙熟局势却得不到朝廷信任，动辄得咎，① 朝廷派出处理危机的"重臣"在整个过程中远离事件的中心，对事件真相与具体环境缺乏了解，导致朝廷对整个事件的判断出现偏差进而作出错误的判断与决策。

一　朝廷与地方民众之间的隔膜：朝廷对川民利益的漠视

1903 年，川督锡良上奏朝廷，请求"自设川汉铁路公司，以开利源而保主权"②。次年，官办川汉铁路公司在成都成立，开近代中国自办铁路之先河。1907 年，川汉铁路改为商办。"川汉铁路"是首条由中国人自己集资修建的铁路，其筹建资金采用集股方式，股份获取分为购股、商股、租股三种方式，年息六厘，前两种主要为有产者认购或派认，租股以有土地者为对象，按粮册摊认，凡实收租谷在 10 石以上者按所收谷数提三成，按市价折银，每年征粮时带收。一般民众则通过厘金的方式强制抽收百货厘金股，值银一两收一至三厘。路股的抽收，使"四川六七千万人民，不论贫富，与民办铁路都发生了经济上的联系"③。

1911 年 5 月 5 日，给事中石长信上折奏请将粤汉、川汉铁路收归国有。在石长信上奏后仅四天即 5 月 9 日，由盛宣怀主持的邮传部即以上谕形式发布铁路干线收归国有的谕令。5 月 10 日，邮传部和度支部致电湖广总督瑞澂、两广总督张鸣岐、四川护督王人文、湖南巡抚杨文鼎，要他们选派大员，查明川汉、粤汉铁路公司账目，以便请

① 有学者又以"对峙"来形容四川保路运动期间清中央政府与四川地方政府之间的关系（刘正祥、徐精鹏：《四川保路运动时期四川地方政府与中央政府的对峙——兼论清朝覆灭的原因》，《社会科学研究》1998 年第 4 期）。笔者认为以"隔膜"一词来形容四川保路运动期间清中央政府与四川地方政府之间的关系较"对峙"一词更为妥当。

② 《四川总督锡良奏请自设川汉铁路公司折》，戴执礼编《四川保路运动史料》，科学出版社 1959 年版，第 1 页。

③ 吴玉章：《辛亥革命》，人民出版社 1963 年版，第 22 页。

旨办理。当川汉铁路公司股东得知川汉铁路收归国有及川汉公司账目被接收的消息后，一时"函电纷驰，争议嚣然"。5月16日，川省铁路公司第一次股东大会召开，与会代表步行前往督署请愿，四川保路运动由此发轫。

铁路收归国有之所以在川掀起轩然大波，一个重要原因就是朝廷的决策漠视、触犯了四川绅民的利益。按盛宣怀的设计，川路公司募集的1400万股款，倒款亏蚀的300万元，政府不管；川路公司已用、现存之款，朝廷也概不退还现款，只兑换为国家铁路股票。清廷是时国库空虚，所谓国家股票不过是空头支票而已，以股票换取川人路权，无异于强夺川人之财。民众对此看得很清楚：清廷的做法就是"白夺吾路，白夺吾款而已，至我路则未计及也"①。政府夺民之利，不仅失民心，还易引发祸乱。《大公报》曾载文指出："非但个人不能侵害国家权利，即国家亦不能侵害个人权利。权利不均，竞争因之而起，竞争一起，祸乱随之。此在专制时代犹不能以威力相逼压，况立宪时代乎。"② 同样是铁路收归国有，为何川民的反应较粤、湘、鄂强烈呢？时任广西巡抚的沈秉堃曾有评析："（川省）所收租股，与零星劝集之股，开办较各省为先，收数较各省为巨。无论贫富贵贱，男女老幼，人人皆认自办。实与粤省之股出自商富，鄂省之集股无多，湘省之先办劝股，甫办租股者，情形各别。人民视财如命，一闻国有，各怀生命之忧，虽谕旨惶惶，妇孺终难共喻。且粤路股票，从优发还六成，其余四成，并准发给国家无利股票；湘、鄂商股，均准照股发还，而湘路所筹租、米、盐、房各股，既奉明旨停抽，其已收之股，又奉明旨准分别作为民股及地方公股。故湘、鄂、粤三省人民，已晓然于朝廷恤民之厚泽，经国之远图，不复妄生异议。至川省则集股既早且久，股数之多，股民之众，复在各省之上，委因经理非人，亏倒巨款，多归无着。用人不当，其最止于被用之人，而多数小民，血本被蚀，则其疾痛而呼父

---

① 戴执礼编：《四川保路运动史资料汇纂》，台湾"中研院"近代史研究所史料丛刊（23），1994年，第637页。

② 梦幻：《论政府对待湘鄂等省争路之风潮》，《大公报》1911年6月5日（报头）。

母，亦属恒情。"① 川省集股面大，涉及民众众多，加之朝廷在解决鄂、粤、湘、川铁路国有问题上，实行区别对待的政策，未顾及川人的利益，引发了川人的不平之心。粤汉铁路收归国有虽小有风波，最终还是朝廷胜出。粤汉铁路的顺利收归，也使朝廷在处理川路问题上可能采取更强硬的态度。在民众处于政府的有效控制时，采取强硬姿态可以保证政府行为的顺利推进，但问题的另一面是，一旦政府不能对民众实施有效控制时，采取强硬姿态则有可能引发大规模的民乱甚至革命。

二 朝廷大员与地方官员之间的隔膜及矛盾

时任四川劝业道的周善培在评点晚清政府处理川路运动的失误时曾说："自来坏事的，都不坏在他所疑所远的人，而是坏在他所信所亲的人。"② 所谓"所疑所远的人"当指王人文等川省地方官员，"所信所亲的人"则指端方、盛宣怀等中央要员。盛宣怀作为邮传部尚书，是铁路国有政策的制定者；端方作为督办粤汉、川汉铁路大臣，是负责铁路收归具体事宜的中央大员。不管是作为政策的制定者，还是作为政策的执行与督办者，他们都不会在铁路收归问题上有太大的让步。当川路运动发生后，四川地方官员的重点在平息事件，对路民则持妥协态度；而盛、端等人的关注点则在督办地方收回铁路，且他们远离事发地，对事件缺乏切实感受。具体感受、处理思路上的差异，必然引发地方官员与中央大员之间的分歧与矛盾。

1911 年 5 月 16 日，川省铁路公司召开第一次股东大会，与会代表在会议后步行前往督署请愿。四川护督王人文身处事件中心，能真切感触到事件的潜在危险性，他在接见请愿代表后，不仅向朝廷代呈了川路公司的奏文，还向朝廷提出了顾及民意绅愿，暂缓接收铁路国

① 《广西沈幼岚中丞秉垫致内阁请代奏电》，盛宣怀《愚斋存稿》（四）卷 83，沈云龙主编《近代中国史料丛刊续编》第 13 辑，文海出版社 1975 年版，第 1750 页。
② 周善培：《辛亥四川争路亲历记》，重庆人民出版社 1957 年版，第 2 页。

有的建议。^① 6 月 3 日，王人文收到朝廷答复的谕旨，这份谕旨不仅申斥王人文代呈，还斥责川路公司"亏倒巨款，殃民误国"，并声明朝廷的国有政策"既经定为政策，决无反汗之理"^②。20 世纪初的中国，民心思变，社会变革思潮纷呈出现，人民权利意识普遍觉醒，清朝统治已呈坍塌迹象，在这样的时刻，若政府不顾民意强制推行政策，极有可能引发海啸般的民乱。"政府要硬对付争路的人，我们也将改变办法来一个硬对付了"^③，可惜盛宣怀、端方等人并没有意识到这种风险，处于专制权力上层的官员对社会潜在风险的感知有时十分迟钝，这其中既有离底层社会太远的原因，也有对权势过于自信的因素。

为防止川民通过电报四处联络，盛宣怀下令禁止邮电局"代发关于路事之电"^④，截断四川通往外地的电报通道。盛宣怀还随即制定出"收回干路详细办法"^⑤。这个办法对于四川股民尤其不公，"川汉彩票股和各项公捐股，发给无利股票"，公股不给息的决策更加激化了川民的不满。6 月 15 日，王人文再次致电内阁，建议以"实名制"的方式解除电报禁令，试图用"如此变通办法，庶弭隐患而安人心"^⑥。王人文等到的回应是革职拿问，朝廷对他已经失去了耐心，清廷需要的是路权而非地方督抚的屡次反对。失去耐心的还有四川路民，6 月 17 日，专门领导保路运动的组织机构四川保路同志会成立。成立之日，成都各团体在铁路公司开会，"到者二千余人，会场秩序甚整静，多痛哭失声"^⑦。四川保路同志会随即在各州县成立保路同志分会，事态向有组织的对抗方向急剧变化。

① 《四川督抚王人文呈内阁请代奏暂缓接收川汉铁路电》，戴执礼编《四川保路运动史料》，科学出版社 1959 年版，第 158 页。

② 《宣统政纪》卷 54，中华书局 1987 年影印本，第 972 页。

③ 周善培：《辛亥四川争路亲历记》，第 9 页。

④ 周善培：《辛亥四川事变之我》，沈云龙主编《近代中国史料丛刊续编》第 26 辑，文海出版社 1974 年版，第 30 页。

⑤ 曾鲲化：《中国铁路史》，文海出版社 1970 年版，第 113 页。

⑥ 《王人文呈内阁并致度支部等报告清查川汉铁路账款困难情形电》，戴执礼编《四川保路运动史料》，第 172 页。

⑦ 《川路亦继湘鄂粤而起》，《申报》1911 年 6 月 25 日第 5 版。

　　王人文去职后，川督一职由曾镇压过四川会党起义的赵尔丰接任。赵尔丰若要坐稳位置，理应对川路问题采取强硬态度，但他对盛、端等人的措施并不苟同。在赴任途中，他就在致王人文的信中指责盛宣怀在川路问题上决策"乖谬"①；他以为"此时所最要者，在勿失民心"，若一味强硬，或引发大乱，"全国蒙祸"②。赵尔丰倾向于以和缓方式解决问题，这种思路显然与盛宣怀、端方等人发生冲突。宣统三年七月初，全川开始罢市、罢课、抗税。8月28日，赵尔丰与成都将军玉昆联名致电内阁，建议借款修路一事交资政院咨议局议决，认为若"目前迫令交路，激生意外"，"人心一失，不可复收"。端方随即参劾赵尔丰："庸懦无能，实达极点。"③9月2日，赵尔丰、玉昆参劾盛宣怀"殆大祸于全川"④。双方矛盾至此公开化。赵尔丰以为端方的强硬与"挑拨"使川路事件愈发难以解决：川人争路之热，"全省一致，妇孺亦皆号泣，虽百般开导，不能解释。故弟屡请早赐转圜，以定人心，而端（方）、瑞（澂）反联名奏参，从中挑拨，以至愈激愈烈，变端愈难"⑤。端方则以裕禄之鉴警告赵尔丰：若袒护乱民，将如袒护拳匪的裕禄一样"不保首领"⑥。

　　中央大员虽远离事件中心，却因与朝廷关系紧密而易获信任。当地方官员与中央大员发生冲突时，朝廷多偏向于认同后者的判断。当川路运动进入罢市、抗税阶段以后，清政府采信了端方的判断：川路运动再往下发展就是"拳匪"之举："据端方电奏，川中昌言废约，事变叠生，现已有罢市、罢课之举，由此变本加厉，焚香设坛，诵经

---

　　① 周善培：《辛亥四川事变之我》，沈云龙主编《近代中国史料丛刊续编》第26辑，第25页。
　　② 《赵尔丰致内阁陈川路如归商办大局不致破坏电》，戴执礼编《四川保路运动史料》，第297—298页。
　　③ 《端大臣来电》，盛宣怀《愚斋存稿》（四）卷80，沈云龙主编《近代中国史料丛刊续编》第13辑，第1697页。
　　④ 《玉昆等致内阁请代奏参劾盛宣怀操纵酿变请予罢斥电》，戴执礼编《四川保路运动史料》，第292页。
　　⑤ 《川督赵季帅寄东督赵次帅电》，盛宣怀《愚斋存稿》（四）卷83，沈云龙主编《近代中国史料丛刊续编》第13辑，第1746页。
　　⑥ 周善培：《辛亥四川事变之我》，沈云龙主编《近代中国史料丛刊续编》第26辑，第28页。

习拳之事，必将接踵而起等语。瑞澂电奏，情事相同。"① 这道谕令认同了端方、瑞澂的判断：若任川路运动发展，有可能重蹈义和团之乱，为避免这种后果出现，必须对川路运动严加惩办。清政府的这种强硬思维由来已久，早在湘省收回路权的运动中，湖南绅民的澎湃热情就使张之洞意识到了潜在威胁："三省绅民志坚气愤，其势汹汹，若此路不能收回自办，必致酿成事变，地方官无从弹压，以后诸事更难办矣。"② 这句话颇能反映专制政府处理民乱的思路：政府既定政策一定要执行，若民众稍加抵抗即妥协，以后任何政策的推行都会受阻。罢市、抗税使川路运动的危险度迅速提升，迅速向四川派出执行朝廷意志的"重臣"成为当务之急。端方作为当事重臣，自然是朝廷的首要人选，9月2日，朝廷派遣端方迅速入川查办铁路风潮，并谕令端方："入川后，首当宣布朝廷爱民至意及维持路政深心。"③ 在川民与政府已经离心离德的局势下，朝廷谕令还称"爱民至意"，着实有些滑稽。鉴于事态危急，清廷随即又谕旨端方"酌带兵队"入川。④ 在四川民众看来，端方与盛宣怀乃铁路国有肇始之人："酿乱萌者，实盛大臣，而端为之助。既丧主权以摇动国脉，复假君威而摧民气。"⑤ 在局势迅速恶化的情况下仍派端方赴川，无异于火上浇油。清廷在谕令端方迅即入川的同时，电饬赵尔丰"切实弹压，毋任日久酿乱。倘或养痈贻患，致滋事端，定治该署督以应得之罪"⑥。谕旨之严，赵尔丰终于迈出决定清朝命运的一步，9月7日，赵尔丰诱捕四川咨议局正副议长、川汉铁路股东会正副会长等人。次日，赵尔丰下令开枪弹压请愿民众，血案酿成。当民众的鲜血洒满四川总督府门前时，一场席卷全国的革命就此点燃。

成都血案是川路运动的转折点，向持折中态度的赵尔丰为何突然采取极端的暴力手段呢？促成这个转变的首要因素来自清廷的威压。

① 《宣统政纪》卷58，第1042页。

② 宓汝成：《中国近代铁路史资料》（三），中华书局1984年版，第772页。

③ 《清帝准端方调遣川军论》，戴执礼编《四川保路运动史料》，第310页。

④ 《清帝令端方迅速赴川不准藉词推诿论》，戴执礼编《四川保路运动史料》，第302页。

⑤ 《四川赴京路事代表刘声元叩阍书》，戴执礼编《四川保路运动史料》，第314页。

⑥ 《清帝令赵尔丰其实弹压川民论》，戴执礼编《四川保路运动史料》，第299页。

赵尔丰之所以诱捕蒲殿俊等人就是迫于朝廷"查拿首要"的谕旨。①
第二个因素则是缘于清廷对赵尔丰的不信任，这种不信任迫使他必须
采取矫枉过正的手段来恢复朝廷对自己的信任。赵尔丰督政四川，朝
廷却在 9 月 2 日派遣端方入川，显露出朝廷对赵尔丰的不满。传统中
国官场的升迁派遣包含诸多微妙信息，川籍在京官员于此就看得很清
楚："端（方）大臣入川，是朝廷知地方官办理不善，派来查办官
吏。"② 赵尔丰由温和转为强硬，与担心朝廷"查办"有相当关系。
第三个因素则是局势发展让赵尔丰的判断出现变化。9 月 5 日，成都
出现《四川自保商榷书》传单，其中有抗粮税、造枪炮、练兵勇等
内容。这份传单让赵尔丰迅速作出判断："抗粮税，造枪炮，练兵勇，
这与铁路什么相干？明是要背叛朝廷。"③ 赵尔丰的判断肇始于他所
处的阵营，和平为一道，镇压屠杀何尝不为一道呢？赵尔丰始则和
平，终则以枪相向，对于一个朝廷官员来说，只不过是"例行公事"
而已。

三 朝廷的应急方案与地方布防的脆弱

成都血案发生后，四川乃至全国的局势有陡然失控的危险，"若
不亟为拯救，万一相持不解，稍延时日，或有不轨之徒，从中鼓惑，
强者拼命于寻仇，弱者绝望于逃死，众志一睽，全体瓦解，终非国家
福也"④。面对"全体瓦解"的危机，清廷随即采取了一系列应急
措施。

其一，令赵尔丰严密防范，同时派遣岑春煊赴川会同赵尔丰办理
剿抚。9 月 15 日，清廷令开缺两广总督岑春煊赴川会同赵尔丰办理
剿抚。选择岑入川，说明清廷此时已经意识到：四川情形之严重，

---

① 《清帝令赵尔丰查拿首要先行正法论》，戴执礼编《四川保路运动史料》，第
308 页。

② 《四川同乡京官号召川人迅速解散静候查办电》，戴执礼编《四川保路运动史料》，
第 343 页。

③ 《赵尔丰奉旨拿办首要蒲殿俊等告示》，戴执礼编《四川保路运动史料》，第
318 页。

④ 《宣统政纪》卷 59，第 1053 页。

"似非严谕所能挽回，非简川人所信仰大员前往查办不可。凡办路之人，川皆反对，端方去必无益"①。岑春煊曾任四川总督，威望素著，清廷冀望"川人怵公威信，或可大半先行解散"②。清廷在匆忙间安排为川人所崇仰的岑春煊入川剿抚，已难以挽回大势了，得民心难，失民心易，可谓千古不易的真理。

其二，加强京畿安全，禁止聚众开会，防止各地民众相互串联。四川血案发生后，全国震动，声援活动此起彼伏，为防止波及北京，清廷谕令："京畿重地，亟应保卫治安，尤须严加防范。著学部严饬各学堂管理各员，认真约束学生，照常上课，不准随意出堂，干预外事。并著民政部、步军统领衙门，严行禁止聚众开会。"③ 为防止各地民众声气相求，清廷还于9月19日饬令各边省督、抚："加意防范，毋任川匪窜扰勾结，并饬地方文武严密稽查，遇有藉川路为名，开会演说情事，即行解散禁止，免致暗中鼓惑。"④

其三，调动军队迅即入川。成都血案发生后，清廷即刻"著瑞澂就近遴派得力统领，酌带营队，迅即开拨赴川"⑤。至9月13日，鉴于事态发展，清廷决定继续向川增兵，一是从湖北调集军队，"逐节前进，以为后援"⑥；二是同意瑞澂所奏，"由陕赴援，两面进兵"⑦。14日，清廷再令瑞澂："严饬所派赴川军队，不分水陆，设法兼程前进，务令克日抵川。"⑧ 18日，清廷"饬龙济光抽拨得力滇兵，按照新军营制编列步队两营，配齐枪械，承轮径赴宜昌，以备调用"⑨。

① 《寄上海岑宫保春煊武昌瑞制台澂昌端大臣方》，《愚斋存稿》（四）卷82，沈云龙主编《近代中国史料丛刊续编》第13辑，第1736页。

② 《寄上海岑宫保》，盛宣怀《愚斋存稿》（四）卷82，沈云龙主编《近代中国史料丛刊续编》第13辑，第1736页。

③ 《宣统政纪》卷59，第1051—1052页。

④ 同上书，第1060页。

⑤ 同上书，第1050页。

⑥ 同上书，第1055页。

⑦ 《武昌瑞制军来电》，盛宣怀《愚斋存稿》（四）卷82，沈云龙主编《近代中国史料丛刊续编》第13辑，第1733页。

⑧ 《宣统政纪》卷59，第1056页。

⑨ 同上书，第1059页。

清廷还谕令海军部调遣兵轮分赴川、鄂、湘三省以应不测。①

　　清廷十万火急地从四川邻省调兵遣将，说明当时四川特别是成都地区军队布防严重不足。成都血案前，赵尔丰之所以迟迟难下武力镇压的决心，就与其时四川军队布防脆弱不无关系，他对其时四川军队布防情况有过陈述："川中自改巡防以来，兵数过少，虽有五军，而两营仅抵从前一营半之用。川中盗匪素多，各营星罗棋布于外，省城兵势甚单，一遇有事，实属不敷分布。"② 兵力如此脆弱，若严加"拿惩，因此而必至全体抗拒，哄闹烧杀，又势所必至。而外州县设或同时扰动，军队只有此数，万难兼顾"③。

　　成都血案爆发后，军队布防问题立刻凸显出来："成都城外，乱民数万，沿途搜查。川北、川东兵不满千，无可调省。"④ 至于滇川、黔川边界，"驻兵最散最单"，无兵可调。⑤ 相比陕、甘、黔、滇等邻川军队，鄂军是可调的最近兵力。正如清廷谕令所言："此刻调拨他省军队，路途愈远，为时愈久，恐不足以济急。现在专恃鄂军，就近前趋，迅平此乱。"⑥ 可鄂军入川抵渝，"最速向须二十余日左右"。二十余日方能抵达事发地，可谓缓不济急。不管是朝廷方面，还是四川方面，此时都只能冀望于邻省军队加快步伐，其他别无良策，正如瑞澂所言："惟有催所派之兵，星夜进发，别无他策。"⑦ 与成都布防脆弱成为对照的是，其时四川各州县同志军纷纷驰援成都，赵尔丰对此曾有描述："连日已到各团，计西有温江、郫县、崇庆州、灌县，南有成都、华阳、双流、新津及邛州、蒲江、大邑等十余州县。一县

---

　　① 《海军部通知萨镇冰允瑞澂就近调兵舰并令沈统领派舰赴重庆电》，戴执礼编《四川保路运动史料》，第324页。

　　② 《赵尔丰致内阁请代奏筹款招兵电》，戴执礼编《四川保路运动史料》，第274页。

　　③ 《赵尔丰奏川人不听解散必用武力请主持电》，戴执礼编《四川保路运动史料》，第309页。

　　④ 《寄云南李仲仙制军贵州沈蔼苍中丞》，盛宣怀《愚斋存稿》（四）卷82，沈云龙主编《近代中国史料丛刊续编》第13辑，第1733页。

　　⑤ 《李仲仙制军来电》，盛宣怀《愚斋存稿》（四）卷83，沈云龙主编《近代中国史料丛刊续编》第13辑，第1749页。

　　⑥ 《宣统政纪》卷59，第1056页。

　　⑦ 《武昌端制军来电》，盛宣怀《愚斋存稿》（四）卷82，沈云龙主编《近代中国史料丛刊续编》第13辑，第1731页。

之中，又多分数起，民匪混杂，每股均不下数千人，或至万人。"① 形势演变已呈燎原之势，局面会随时失控。云南总督李经羲认为，以成都被围的情形看，问题有效解决的时限就是十天，否则"粮缺心乱，恐难久支"②。局势十万火急，朝廷不断谕令川界边省派发援军，地方大员则多推脱、拖延。盛宣怀曾抱怨："滇奏赴援须四十日，陕奏竟推无兵。"③ 端方直到 9 月 19 日才称"日内部署鄂军进行，均已就绪。惟鄂军一标，既须援省，又宜顾渝，兵力实有不敷"④，此时距朝廷令其带兵入川已有半月之久。

　　需论及的一个问题是：当民变发生时，军警是否绝对可靠？如果军心思变，倾向民众，则会对政权构成致命威胁，李稷勋所谓"川省民变可忧，尚不知兵变更可忧"正是此意。⑤ 川路运动以爱国主义相号召，很容易赢得军警的同情。川省铁路公司召开临时大会时，警方曾派出八名警员维持秩序，会议召开过程中，突然有人长叹："四川亡矣！"此言一出，整个会场哭声相和，"照料会场的八个警察也丢了警棍，伏在桌子旁边一同号哭起来"⑥。身处民变中心的赵尔丰早就发现了问题："地方所恃保卫治安，端在兵警；而争路狂热，深入人心，从前警兵，时有哭泣者。军队中则良莠混杂，且皆系本省之人，默查情形，殊不可测。"⑦ 故端方感叹："川中数年以来捐糜千百万金钱，教练新军，一旦有事，竟无可靠之兵。"⑧ 军警是作为暴力机器的国家控制民众、镇压民乱的武力后盾，民乱出现时，如果军警

---

　　① 《赵尔丰致内阁请代奏围城同志军已被击退及布署防剿情形电》，戴执礼编《四川保路运动史料》，第 347 页。

　　② 《云南李仲仙制军来电》，盛宣怀《愚斋存稿》（四）卷 83，沈云龙主编《近代中国史料丛刊续编》第 13 辑，第 1749 页。

　　③ 《寄贵阳沈蔼沧中丞》，盛宣怀《愚斋存稿》（四）卷 83，沈云龙主编《近代中国史料丛刊续编》第 13 辑，第 1744 页。

　　④ 《宜昌端大臣致内阁请代奏电》，盛宣怀《愚斋存稿》（四）卷 83，沈云龙主编《近代中国史料丛刊续编》第 13 辑，第 1755 页。

　　⑤ 同上书，1745 页。

　　⑥ 周善培：《辛亥四川争路亲历记》，第 10 页。

　　⑦ 《赵尔丰致内阁陈川人争路罢市罢课情形电》，戴执礼编《四川保路运动史料》，第 276 页。

　　⑧ 《宜昌端大臣致内阁请代奏电》，盛宣怀《愚斋存稿》（四）卷 83，沈云龙主编《近代中国史料丛刊续编》第 13 辑，第 1745 页。

都倾向于同情民众，甚至转而支持民众，军警就从维护现政权的暴力工具一变为威胁现政权的最为危险的力量。在这种情况下，军队的调动、布防还有什么意义呢？

结　语

岑春煊在论及清廷对于川路运动的处理时曾有如下评价："当事者不原其心，遽加以叛乱之名，群情愈激，变乱遂生。"① 川路运动之所以最终失控，其根本原因在于清廷的铁路国有化政策与民心相违，随后采取的一系列强硬措施更是将自己最终推向了以保路爱国相号召的民众的对立面。早在成都血案发生之初，御史陈善同曾上书建议处理川变时不可一味强硬，当"以民为本"，并请惩处盛宣怀以"安人心而弭巨变"②。当事件急剧发展至不可收拾的地步时，清廷才被迫开始考虑采取"和"的策略。9 月 19 日，清廷准沈秉堃所奏，散还零星民股，并按股散还川路亏倒股本。③ 可惜清廷的和缓态度来得太迟了，"人心一去"④，已经没有了转圜的机会。9 月 25 日，同盟会员吴玉章、王天杰在荣县宣布独立；10 月 10 日武昌首义；11 月 27 日，入川鄂军在资中反正，端方被杀；12 月 22 日，赵尔丰在成都被杀。一场发生在地方的群体性事件，最后衍化为导致颠覆全局的革命，也许是清政府始料未及的。

本文原载韩国高丽大学中国学研究所《中国学论丛》第 49 辑（2015 年 8 月），韩国培材大学赵殷尚副教授与澳门大学杨兆贵博士为本文的写作提供了建议。

---

① 《上海岑宫保寄内阁请代奏电》，盛宣怀《愚斋存稿》（四）卷 84，沈云龙主编《近代中国史料丛刊续编》第 13 辑，第 1761 页。
② 《宣统政纪》卷 59，第 1052 页。
③ 同上书，第 1060 页。
④ 《上海岑宫保寄内阁请代奏电》，盛宣怀《愚斋存稿》（四）卷 84，沈云龙主编《近代中国史料丛刊续编》第 13 辑，第 1762 页。

康熙《东莞县志》中的"祥异"与"忠烈"

清代文网严密,文字狱惨烈,其中尤以雍正、乾隆两朝为最,大批文化典籍在文字狱中被有组织地篡改、收缴毁灭。明清易代之际这一特殊的时间段由于禁忌太多更是成为清代学者的禁区,有关这一时期的历史真面目多已掩藏在曲意删改、修饰的文字背后。

清代顺、康两朝是清朝历史中比较特殊的一段时间,由于清廷此时尚在问鼎之初,故在思想文化领域的控制较后朝为轻。康熙时期虽已间有文字狱,但总的来看,康熙当政时期对知识分子采取的还是怀柔和宽容政策。加之这一时期的汉族知识分子有着或多或少的"遗民"意识,故这一时期各地所编撰的地方史志时有"拂逆"之语,无意中也折射出清初历史的本真面目。顺、康时期的官修地方志,由于清廷"官修"的权威性,故部分刻本能在后来的文字狱中躲过一劫,全身而存,成为研究这一历史时期的珍贵史料。清康熙朝东莞郭文炳所编的《东莞县志》就是研究明末清初东莞历史的难得史料。

一 关于康熙《东莞县志》的编者及其价值

在展开全文的论述前,有必要对康熙《东莞县志》作一简单的介绍。康熙《东莞县志》(以下简称康熙莞志)封面标明其编者为康熙年间东莞知县郭文炳。关于此志的成书过程与具体编撰者,杨宝霖先生曾有清晰的表述:"时朝廷命史馆纂修《一统志》,诏征全国各省县新志。东莞自入清以后,无新志之编,郭文炳于是组织编纂……由李作辑、张朝绅担任主编，郭文炳，以知县主持其事而已。"① 如此看来，郭文炳仅是名誉上的主编，其具体操刀者实为李作辑、张朝绅。郭文炳为河北博野人，李作辑，张朝绅则为东莞人。李作辑为东莞白市人，顺治十八年（1661）进士，曾官至云南大理知府；张朝绅为东莞万江租村头村人，康熙三年（1664）进士，曾任山东高密县令。由此可见，康熙《东莞县志》的编纂者是地地道道的东莞人，其记载也就具有了更多的地方色彩与可信度。

关于该志之于东莞历史研究的特殊性与价值，正如有学者指出："崇祯十二年至康熙二十八共五十年间的东莞史事，赖此志（即康熙《东莞县志》——笔者注）得以保存。这期间，刚好改朝换代，抗清的活动，抗清的人物，清为抵制郑成功的迁海，此志都有记载。"② 此志成书前最近的莞志，是明朝崇祯十二年（1639）张二果编纂的《东莞县志》。从时间段上看，康熙《东莞县志》上接崇祯莞志，下启雍正莞志，保持了东莞县志在这一时期的连续性与完整性。康熙莞志成书于康熙年间，由于相对宽松的政治文化氛围，在该志中不仅保留有关东莞抗清志士的真实事迹，还在字里行间透出不满新朝、怀恋旧朝的隐约心迹，这在该志所载的"祥异"与"忠烈"两门中体现得较为清晰。

二　祥少异多的"祥异"

康熙《东莞县志》卷十专记"祥异"，即记录崇祯十二年至康熙二十八年这五十年间发生在东莞的吉祥、凶异之事。

出于可以推知的政治上的原因，中国古代志书中少有专卷记载"祥异"之事。将吉祥之事记录下来倒也无碍，但将异凶之事录入志书则有颇多忌讳。如在崇祯东莞县志中，就无"祥异"一门，只有"占候"一门，在"占候"一门中，也无具体气候吉凶的记载，只是

---

① 杨宝霖：《康熙〈东莞县志〉校订前言》，（清）郭文炳编康熙《东莞县志》，康熙刻本，东莞县人民政府办公室1994年印（下引康熙《东莞县志》均引自该书，以下不再注明），第1—2页。

② 同上书，第3页。

指明东莞在何种气候异象下会出现何种地方民事吉凶。在宣统东莞县志中则既无"祥异"也无"占候"。

为论述的方便，笔者于此先摘录康熙莞志中所记的部分祥异之事。摘录分为两部分，第一部分为明末东莞的祥异之事，第二部分为顺治初年至康熙二十五年东莞的祥异之事。

第一部分：关于明末东莞的祥异之事。

> 怀宗崇祯三年梧桐山崩，绛水发，邑城倾圮。
> （崇祯）五年北门民家猪生一子，二头二尾。又教场民家生一子，猪身人首。
> （崇祯）六年八月东洲赖家生一子，二头四手三足。
> （崇祯）九年大饥。
> （崇祯）十七年大饥，知县林有本劝赈。①

在康熙莞志中，编者关于东莞祥异之事的记载一直追溯到元朝，尤其以明朝最为详细完整。笔者于此之所以只选取明末崇祯年间这一时间段，就是因为这一时间段的特殊性。根据编纂者的相关记载，可见在明朝灭亡前夕，东莞已是异凶之兆连连，是为明王朝灭亡的前兆。编者显然将明之灭亡归于天命，此从一个侧面显示出康雍年间的汉族知识分子已经接受了明亡清立的现实，尽管这种接受颇多无可奈何的成分。

第二部分：关于顺治初年至康熙二十五年东莞的祥异之事。

> 皇清顺治五年三月大饥，斗米一千三百钱，民有相食者，死亡过半。
> （顺治）九年七月五日……有九龙自龙穴山起，至莲花峰经臣上臣下村回翔数次而去。
> （顺治）十年大饥。斗米八百，饿民多饿莩。
> （顺治）十二年冬十月二十四日大雨雹。

---

① （清）郭文炳编：康熙《东莞县志》，第276A—280B页。

康熙元年，潦水大溢。

（康熙）二年，春夏不雨，至五月乃尔。

（康熙）三年秋九月，彗星于西南。

（康熙）四年春三月二日，日侧有白气数圈如环，经时方散。

（康熙）八年，潦朝大溢。

（康熙）十一年，大有年。

（康熙）十三年夏六月二日，潦潮暴涨，平地水深四五尺。

（康熙）十六年，秋八月飓风大作，暴雨随之拔木发屋坏民居无数，风雨中有火光。

（康熙）二十五年大有年。①

笔者于此对康熙莞志中顺治初年至康熙二十五年间的东莞祥异之事作了完整的摘抄，细细阅读后会发现：在康熙莞志编纂者的记载中，新朝鼎立后，并无多少吉祥之兆，有的多是"彗星""大雨雹"等凶兆，其中所隐含的不满溢于言表、不言而喻。类似的文字记载与情绪当然为后来愈演愈烈的文字狱所不容，故在后来编纂的东莞县志中再无类似记载，为免触时忌，雍正莞志于"祥异"一门不再录入。

在地方志书中录入本朝当地异凶之事具有政治上的风险性：古人往往将不祥之兆与朝代更迭联系起来，记载前朝的异凶之事与记载本朝的异凶之事具有完全不同的政治意味。记录前朝吉凶，尤其是征候之凶，政治风险无多，但若记录本朝征候之凶，则有颇大的政治风险了。康熙莞志的编者对这一点认识很清楚，为了避免可能出现的麻烦，他们作了特别的说明："和气致祥，乖气致异，故班氏五行虽传，会然足以发人恐惧修省之心，后世不废焉，夫子作春秋，不言事应而事应，具存也。"② 搬出班固、孔子，就是想以此来为自己记录本朝灾异之事作旁证。

---

① （清）郭文炳编：康熙《东莞县志》，第280B—281A页。

② 杨宝霖：《康熙〈东莞县志〉校订前言》，（清）郭文炳编康熙《东莞县志》，第276A页。

三　抗清志士被列入康熙《东莞县志》"忠烈"卷

清朝入主中原的过程，就是明朝臣民奋起抵抗的过程。在这一过程中，涌现出众多惊天地、泣鬼神的英雄人物，可惜时代更迭无可阻拦，这些抗清英雄在有清一代自然也不可能得到正面评价。但在康熙莞志中，不仅收录了东莞的抗清志士，还将抗清志士收录"忠烈"卷。

康熙《东莞县志》"忠烈"卷中记入的东莞籍抗清志士有苏观生、张家玉、安弘猷。

1. 康熙莞志关于苏观生的记载

苏观生（1599—1647），自宇霖，东莞县城人，崇祯丁丑以拔贡授北京无极县知县，曾在明朝任黄州府知府等职。满清入关后，苏观生的人生命运发生了巨大变化，其人生的最后时光是为"抗清复明"而奋争。关于这一过程，康熙莞志有完整详细的记载："甲申四月，闯贼犯都，京城陷，六月南京立福王，称弘光，观生自天津南还，改南直隶督粮道。……大兵已下江南，观生遂与都督郑鸿生等护唐王走福州，六月朔立唐王，称隆武。……大兵南下广州，观生被捕，在狱中壁上题诗：'人皆受国恩，时危我独苦，丹心佐两朝，浩气凌千古。'"①

值得注意的是，在这段客观记述的文字后，康熙莞志编者就所以选录苏观生入"忠烈"卷作了说明："或谓苏观生事已属革除可不录，曰否。元世祖尝录景炎祥与君臣矣，明太祖亦录至正以后矣。夫亡国之臣，尽忠所事。向之诛其犯顺者，一时取天下之法也。今之存其节义者，万世论臣子之公也。"编者最后还特别强调："圣王之道，以天自处，岂可以其事在革除而不录耶。"②看来编者还是担心自己的记载与分类会触犯时忌。

---

① （清）郭文炳编：康熙《东莞县志》，第405B—406A页。
② 同上书，第406A—406B页。

2. 康熙莞志关于安弘猷的记载

安弘猷，字叔壮。"以祖圯功，世袭南海卫指挥使，为人慷慨有智慧，喜谈忠孝大节，甲申京师陷，北向大恸哭。"① 康熙莞志中的这一段文字虽然简洁，但一个忠于明王朝的忠烈形象已经跃然纸上了。康熙莞志关于安弘猷夫妻临死前的描写更是荡气回肠："大兵至，弘猷从容入室，诀其妻，曰：'我世臣，国存与存，国亡与亡，份也！今出战，然乌合之众必死尔，其义共不辱，可乎？妻曰：'诺。'弘猷出南门，而阵三合皆败，搤腹桩喉而死。妻闻之，曰：'妇从夫者也，且我世妇夫命之矣。'亦率女与幼男死。"② 安弘猷夫妻牺牲之壮烈，读之让人扼腕而叹，透过这些字字泣血的文字，读者不难看出编纂者的倾向性。

3. 康熙莞志关于张家玉的记载

张家玉（1615—1647），字玄子，东莞万家租乡人，崇祯癸未进士，选庶吉士。李自成攻陷北京时，张家玉曾被俘，得间逃往南京，后与苏观生等人在福州拥立唐王。

张家玉在康熙莞志中是一个较为特殊的人物，他是康熙莞志编纂者之一张朝绅的堂侄，故编者在张家玉身上自然着笔较重。编者在行文时，时用夸张性笔法，情感流于笔端，浓墨重彩地再现了张家玉抗清的传奇经历，让人击节而叹。试举两例：

如记述张家玉在惠州、潮汕一带收流寇抗清一事时，编者如是描述："（玉）请招募惠潮，修战具，赐正大光明银印，令总督武兴营军，时流贼寇程乡，玉招之，杀夹翼虎、秃爪龙、独角蛟三渠，得勇士万余。"③ 在记述张家玉抗清的最后时刻时，编者更是以白描笔法将英雄形象栩栩如生地展现出来："清顺治四年三月十七日，清广东提督李成栋攻莞，家玉败走。其家也壮烈：玉祖母陈氏、母黎氏赴水死，妻彭氏大骂断肢体死，玉挈父兆龙弟家珍走新安，招士卒，众复集西乡。……玉收残旅趋铁冈，纠姚金与龙门之众破博罗，据之守五

① （清）郭文炳编：康熙《东莞县志》，第408A—408B页。
② 同上书，第408B页。
③ 同上书，第407A页。

十日，粮尽众溃，玉以二十余骑出走，至十五岭，复大集得三万余人，进攻增城，相持城下，成栋兵突至，阵乱，玉乘马死战，项中三矢，伤一目，赴水死，率上其首，颜色如玉。"①

宣统年间编纂的《东莞县志》，不再收录铁血抗清的安弘猷，苏观生、张家玉则收录"人物略九"之"明八"，不再是抗清忠烈之士，在叙述的文字与语气上也多有调整，已全无康熙莞志中的忠烈之气。

在不同朝代的地方志书中，关于同一个人物的记载与评价有很多微妙的差异，这反映出时代的变迁、政治环境的变化、社会思潮的嬗变等。在明清两代，由于朝代更替及民族因素的影响，此两代的地方志关于历史人物及事件的记载有着更大的差异。为了更清楚地说明这一问题，笔者于此选取在明崇祯莞志、康熙莞志、宣统莞志中均收录的"陈策"这一东莞籍历史人物作一对比说明：

陈策（1552—1621），字纯伯，莞城镇人，明万历年间两中武举，万历十四年（1586）中进士，历任广州左卫所镇抚、恩阳守备、遵义副总兵等职。万历四十七年（1619），清兵进犯辽东，陈策任援辽总兵官。天启元年（1621），清兵攻奉集，为陈策所击溃，三月，辽阳沦陷，陈策率兵赴援，在辽阳岔河口为清兵数万铁骑所围，力战而死，时年69岁。

明朝崇祯莞志、康熙莞志、宣统莞志中，均收有陈策的记载，雍正莞志中未收录陈策。

将康熙莞志与崇祯莞志进行对比，两书关于陈策的记载有以下几点区别：

一是在收录门类上，陈策在崇祯莞志中被录入"国朝"门，在康熙莞志中被收录"忠烈"门。由于朝代的更迭，明人陈策显然不能录入清朝的"国朝"一门，但在康熙莞志中，编撰者还是给予陈策以很高的礼遇。康熙莞志在记述岔河口之战时，有这样一段文字：陈策领军赴援辽阳，在岔河口与清军交锋，"时敌众十余万，薄我军而围之，策激励士卒，奋死力战，自辰至酉，斩首数千人，援绝陷阵死"。从语气看，抗清英雄的忠烈之气溢于言表，几乎让人不相信这

---

① （清）郭文炳编：康熙《东莞县志》，第407B页。

是清朝编撰的史书。

二是在称谓上，崇祯莞志在记载陈策时称清军为"奴虏""敌"，康熙莞志则称清军为"大兵"。

三是记载内容上，康熙莞志在内容梗概上基本上照录崇祯莞志中关于陈策的记载，但有一段没有录用，现将康熙莞志回避的这一段摘录如下："设若得援兵为犄角，同剪灭此以朝食，厥功顾不伟哉！所恨懦将逃师，败乃国事，徒令烈士以死报国，与张巡、许远等洒血千秋，痛哉！"① 明朝文人的"痛哉"斯言显然不能直录入清朝志书。

到晚清编撰的宣统莞志中，关于陈策的记载有了很大的改动。在宣统莞志中，虽然保留了康熙莞志中关于陈策事迹的主要内容，但插入了战争另一方：清太祖及清军。加之将陈策收入"人物略"中的"明"类，陈策已不复以"忠烈"形象出现，给人的感觉更像是大清的"敌人"了。现将宣统莞志中有关陈策记载中的岔河口战役的文字转引如下："辽阳陷落，（明）总兵贺世贤、尤世功俱战死，策统川兵自黄山赴援，渡浑河距城七里分立二营，兵皆执丈五竹柄长枪，大刀利刃，铠甲之外冒以棉帽棉被。太祖令右翼四旗兵取棉甲楯车进击之，红甲护军奋勇先进，鏖战不退，我参将布哈游击郎格锡尔泰殁于阵。"② 在此段文字中，对清军的称谓已从清初康熙莞志中的"大兵"转变为"我"，由这一称谓的变化也可看出汉族知识分子对清廷态度的曲折转变过程。

中国历代地方志之价值不仅在于其保留有大量珍贵的地方史料，还在于不同朝代的编纂者在史料的选取及编纂过程中所体现出的微妙心态与政治态度，在这种微妙的变化中，可以看出知识分子在朝代更迭中独有的反抗方式，也可看出"秉笔直书"对于具体历史场景中的编纂者来说实在是一个很难坚守的原则。

原载《明清时期珠江三角洲区域史研究》，广东人民出版社 2011 年版。

---

① （明）张二果、曾起莘：崇祯《东莞县志》，东莞市人民政府办公室 1995 年印，第 542 页。

② 叶觉迈修，陈伯陶纂：宣统《东莞县志》五，《中国方志丛书》52，成文出版社 1967 年版，第 2427 页。